Der Tod durch Überarbeitung

Recht der Arbeit und der sozialen Sicherheit

Herausgegeben von Wolfgang Däubler, Hagen Lichtenberg, Ursula Rust, Roderich Wahsner

Band 20

PETER LANG
Frankfurt am Main · Berlin · Bern · Bruxelles · New York · Oxford · Wien

Oliver Tieste

Der Tod durch Überarbeitung

Arbeits- und sozialversicherungsrechtliche Hintergründe

Materiellrechtliche, epidemiologische und betriebliche Rahmenbedingungen des Karôshi-Phänomens in Japan und Deutschland

PETER LANG
Europäischer Verlag der Wissenschaften

Bibliografische Information Der Deutschen Bibliothek
Die Deutsche Bibliothek verzeichnet diese Publikation in der Deutschen Nationalbibliografie; detaillierte bibliografische Daten sind im Internet über <http://dnb.ddb.de> abrufbar.

Zugl.: Bremen, Univ., Diss., 2002

D 46
ISSN 0178-4285
ISBN 3-631-50869-7

www.peterlang.de

Meinen Eltern

Ingrid und Wolfgang Tieste

Vorwort

Die in dieser Dissertation behandelten Inhalte konnten weitgehend durch Auswertung englischsprachiger und deutschsprachiger Literatur erschlossen werden. Dennoch wäre ohne meine Forschungen an der Senshu-Universität in Tokio von Januar bis April 1999 ein wissenschaftliches Durchdringen der Materie nicht möglich gewesen. So bleibt die Verknüpfung der aus der japanischen Sprache nur in Übersetzungen vorliegenden Informationen untereinander, auf Grund sprachlicher Ungenauigkeiten und Varianzen des Japanischen, einer wissenschaftlichen Auswertung allzu oft verschlossen. Allein durch zahlreiche Interviews mit Wissenschaftlern, Rechtsanwälten und Gewerkschaftlern konnten diese Defizite ausgeglichen werden. Letztlich blieben aber auch hiermit Teilbereiche unbeantwortet, was Übersetzungen aus japanischen Urteilen, Richtlinien und Kriterienkatalogen erforderlich machte.

Nicht alle, die meine Arbeit unterstützt haben, können hier genannt werden. Ich möchte jedoch gegenüber folgenden Personen meinen Dank ausdrücken, deren Bemühen zum Entstehen dieser Arbeit maßgeblich beigetragen hat. Ich danke

- meinem Freund, dem Senior Legal Officer For Workmen's Compensation am Ministry of Labour in Tokio, Tomonori Kawai, für Interviews und kontinuierlichen Kontakt seit 1999. Erst durch seine Unterstützung in Form von laufend aktualisierter Literatur, z.T. im japanischen Original, konnte ich die Entwicklung und den jeweils neuesten Stand der Kriterien im Anerkennungsverfahren für Fälle von Karôshi wissenschaftlich auswerten.

- dem Assistant Director/Working Conditions Division, Department of Working Conditions des Gewerkschaftsdachverbandes RENGO, Ken Ichi Kumagai, für zahlreiche Interviews im Februar 1999 im JTUC-RENGO-HEADQUATER, Chiyoda-Ku, Tokyo. Herr Kumagai unterstützte mich in allen Fragen hinsichtlich der Rolle der japanischen Gewerkschaften im Komplex Karôshi.

- meinem damaligen Kollegen und heutigen Professor, Ken-Ichi Michiba, besonders für Fragen versicherungsrechtlicher Zusammenhänge und deren kulturhistorischer Hintergründe in Japan.

- dem Rechtsanwalt und „Head of National Defense Counsel for the Victims of Karoshi“, Hiroshi Kawahito, für alle Aspekte aus anwaltlicher Sicht bzw. der Perspektive der Betroffenen.

- dem Rechtsanwalt Toshiro Ueyanagi, Attorney at Law, für das ausführliche Interview über anwaltliche Strategie in den Tokyo Surugadai Law Offices.

- dem Professor Emeritus Hisashi Mijayima für zwei eindrucksvolle Gespräche an der Gaskushuim University, Toshimaku, Tokyo, im Februar 1999. Im Schwerpunkt ging es hierbei um die Zusammenhänge der in Japan herrschenden Arbeitskultur vor dem Hintergrund der Marx'schen Theorien.

- sowie meinem Freund und Kollegen, dem Doktoranden an der Universität Tübingen, Kenji Takahashi, für sein ausdauerndes Engagement bei Übersetzungen aus japanischen Originalen, u.a. zweier unveröffentlichter interner Anweisungen des japanischen Arbeitsministeriums.

Mein besonderer Dank jedoch gilt meinem betreuenden Professor an der Senshu University, Tokyo und Gutachter dieser Arbeit, Professor Katsutoshi Kezuka. Allein seiner aufmerksamen Begleitung und seiner Begeisterung für mein Forschungsvorhaben verdanke ich die zahlreichen Kontakte zu den verschiedenen, mit der Thematik Karôshi befassten Personen in Japan.

Auch meinem Zweitgutachter, Herrn Prof. Wolfgang Däubler, möchte ich hiermit ausdrücklich danken für zahlreiche Gespräche, wertvolle Anregungen und Hinweise auch über die in der Dissertation dargestellten Inhalte hinaus. In diesem Zusammenhang möchte ich auch gegenüber der Deutsch-Japanischen Gesellschaft für Arbeitsrecht e.V. (DJG) meinen Dank ausdrücken.

Mein größter Dank aber gilt dem ausgezeichneten Kenner des japanischen Rechts, meinem Doktorvater Roderich Wahsner, Professor für Arbeitsrecht an der Universität Bremen. Durch seine Initiative und Unterstützung wurde für mich die Erschließung des Themas Karôshi in dieser Breite erst realisierbar. Ich danke ihm für all die förderlichen Vorschläge und seine Unterstützung während der Konzeption und Durchführung der Arbeit sowie für die Vermittlung zahlreicher Kontakte, unter anderem auch zu seinen Kollegen, Professor Katsutoshi Kezuka und Professor Hisashi Mijayima.

Meinen Eltern Ingrid und Wolfgang Tieste danke ich dafür, dass sie auch dieses Vorhaben in jeder Hinsicht unterstützt haben – meiner Mutter Ingrid Tieste für Ihre unschätzbare Arbeit als Lektorin in sprachlicher und grammatikalischer Hinsicht. Und natürlich danke ich auch meiner Verlobten Kerstin Stettner – für Ihr Verständnis, Ihre Diskussionsbereitschaft und all die tägliche emotionale Unterstützung, die von so entscheidender Bedeutung ist.

Bremen, Dezember 2002 Oliver Tieste, LL.M.Eur.

Inhaltsverzeichnis

Abbildungsverzeichnis

I. Problemaufriss

Die Arbeitswelt ist und war schon immer reich an Belastungen physischer und psychischer Natur. So ist Arbeit bereits qua Definition als bewusster, ziel- und zweckgerichteter Einsatz körperlicher und geistig-seelischer Kräfte des Menschen ohne Belastung gar nicht denkbar.[1] Es stellt sich damit die Frage, wann der Einsatz menschlicher Energien vor dem Hintergrund einer sich ergebenden Gesundheitsbeeinträchtigung in einem Arbeitsverhältnis als *nicht mehr hinnehmbar* erscheint. Der Tod durch Überarbeitung stellt ohne Frage eine solche Grenze dar, was unvermeidlich auch die ihn bewirkenden Gesundheitsschäden und die diesen zugrunde liegenden Ursache-Wirkungs-Prozesse ins Zentrum der Betrachtung rückt. Wodurch jedoch kann es in betrieblichen Arbeitsverhältnissen westlicher Kulturkreise, die sich in der Regel innerhalb eines letztlich primär dem Arbeitnehmer dienenden umfangreichen parlamentsgesetzlichen und tariflichen Normenwerks bewegen, zum Tod durch Überarbeitung kommen? Worum handelt es sich überhaupt bei dem - vornehmlich unter dem Begriff *Karôshi* - als plötzlichem Arbeitstod bekannten Phänomen (Kapitel 1)? Die Untersuchung der Ursachen für Karôshi in Japan (Kapitel 2) soll hiernach eine Einschätzung darüber ermöglichen, ob und inwieweit die mit Karôshi in Verbindung stehenden Problemkomplexe sich auch außerhalb Japans, und insbesondere in der deutschen Arbeitswelt feststellen lassen. Gibt es bezüglich der Ursachen und Wirkungen im Recht und in der betrieblichen Praxis Japans und Deutschlands Parallelen? Lassen sich die Kernfaktoren, auf die ein unter den Begriff *Karôshi* subsumierbarer Todesfall zurückführbar ist, auch in Deutschland feststellen? Zeigen sich hierdurch Schwachpunkte in den beteiligten deutschen Systemkreisen? Mit welcher Entwicklung ist hier zu rechnen? Auch diesen Fragen soll in dieser Arbeit nachgegangen werden.

Nachdem hiernach die Ursachen für Karôshi in den deutschen Arbeitsbeziehungen in betriebspraktischer und rechtlicher Hinsicht verdeutlicht wurden, ist, um die Bedeutung der Karôshi-Problematik auch für die Bundesrepublik hervorzuheben, im Folgenden auf die Epidemiologie[2] und gesellschaftliche Bedeutung dieser Faktoren in der Bundesrepublik Deutschland einzugehen (Kapitel 3). Wie verbreitet ist das Phänomen der *Überarbeitung* und wie erheblich sind die hiermit korrespondierenden Gesundheitsschäden in der Bundesrepublik? Wie stellt sich die reale Arbeitszeit und Arbeitsbelastung in

---

1 Vgl. hierzu: Ullsperger, Beanspruchungsdiagnostik bei Daueraufmerksamkeitsleistungen, 1998, S. 6.

2 Die Epidemiologie beschreibt mit Hilfe von Zahlen die örtliche und zeitliche Begrenzung einer Erkrankung und deren Entwicklung und Einfluss auf die Bevölkerung.

der modernen deutschen Arbeitswelt dar? Welche Entwicklungen zeichnen sich ab? Nachzugehen ist auch der Frage, welche gesundheitlichen Folgen etwaige Veränderungen bereits heute zeitigen, und ob sich aus einem möglicherweise veränderten Belastungsprofil von Arbeitnehmern Karôshi-spezifische gesundheitliche Risiken ergeben, die bereits hinreichend messbar sind, um in präventiver oder kompensationsrechtlicher Hinsicht „reagieren“ zu können. Maßstab bei dieser Betrachtung ist dabei jeweils der Karôshi-Begriff nach seiner japanischen Definition. In medizinischer und mittlerweile juristischer Hinsicht entwickelt und gefestigt über einen Zeitraum von mehr als 20 Jahren, beschreibt er ebendiesen kausalen Zusammenhang: zwischen Überarbeitung und Tod im Kontext betrieblicher Beschäftigungsverhältnisse.

Ursachenforschung und Projektion der Ergebnisse sind nachfolgend zu ergänzen durch einen weiteren, rein rechtlichen Komplex. So stellt sich in Japan gerade in jüngster Zeit vermehrt die Frage, unter welchen Voraussetzungen für einen als *plötzlichen Arbeitstod* bezeichneten Todesfall im japanischen Arbeits- und Sozialrecht eine *Kompensation*, also ein Zuspruch von Mitteln aus der gesetzlichen Unfallversicherung an die Hinterbliebenen in Betracht kommt.

Bereits im Jahre 1998 ist auf Druck einer sich immer mehr ausweitenden einschlägigen und im Ergebnis zusprechenden Rechtsprechung japanischer Gerichte, vom japanischen Arbeitsministerium eine Task-Force eingesetzt worden, um den Karôshi-Begriff in juristischer Hinsicht zu festigen. Die seit Herbst 2000 vorliegenden Ergebnisse dieser Arbeitsgruppe ermöglichen dabei erstmals Antworten auf die in rechtlicher Hinsicht erhebliche Frage, wo nach japanischer Rechtslage die Grenzen hinsichtlich der Zurechnung eines in Karôshi-Fällen auf psychische Ursachen zurückzuführenden Todesfalls zum Arbeitsverhältnis im Allgemeinen und den Arbeitsbedingungen im Besonderen liegen (Kapitel 4). Mit welcher rechtsdogmatischen Konstruktion ist es den Japanern gelungen, Ersatzansprüche für Karôshi-Opfer in ihrem Sozialrechtssystem zu verankern? Wie setzt sich ein solcher Ersatzanspruch zusammen? Auf welche Rechtsgrundlagen lässt er sich stützen? Wie kommt es zu den enormen Entschädigungssummen von umgerechnet mehreren Millionen Euro, wie sie immer wieder in der Presseberichterstattung genannt werden?

Aufbauend auf der hier vertretenen These, dass Karôshi kein allein japanisches Phänomen ist, sondern weltweit in Erscheinung tritt und letztlich auf Mechanismen zurückzuführen ist, die auch in der Bundesrepublik bereits heute zu beobachten sind, ist der Versuch zu unternehmen, die japanische Rechtsentwicklung auf das deutsche Rechtssystem zu übertragen. Hier stellt sich die Frage, ob auch nach deutschem Recht bereits heute eine Kompensation denkbar litten bereits vor dem Anfall an kardiovaskulären Symptomen wie bspw. Bluthochdruck (Hypertonie), Diabetes mellitus oder anderen arteriosklerosen[23] Beschwerden. In 131 Fällen hatten die Arbeitnehmer mehr als 60 Stunden pro Woche gearbeitet, folglich mehr als 50 Überstunden pro Monat geleistet und auf mehr als die Hälfte des ihnen zustehenden Urlaubs verzichtet.[24] Bei 88 Beschäftigten konnten innerhalb der letzten 24 Stunden vor dem Ereignis betriebliche, psychisch belastende Auslöser festgestellt werden. In vielen der untersuchten Fälle waren die Arbeitnehmer zudem extrem enthusiastisch und begeistert von ihrer Arbeit und neigten daher in der Konsequenz dazu, ihre gesundheitlichen Bedürfnisse zu ignorieren.[25] Uehata schloss aus den Untersuchungen dieser Einzelfälle, dass verschiedene belastende Faktoren sowohl betrieblicher als auch außerbetrieblicher Art zu den kardiovaskulären Anfällen führten, wobei die finale *Überlastung* häufig auf minder schwere arbeitsbedingte Ärgernisse oder Vorfälle auf betrieblicher Ebene zurückgeführt werden konnte. Eine klare Einordnung der Todesfälle als *durch die Arbeit bedingt*, gelang ihm zunächst nicht.

Die Einzelfall-Untersuchungen Uehatas ergaben, dass die eigentliche Todesursache auf eine durch Übermüdung ausgelöste Erkrankung der Kreislauforgane zurückzuführen war, wobei die Gründe für die Ermüdungserscheinungen für ihn jeweils deutlich auf der Hand lagen: Zum einen harte physische und psychisch stark belastende Arbeit, zum anderen aber auch Faktoren, welche die biologischen Zyklen des Menschen generell beeinflussen wie lange Überstundenzeiten, fehlende freie Tage, Nachtarbeit und exzessiver Stress, begünstigt durch beispielsweise zu kurze und schlechtverteilte Pausenzeiten und überdurchschnittlichen Leistungsdruck am Arbeitsplatz.[26]

1982 definierte Uehata Karôshi wie folgt:

---

23 Roche, a.a.O.: Erkrankung des Koronarsystems.

24 Eine ähnliche Untersuchung vor dem Hintergrund einer möglichen Subsumtion der zugrunde liegenden Ursache-Wirkungszusammenhänge und ihrer Folgen wurde Anfang der 80er Jahre auch in Deutschland durch eine Expertengruppe unter der Leitung von W. Naeve durchgeführt. Vgl. detailliert: Naeve, Der Coronartod und seine rechtsmedizinische Begutachtung im Rahmen der sozialen Unfallversicherung, in: Die Berufsgenossenschaft, 1982, S. 694ff.

25 Auf die hier auftretenden Fragen bezüglich der Ursache-Wirkungszusammenhänge im Problemfeld der Arbeitssucht vgl.: Tieste, Arbeitssucht als Berufskrankheit – *casum sentit dominus*? in: Massenphänomen Arbeitssucht. Historische Hintergründe und aktuelle Bedeutung einer neuen Volkskrankheit, S. 161ff, Bremen 2002.

26 Uehata, A Medical Study Of Karôshi, Karôshi - When the Corporate Warrior Dies, a.a.O., S. 99ff.

"condition in which psychologically unsound work processes are allowed to continue in a way that disrupts the workers normal work and life rhythms, leading to a build-up of fatigue in the body and a chronic condition of overwork accompanied by a worsening of preexistent high blood pressure and hardening of the arteries and finally resulting in a fatal breakdown."[27]

Er statuierte hiermit in einem Satz zum ersten Mal Zusammenhänge, die bis dahin von der medizinischen Wissenschaft nicht als solche erkannt worden waren und deutliche Auswirkungen für die kommende Forschungs- und Rechtsentwicklung in Japan haben sollten. So erkannte er, dass fortgesetzte psychologisch ungesunde Arbeitsprozesse bezüglich der Arbeits- und Lebensrhythmen von Arbeitnehmern zu einem chronischen Zustand der *Überarbeitung* führen und sich als Folge Übermüdung (fatigue)[28] im Körper aufbaut, die in schweren Fällen zum Tode führen kann. Besondere Bedeutung hat in diesem Zusammenhang die Feststellung, dass die kardiovaskulär bedingten Todesfälle auch auf allgemein belastende psychische Umstände zurückzuführen waren und

---

27 Uehata, Karôshi - Due to Occupational Stress Related Cardiovascular Injuries Among Middle-Aged Workers in Japan, Journal of Science and Labour, Nr. 67, Part 2, S. 20-28, 1982.

28 Unter dem in medizinischer Hinsicht für Karôshi zentralen Begriff *fatigue* ist allgemein das Aus-dem-Gleichgewicht-geraten des Stoffwechselsystems eines Organismus zu verstehen, das zur Herabsetzung der Funktionsfähigkeit und des Leistungsvermögens führt. Fatigue ist in der Regel als zentral-nervöser Vorgang durch Schlaf und Erholung reversibel. Im Falle chronischer Überlastung, kombiniert mit verminderten Erholungszeiten, fehlenden Ruhepausen und möglicherweise mit einer individuell bedingten *Erholungsunfähigkeit*, kann fatigue in den so genannten Burnout (Gefühl des Ausgebranntseins) übergehen - ein chronisches Müdigkeitssyndrom, einhergehend mit extremer physischer und psychischer Erschöpfung, die mit einer gefühlsmäßigen Abstumpfung und Gefühlen persönlicher Inkompetenz verbunden ist. Der Burnout ist besonders in sozialen Berufen als Reaktion auf emotionale Überbeanspruchung, Daueranspannung und in beruflichen Situationen, in denen begrenzte Handlungsmöglichkeiten als besonders belastend erlebt werden (z.B. in der Onkologie, auf Intensiv- und Dialysestationen sowie bei Sozialarbeitern) vermehrt zu beobachten. Vgl. hierzu: Oppolzer, in: Psychische Belastungen in der Arbeitswelt als Herausforderung für den Arbeits- und Gesundheitsschutz, a.a.O., S. 24; IG Metall: Stress im Betrieb - Ursachen und Erscheinungsformen, Gesundheit - Arbeit und Ökologie online, http://www.igmetall.de/gesundheit/arbeit_oekologie/20_02.html, 4.10.2000; Demerouti, Burnout - Eine Folge konkreter Arbeitsbedingungen bei Dienstleistungs- und Produktionstätigkeiten, S. 1ff, 9ff und: Hacker, Psychische Anforderungen und Wohlbefinden am Beispiel von Humandienstleistungen, in: Richter (Hrsg.), Psychische Belastung und Beanspruchung unter dem Aspekt des Arbeits- und Gesundheitsschutzes, a.a.O., S. 51f; vgl. auch Freudenberger, Stress and Burnout and their Implication in the Work Environment, in: Encyclopedia Of Occupational Health And Safety, vol. 4, Kap. 5, (5.15).

nicht allein, wie in der Vergangenheit angenommen, physische *Über*lastung zu letalen kardiovaskulären Schädigungen führen kann.[29]

Obgleich ihrer erheblichen kompensationsrechtlichen Bedeutung sowohl in zivil- als auch in unfallversicherungsrechtlicher Hinsicht, wurden durch Uehatas Definition auch viele Fragen aufgeworfen, die zu einem großen Teil bis heute nicht hinreichend geklärt sind. So konnte Uehata 1982 nicht eindeutig belegen, dass die von ihm untersuchten kardiovaskulär bedingten Todesfälle tatsächlich auf eine betriebliche Überarbeitung zurückzuführen waren. Zu viele Faktoren wie beispielsweise private Belastungen und gesundheitliche Vorbelastungen (Dispositionen) der betroffenen Arbeitnehmer, blieben zu diesem Zeitpunkt, ob der mangelnden wissenschaftlichen Erkenntnis über die Pathogenese[30] atherosklerotischer Krankheiten, ungeklärt. Uehata konnte lediglich auf Grundlage des damaligen medizinischen Erkenntnisstandes feststellen, dass bei den von ihm untersuchten Personen, die arbeitsbedingten Einflussfaktoren im Vordergrund zu stehen schienen.

Die, aus dieser im Jahre 1982 formulierten vagen Definition, für Karôshi folgende Rechtsunsicherheit spiegelt sich in der Anerkennungspraxis der japanischen Gerichte und Arbeitsaufsichtsämter wider.[31] Ein zuverlässiges Bild über das Ausmaß der mit hoher Wahrscheinlichkeit mit betrieblicher Überarbeitung in Zusammenhang stehenden kardiovaskulär bedingten Todes-

---

29 Vgl. hierzu insbesondere die Ausführungen von Friedman und Rosenman bezüglich des so genannten Typ-A-Verhaltensmusters. Der Persönlichkeitstyp-A ist gekennzeichnet durch Aggressivität, exzessiven Antrieb, durch Ungeduld und Hektik, durch Ehrgeiz geprägte latente Feindseligkeit, gesteigertes Wettbewerbs- und Konkurrenzverhalten, ständiges Gefühl des Zeitdrucks, stetige Wachsamkeit und durch Unfähigkeit sich zu entspannen. Im Jahre 1989 folgte als Reaktion auf einschlägige Untersuchungen die Anerkennung des Persönlichkeitstyps-A als koronarer Risikofaktor durch die American Heart Association. Heute ist anerkannt, dass das Typ-A-Verhalten als selbstständiger Risikofaktor aufzufassen ist, als solcher das koronare Risiko in etwa verdoppelt und dass sich auf Grund von Synergieeffekten ein durch vorliegende Standardrisikofaktoren bereits gegebenes koronares Risiko überproportional erhöht. BAuA (Hrsg.), Streß am Arbeitsplatz und Herz-Kreislauf-Krankheiten, a.a.O., S. 108. Vgl. hierzu auch: Scheuch, Stellung arbeits-psychologischer Erkenntnisse in der Arbeitsmedizin - Ergebnisse der interdisziplinären Zusammenarbeit, in: Richter (Hrsg.), Psychische Belastung und Beanspruchung unter dem Aspekt des Arbeits- und Gesundheitsschutzes, 1996, S. 71, 75f.

30 Roche, a.a.O.: Entstehung und Entwicklung eines krankhaften Geschehens (im Unterschied zur Ursache = Ätiologie).

31 Siehe hierzu ausführlich im *Kapitel 4* dieser Arbeit: *Die Geltendmachung kompensationsrechtlicher Ansprüche in Fällen von Karôshi in Japan.*

fälle - vor 1982 blieb der Selbstmord durch Überarbeitung (*karô-jisatsu*)[32] von dem Begriff Karôshi ausgeschlossen - wurde seit 1982 durch die Arbeit des National Defense Counsel, eines Zusammenschlusses von Rechtsanwälten und der in diesem Kontext eingerichteten landesweiten Telefon-Hotline, deutlich. Hierbei handelt es sich um den ersten Versuch einer epidemiologischen[33] Herangehensweise an das Phänomen Karôshi.[34] Im Jahre 1982 erschien das erste Buch unter dem Titel „Karôshi" in japanischer Sprache. Autoren waren ein Mediziner-Team unter Totsunoju Uehata. Erst im Jahre 1990 wurde das erste und bis heute einzige Buch in westlicher Sprache unter dem Titel „Karôshi - When the Corporate Warrior Dies", vom National Defense Counsel veröffentlicht.[35] Die Publikation verfolgt einen populärwissenschaftlichen Ansatz, der das Phänomen des Todes durch Überarbeitung auch im Ausland publik machen und so den Druck auf die japanische Regierung erhöhen sollte, was, verfolgt man die Presseberichterstattung seit Beginn der 80er Jahre, wohl auch gelungen ist.[36]

1992 stellte Uehata als Ergebnis seiner fortgesetzten Untersuchungen u.a. fest, dass in vielen Fällen die konkreten Arbeitsbedingungen durch ein auffällig hohes Maß an Anforderungen und ein ebenso auffällig geringes Maß an sozialer

---

32 Entsprechend der japanischen Phonetik: [car] = exzessiv, [row] = Arbeit, [jisatsu] = Selbstmord.

33 Die Epidemiologie beschreibt mit Hilfe von Zahlen die örtliche und zeitliche Begrenzung einer Erkrankung und deren Entwicklung und Einfluss auf die Bevölkerung. Im Jahre 1982 befand sich die epidemiologische Forschung auf dem Gebiet der Arbeitsmedizin noch in den Anfängen und auch nach der Gründung der *Association of Epidemiology* im Jahre 1992 setzte sich die Epidemiologie als Wissenschaft in Japan nur langsam durch, sodass größere Studien zur Problematik bis heute nicht existieren.

34 Zu den Ergebnissen vgl.: Tieste, Karôshi, ein japanisches Phänomen?, a.a.O., S. 22f.

35 Karôshi - When the Corporate Warrior Dies, The National Defense Counsel For The Victims Of Karôshi (Hrsg.), Tokyo 1990.

36 Beispielhaft seien hier genannt: Arfert, Auslandsjournal, 20.1.1992, ZDF; Jürgens, Auch eine Droge - Diagnose Arbeitssucht? 27.2.1999, ZDF; Jenkins, Rich Japan, Poor Japanese, in: Twenty Twenty, ABC TV, USA, 20.6.1990; Henderson, The State We Are In - Overtime, in: America Ourtimes, CNN 27.2.1992; ARTE-Themenabend vom 6.4.2001: Stress, das schleichende Gift?; Tazaki, Japanern geht die Lust am Arbeiten verloren, Frankfurter Rundschau 14.2.1998; Reisner, Ein Tag im Leben eines Salariman, Stern 7.1.1993; Hellbom, Japanerna jobbar ihjäl sig, in: Dagens Nyheter 8.9.1992, S. 1; Miyano, Moscow State University Philological Faculty, Ross Term, 1997 S. 8; Freitod wegen Überarbeitung gesühnt, Rheinzeitung 12.06.1998; Mental Health Counseling Draws Keen Corporate Interest, The Nikkei Weekly 8.11.1993; Japanese Court Awards $400.000 to Corporate Suicides Family, Law Street Journal 18.2.1998. Zur Relevanz der Thematik auch für nicht asiatische Rechtskreise vgl: England, Kanada und Neu Seeland: CAW Health, Safety and Environment Newsletter, vol. 3, Dez. 11, 1995, http://www.caw.ca/hse/newsletter/3.11. dec95.html#xtocid102971; Kazunari, JOSHRC Newsletter No.15 (May, 1998).

Unterstützung gekennzeichnet waren - Schlüsselbegriffe in der späteren wissenschaftlichen Diskussion um Karôshi. Er verdichtete zudem die medizinischen Aspekte seiner Definition wie folgt:[37]

- "fatalities or associated work disability due to cardiovascular attacks, such as strokes, myocardial infarction or acute cardiac failure which could occur when hypertensive arteriosclerotic diseases are aggrevated by a heavy workload"[38]

und fügte noch hinzu:

- "neurotic or psychogenic[39] depression from varius pressures and mental stresses in business can cause a worker to commit suicide" [40]

Nach Uehata ist Karôshi vom medizinischen Standpunkt aus damit wie folgt zu beschreiben:[41]

Hohe Arbeitsanforderungen, insbesondere fortgesetzte, in psychologischer Hinsicht übermäßige arbeitsbedingte Belastungen und mentale Stresszustände führen zu ungesunden Arbeitsprozessen, welche, durch das Unterbrechen *normaler* Arbeits- und Lebensrhythmen der Arbeitnehmer, in einem Zustand chronischer Überarbeitung enden. Durch den damit verbundenen Aufbau an körperlicher Ermüdung (fatigue) kommt es alternativ zu folgenden Erscheinungen:

---

37 An anderer Stelle: „A permanent disability or death brought on by worsening high blood pressure or arteriosclerosis resulting in diseases of the blood vessels in the brain such as cerebral hemorrhage, subarachnoidal hemorrhage and cerebral infarction and acute heart failure and mycardial infarction induced by conditions such as ischemic heart disease (IHD)" Uehata, A Medical Study Of Karôshi, Karôshi - When the Corporate Warrior Dies, a.a.O., S. 98.

38 Takashi, in: Encyclopedia Of Occupational Health And Safety, Kap. 5, (5.18), mit Verweis auf Uehata 1989.

39 Roche, a.a.O.: Die seelische Herkunft des Verhaltens und seiner Störungen i.S. eines Ursachenzusammenhangs.

40 Uehata, A Medical Study Of Karôshi, Karôshi - When the Corporate Warrior Dies, a.a.O., S. 8, 99.

41 Aus dem Englischen: „condition in wich psychological unsound work processes are allowed to continue in a way that disrupts the worker's normal work and life rythms, leading to a build-up of fatigue in the body and a chronic condition of overwork accompanied by a worsening of preexistent high blood pressure and hardening of the arteries and finally resulting in a fatal breakdown." Uehata, A Medical Study Of Karôshi, Karôshi - When the Corporate Warrior Dies, a.a.O., S. 8.

- Entweder es wird eine bereits bestehende kardiovaskuläre Disposition[42] in Form von hohem Blutdruck und Arterienverhärtung verschlechtert, wodurch es zum Aufbau hypertensiver[43] arterioskleroser Krankheiten kommt, die zum finalen körperlichen Zusammenbruch in Form von kardiovaskulären[44] Anfällen[45] wie Hirnschlägen, Myokard-Infarkten[46] oder akutem kardialen[47] Versagen, und in dieser Ausprägung zu arbeitsbedingten tödlichen Unglücksfällen oder damit zusammenhängender Arbeitsunfähigkeit führen.

- Oder es wird eine psychogene[54] oder neurotische[55] Depression ausgelöst, die letztlich zum Selbstmord führt.

Hiernach lässt sich Uehatas Definition grafisch darstellen. *(Abb.1, S. 33)*

Zentraler Punkt ist nach Uehata der Aufbau von *fatigue* im menschlichen Körper. Unter dem Begriff *fatigue* ist allgemein das „Aus-dem-Gleichgewicht-geraten" des Stoffwechselsystems eines Organismus zu verstehen, was zur

---

42 Die als besondere Anfälligkeit ererbte oder erworbene Bereitschaft des Organismus, auf bestimmte schädigende Einwirkungen außergewöhnlich - meist i.S. einer Erkrankung - zu reagieren.

43 Bedingt durch abrupte, anfallsartige Erhöhung des Blutdrucks bzw. des plötzlichen Absinkens des Blutdrucks (Hypotonie).

44 Herz und Gefäße (Herz-Kreislauf-System) betreffend.

45 Hirnapoplexie, Koronarinfarkt etc.

46 Herzmuskel-Infarkt.

47 Roche, a.a.O.: Das Herz betreffend, herzbedingt.

54 Gruppe der psychogenen Depressionen. Umfasst nach heutiger Definition die Erschöpfungsdepression und die reaktive Depression.

55 Nach tiefenpsychologischem Verständnis weitgehend auf Konflikten und Traumen in der Kindheit beruhend. Realitäts- u. Kontaktwahrnehmung sind (im Gegensatz zu psychotischen Erkrankungen) nicht beeinträchtigt. Ein wesentliches Merkmal ist der subjektive Leidensdruck durch Angst, Entfremdung, etc.

Herabsetzung der Funktionsfähigkeit und des Leistungsvermögens führt. Fatigue ist in der Regel als zentral-nervöser Vorgang durch Schlaf und Erholung reversibel.[56]

[Abb. 1]: Das Karôshi-Modell Uehatas

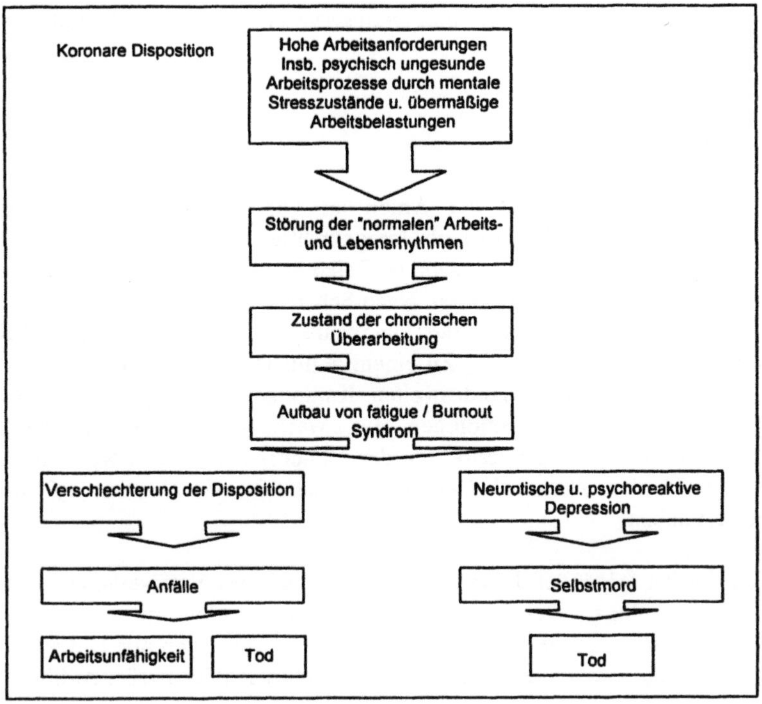

Im Falle chronischer Überlastung, kombiniert mit verminderten Erholungszeiten, fehlenden Ruhepausen und möglicherweise mit einer individuell bedingten Erholungsunfähigkeit,[58] kann *fatigue* in den so genannten *Burnout* (Gefühl des Ausgebranntseins) übergehen - ein chronisches Müdigkeitssyndrom, einhergehend mit extremer physischer und psychischer Erschöpfung,

---

[56] Oppolzer, in: Psychische Belastungen in der Arbeitswelt als Herausforderung für den Arbeits- und Gesundheitsschutz, a.a.O., S. 24.

[58] IG Metall: Stress im Betrieb - Ursachen und Erscheinungsformen, Gesundheit - Arbeit und Ökologie online, http://www.igmetall.de/gesundheit/arbeit_oekologie/20_02.html, 4.10.2000.

die mit einer gefühlsmäßigen Abstumpfung und Gefühlen persönlicher Inkompetenz verbunden ist.[59]

Der *Burnout* ist besonders in sozialen Berufen als Reaktion auf emotionale Überbeanspruchung, Daueranspannung und in beruflichen Situationen, in denen begrenzte Handlungsmöglichkeiten als besonders belastend erlebt werden (z.B. in der Onkologie, auf Intensiv- und Dialysestationen sowie bei Sozialarbeitern) vermehrt zu beobachten.[60]

2. Status Quo

Im Jahre 1990 überschritt der Anteil an Todesfällen in der japanischen Bevölkerung, die durch Kreislauf-Unregelmäßigkeiten ausgelöst wurden, die Zahl von 35.000 pro Jahr.[61] Hiervon entfielen 30.000 Todesfälle auf die Altersgruppe zwischen 20 und 59 Jahren. Nach Schätzungen können hiervon 1/3, also etwa 10.000 Todesfälle auf eine Überbeanspruchung bei der betrieblichen Arbeit zurückgeführt werden.[62] Zu einem ähnlichen Ergebnis kam eine Studie auf der Grundlage einer landesweiten Kampagne von japanischen Rechtsanwälten, Ärzten und Psychologen, die zwecks statistischer Erfassung des Phänomens und Interessenvertretung der Hinterbliebenen von Karôshi-Opfern bereits 1988 den *National Defense Counsel for the Victims of Karôshi* gegründet haben.

Es kam in den folgenden Jahren zur Etablierung eines Netzwerkes von Meldestellen in ganz Japan. Der *Counsel* hat in Zusammenarbeit mit dem *Health and Welfare Ministry* errechnet, dass 1992 bei 20.000 Menschen der Tod auf den so genannten *sudden death*, also auf Herz- und Gehirnschläge zurückzuführen war.

---

59 Vgl. ausführlich: Demerouti, Burnout - Eine Folge konkreter Arbeitsbedingungen bei Dienstleistungs- und Produktionstätigkeiten, S. 1ff, 9ff und: Hacker, Psychische Anforderungen und Wohlbefinden am Beispiel von Humandienstleistungen, in: Richter (Hrsg.), Psychische Belastung und Beanspruchung unter dem Aspekt des Arbeits- und Gesundheitsschutzes, a.a.O., S. 51f; vgl. auch Freudenberger, Stress and Burnout and their Implication in the Work Environment, in: Encyclopedia Of Occupational Health And Safety, Kap. 5, (5.15).

60 Demerouti, a.a.O., S. 1ff, 9ff; Hacker, a.a.O., S. 51ff.

61 Statistischer Bericht des *Information Department of the Ministry of Health and Welfare, Ministers Secretariat*, in: Totsuka, Prevention of Death from Overwork and Remedies for its Victims S. 14.

62 Kawato, Karôshi Society and Japan, S. 6; Nishiyama/Johnson, a.a.O., S. 3; Ikeda, a.a.O., S. 65.

Arbeitszeit, die in Japan mehr gearbeitet wird als in Westdeutschland. Bezieht man die statistisch erfassten Überstunden mit ein, so ergibt sich für Japan ein berechnetes Plus von 456 und für Deutschland von 55 Arbeitsstunden. *(Abb. 5, S. 38, Abb. 6, S. 39, Abb. 7, S. 40, Abb. 8, S.40)*

[Abb. 6]: Tatsächlich geleistete Arbeitszeit in Japan nach Branchen

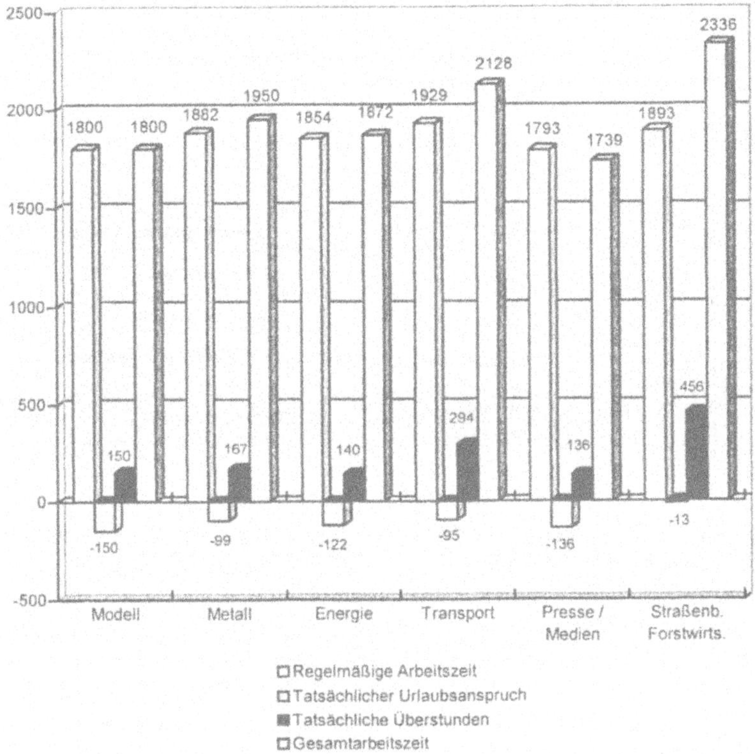

Anm.: Stunden pro Jahr, 1997
* 1800-Stunden Modell als Vorschlag der Regierung zur Reduzierung von Überstunden

Im Ergebnis arbeiteten japanische Arbeitnehmer hiernach 1998 insgesamt ca. 2.422 Stunden und folglich 721 Stunden (entsprechend 88 Werktage) mehr als ihre westdeutschen Kollegen (1.701 Stunden).

[Abb. 7]: Mehrarbeitsstunden in der deutschen Industrie

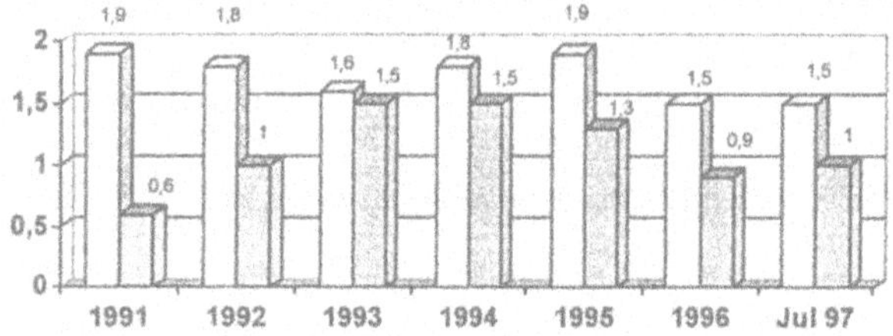

Anm.: Stunden pro Woche Quelle: Statistisches Bundesamt

[Abb. 8]: Überstunden und Ausgleich in Deutschland 1. Hlbj. 1999

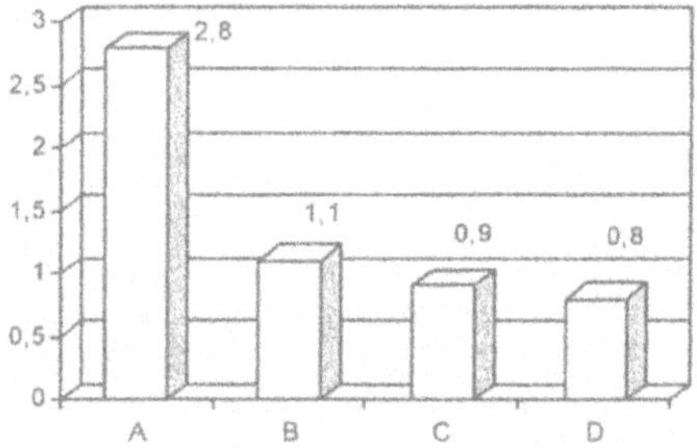

A: Überstunden pro Woche

B: Freizeitausgleich

C: Ausgleich in Geld

D: unbezahlt / kein Ausgleich

Quelle: Zahlen aus Handelsblatt v. 9.11.99, S. 4

Hinzu tritt ein Phänomen von erheblicher Bedeutung: Die so genannte *service overtime, (*auch *service zangyo* oder *sabisu zangyo).* Es handelt sich um Arbeitszeit, die weder registriert noch bezahlt wird. Eine nach Branchen und Geschlechtern aufgegliederte Untersuchung des japanischen Gewerkschaftsdachverbandes RENGO ergab, dass 1997 durchschnittlich 26,6 Stunden *service overtime* im Monat geleistet wurden. Im Verkaufs- und Servicebereich oder im technischen Bereich lagen die Zahlen sogar bei über 30 Stunden pro Monat. *(Abb. 9, S. 41)*

Der Anteil der Unternehmen, in denen *service overtime* geleistet wurde, betrug dabei nahezu 50 %.[70] Extrapoliert man diese Ergebnisse auf die Jahresarbeitszeiten, ergibt sich ein alarmierendes Bild: Bei 26,6 Stunden durchschnittlich geleisteter *service overtime* erhöht sich die Jahresarbeitszeit nochmals um 298

[70] An Immediate Goal of 1.800 Hours a Year, RENGO White Paper 1999, S. 70, JTUC-RENGO http://www.jtuc-rengo.or.jp/english/index.html.

Stunden auf 2.720 Arbeitsstunden, wobei ein Urlaubsanspruch von 15 Tagen zugrunde gelegt wurde.

[Abb. 9]: Verteilung von unbezahlten Überstunden in Japan nach Kategorien

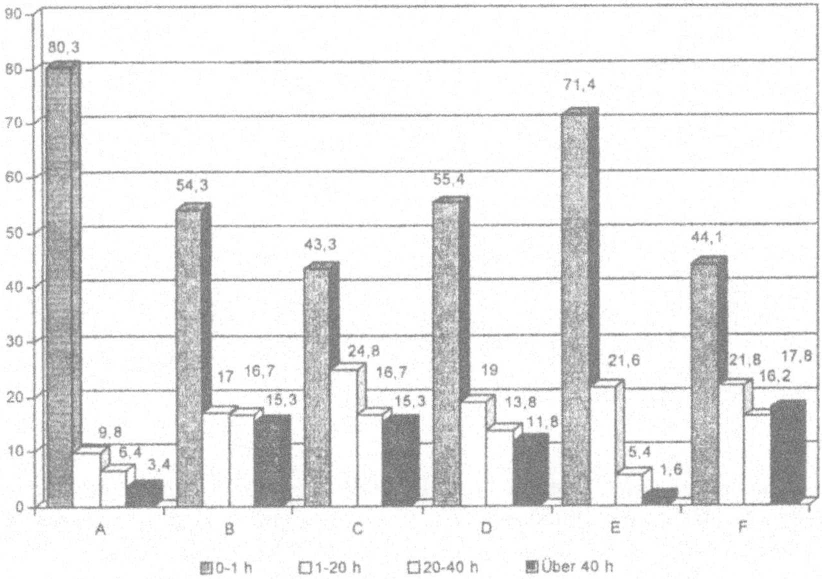

A:	Technische Arbeiten im Handwerk	Männer	Ø 24,8 Stunden
B:	Technische Arbeiten / professionell	Männer	Ø 30,9 Stunden
C:	Technische Arbeiten / professionell	Frauen	Ø 28,6 Stunden
D:	Büroarbeit	Männer	Ø 29,2 Stunden
E:	Büroarbeit	Frauen	Ø 15,4 Stunden
F:	Verkauf / Service	Männer	Ø 31,3 Stunden

Anm.: Angaben in % Quelle: RENGO White Paper 1999, a.a.O., S. 70

Berücksichtigt werden muss nun die *service overtime*, die im Durchschnitt in Deutschland geleistet wird. Denn, dass es diese Eigentümlichkeit auch in der Bundesrepublik gibt, daran besteht kein Zweifel. Zwar ist in der deutschen industriellen Fertigung, auf Grund strenger gesetzlicher und untergesetzlicher Reglementierung und Kontrolle, dies im Gegensatz zu Japan wohl eher selten, jedoch im Dienstleistungssektor und insbesondere auf der Managementebene sogar vielfach anzutreffen.[71]

[71] Klassische Regelarbeitszeit wird immer mehr zur Ausnahme, Handelsblatt v. 9.11.99, S. 4.

Nach Angaben des Statistischen Bundesamtes betrug die durchschnittliche Anzahl der *Mehrarbeitsstunden* 1997 in Deutschland 1,25 Arbeitsstunden pro Woche. *(Abb. 7, S. 40)* Eine detailliertere Untersuchung des nordrhein-westfälischen Arbeitsministeriums ergab für das erste Halbjahr 1999 2,8 Überstunden pro Woche, wovon 1,1 Stunden mit Freizeit erstattet, 0,9 Stunden mit Überstundenzuschlag vergütet und 0,8 Stunden nicht kompensiert wurden.[72] *(Abb. 10, S. 42)*

[Abb. 10]: Überstunden und Ausgleich in Deutschland 1. Hlbj. 1999

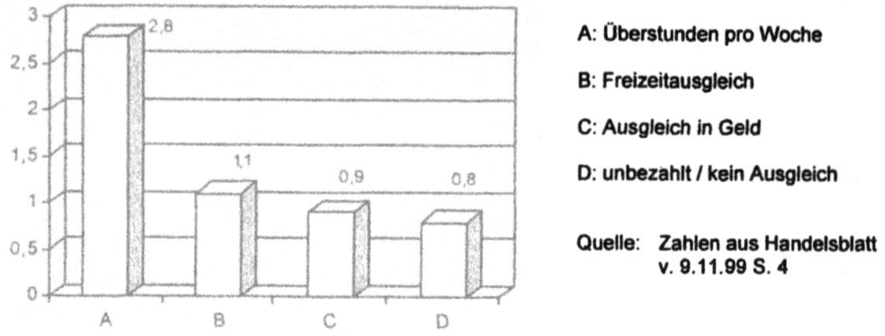

Im Ergebnis werden hiernach in Deutschland pro Woche 0,8 Stunden *unbezahlte* Mehrarbeitsstunden geleistet, was umgerechnet auf Jahresarbeitsstunden mit ca. 38 Stunden zusätzlicher Arbeitszeit veranschlagt werden kann, wobei hier ein Jahresurlaub von 4 Wochen berücksichtigt wurde. Die durchschnittliche Arbeitszeit in Deutschland erhöht sich dadurch auf ca. 1.739 Stunden und steht etwa 2.720 Stunden auf japanischer Seite gegenüber. Es ergibt sich damit im Vergleich eine *effektive* Jahres-Gesamtarbeitszeit von etwa 981 Arbeitsstunden *mehr* als in Westdeutschland, was ungefähr dem 1,5-fachen entspricht. *(Abb. 11, S. 43)*

[72] Rechtsterminologisch ist zwischen den Begriffen Überstunden und Mehrarbeit zu differenzieren. Wird an einem Tag oder in einer Woche mehr gearbeitet als die Vereinbarung auf Grund des Arbeitsvertrages über die Arbeitszeit vorsieht, so spricht man von Überarbeit bzw. von Überstunden. Von Mehrarbeit spricht man dagegen dann, wenn die Arbeitszeit über die in den Arbeitszeitregelungen festgelegte Zeit andauert.

[Abb. 11]: Arbeitszeit, Überstunden, Ausgleich im Vergleich 1998/99

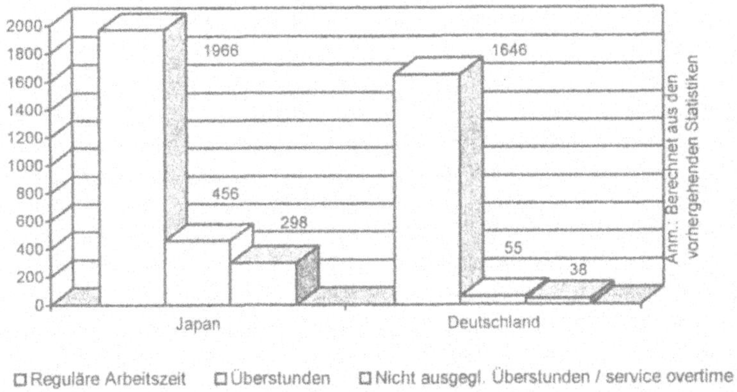

Diese eklatante Diskrepanz ist jedoch nicht allein auf die tägliche Arbeitszeit und die *service overtime* zurückzuführen, auch wenn Letztere eine erhebliche Rolle spielt. Hinzu kommt, dass in Japan deutlich weniger Urlaub gewährt wird als in Deutschland, und dieser auch erkennbar seltener in Anspruch genommen wird als es hier üblich ist.

Der im Jahre 1995 vorgeschriebene Jahresurlaub betrug durchschnittlich 17,2 Tage und hat sich gegenüber dem Anspruch von 1990 (15,5 Tage) sichtlich verbessert.[73] In Deutschland ist der Mindesturlaub durch § 3 Bundesurlaubsgesetz[74] auf 24 Werktage, entsprechend 4 Arbeitswochen, festgelegt. Heute erreichen rund 46 % der Arbeitnehmer über tarifliche Regelungen einen Urlaubsanspruch von 6 Wochen (entsprechend 36 Werktage).[75] Die von japanischen Arbeitnehmern tatsächlich in Anspruch genommenen Urlaubstage lagen jedoch 1995 mit 9,5 Tagen (ca. 55 %) weit unter dem theoretischen Wert. Statistiken, die eine Aussage darüber treffen wie hoch der *tatsächlich* in Anspruch genommene Urlaub in Deutschland ist, liegen nicht vor. Auf Grund des gegenüber Japan grundsätzlich andersartigen Bedingungsgefüges in der betrieblichen Praxis, ist diesbezüglich von einem vergleichsweise hohen Wert auszugehen.[76] *(Abb. 11, S.43, Abb. 12, S.44)*

---

[73] Nishitani, Gesetzliche Regelung der Arbeitszeit in Japan, Japans Arbeitsbeziehungen und Arbeitsrecht in Geschichte und Gegenwart, S. 89.

[74] Bundesurlaubsgesetz (BUrlG) vom 8. Januar 1963 (BGBl. I S. 2).

[75] Kittner, Arbeits- und Sozialrechtsordnung, S. 865.

[76] Vgl. hierzu: Tieste, Karôshi, ein japanisches Phänomen?, a.a.O., S. 56ff.

[Abb. 12]: Wahrnehmung des Urlaubsanspruchs in Tagen und in % nach Branchen (Japan)

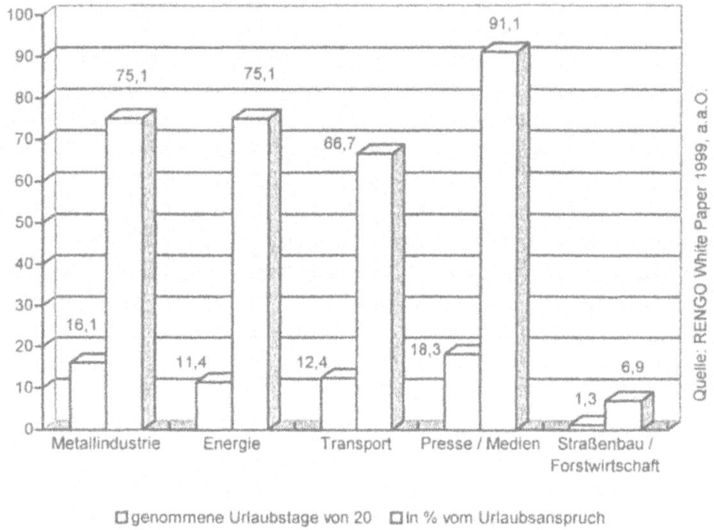

Nach Art. 35 des Arbeitsstandardgesetzes *(rôdô kijonhô)* haben japanische Arbeitnehmer einen gesetzlichen Anspruch auf einen freien Tag pro Woche. Betreffend der Praxis der Ruhetage stammen die neuesten verfügbaren Vergleichszahlen aus dem Jahre 1989. Hiernach hatten 9,6 % der japanischen Unternehmen ihren Arbeitnehmern zwei arbeitsfreie Tage pro Woche, 6,3 % sieben arbeitsfreie Tage in acht Wochen, 23,2 % sechs arbeitsfreie Tage in acht Wochen und 19,3 % fünf Tage in acht Wochen zugestanden. Auffällig ist, dass nur 40,3 % der japanischen Arbeitgeber sich an die gesetzliche Voraussetzung hielten und einen arbeitsfreien Tag in der Woche bewilligten. 1,3 % gewährten sogar lediglich einen halben freien Tag in der Woche. Auch bezüglich der arbeitsfreien Tage gab es einen deutlichen Trend dahingehend, dass Arbeitnehmer in großen Betrieben besser gestellt waren als Arbeitnehmer in Kleinbetrieben. Diese Zahlen haben sich im Laufe der Jahre stetig verbessert. 1997 wurden bereits 37 % aller Arbeitnehmer zwei freie Tage pro Woche gewährt.[77] *(Abb. 12, S.44, Abb. 13, S.45)*

77 Tonai, Der Entschädigungsanspruch in Japan bei der Todesursache Überarbeitung, Okayama Law Journal S. 39.

[Abb. 13]: Wahrnehmung von arbeitsfreien Tagen und Urlaub im Vergleich (geschätzt)

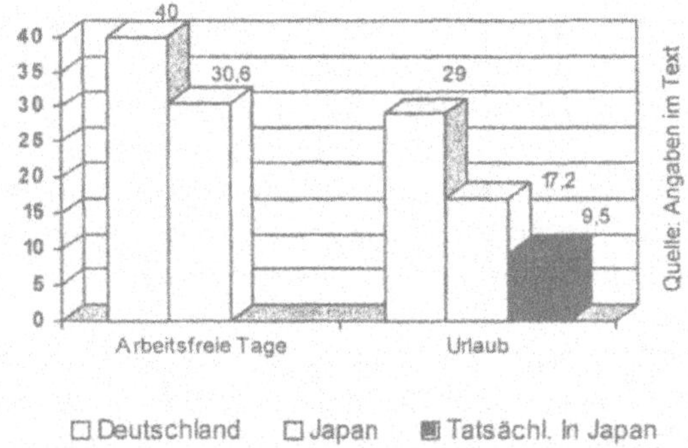

Bei dieser Betrachtung muss die empirische Methode berücksichtigt werden, die Grundlage der vorstehenden Untersuchung war. Beispielsweise bezieht das Arbeitsministerium die Teilzeitarbeit in die Statistiken mit ein, was dazu führt, dass das Ergebnis bezüglich der durchschnittlichen Werte stark verfälscht wird.[78] Zudem beruhen die ermittelten Zahlen zumeist auf freiwilligen Angaben von Arbeitnehmern, und die Richtigkeit solcher Daten könnte auf Grund einer eventuell nicht gewährleisteten innerbetrieblichen Anonymität in Frage stehen.

So liegen beispielsweise die Zahlenwerte, die durch den *National Defense Counsel* ermittelt wurden, weit über den hier bisher vorgestellten. Ausgehend von Aufzeichnungen und Arbeitsplänen von an Karôshi verstorbenen Arbeitnehmern, berechnete der Counsel durchschnittlich 3.000 Arbeitsstunden und in Extremfällen sogar 3.500 Stunden pro Jahr.[79] Auch die unabhängige *Japanese Planning Agency* kommt unter Einbeziehung der *Service-Überstunden* auf eine durchschnittliche Arbeitszeit von 2.500 Arbeitsstunden, wobei 1/6 der befragten Arbeitnehmer 3.100 Stunden pro Jahr arbeitete.[80] Diese Werte wurden bei Untersuchungen im Bereich der so genannten *Karôshi-Line*,[81] also bei betrieblichen Ermittlungen im Rahmen eines Todesfalls bestätigt.

---

78 Zur Problematik der statistischen Zahlenwerte vgl. auch Ikeda, a.a.O.: Hiernach werden in die Untersuchungen auch 8 Millionen Teilzeitbeschäftigte einbezogen und beschränken sich zudem nur auf Betriebe mit mehr als 30 Beschäftigten.

79 Morioka, The Life Style of Japanese Workers, Karôshi - When the Corporate Worrior Dies, S. 67; Kato, The Political Economy of Japanese Karôshi, http://www.ff.iij4u.or.jp/~katote/Welcome.html, Unterordner: http://member. nifty.ne.jp/katote/Karoshi.html.

80 Hayashi, Tragedy of Japanese Workers, http://www.asahi-net.or.jp/~fy7y-hys/trag edy.htm.

81 Vgl.: Morioka, a.a.O., S. 67.

Grundsätzlich verdeutlicht der internationale Vergleich, dass die japanischen Arbeitnehmer ein erhebliches Maß an Arbeitsstunden mehr arbeiten als ihre Kollegen und Kolleginnen in anderen Industrienationen. Entsprechend verteilt sich die Arbeitszeit auf die höchste Überstundenzahl, den geringsten Jahresurlaub und die effektiv geringste Anzahl freier Tage pro Woche. Unter Berücksichtigung der Untersuchungen der *Management and Coordination Agency* (1996) und von RENGO (1998) lässt sich feststellen, dass das grundlegende Bild sich in diesen Jahren nicht verändert hat und auf der Basis unterschiedlicher empirischer Techniken, die angewandt wurden, sich für japanische Arbeitnehmer ein außerordentlich ungünstiges Bild ergibt.

Es stellt sich damit die Frage, wie es zu dieser, für die Arbeitnehmer krass nachteiligen Situation kommt. Eine befriedigende Antwort ist nur durch eine Analyse der japanischen Arbeitsbeziehungen, der wesentlichen Regelungsinstrumente und deren Zusammenspiel mit der betrieblichen Praxis zu finden. Wodurch also werden in Japan die Arbeitsbedingungen hinsichtlich Arbeitszeit und betrieblicher Stressfaktoren geregelt? Diese Frage in Japan und Deutschland gestellt, würde von japanischen und deutschen Arbeitnehmern sehr unterschiedlich beantwortet. Während in Deutschland aus subjektiver Sicht des Arbeitnehmers der Arbeitsvertrag und die einschlägigen tariflichen Ergänzungen wichtigstes gestalterisches Mittel zur Festlegung individueller Arbeitsbedingungen sind, ist dies für den japanischen Arbeitnehmer die Arbeitsordnung (*shûgyô kisoku*). Auch die einschlägigen Regelungen des Arbeitsstandardgesetzes sind für den Arbeitnehmer in Japan in ihrer Bedeutung dem Arbeitsvertrag vorrangig. Nach Art. 93 ASG sind individualvertragliche Regelungen, die gegen die Arbeitsordnung verstoßen, nichtig. Für die Arbeitsordnung wiederum ist das ASG als Rahmengesetzgebung zu verstehen.[82] Widersprechende Regelungen in Arbeitsordnungen sind daher ebenfalls nichtig und werden durch die Regelungen des ASG ersetzt. *(Abb. 14, S. 47)*

Der Tarifvertrag dagegen, regelt in Japan in erster Linie wie Arbeitgeber und Gewerkschaft formal miteinander umzugehen haben und wie die Gewerkschaft im Betrieb ihre Informations- und Auskunftsrechte wahrzunehmen hat. Eine Regelung der Arbeitsbedingungen ist japanischen Tarifverträgen dagegen gewöhnlich nicht zu entnehmen. Die Ergebnisse von Tarif*verhandlungen* hinsichtlich der Arbeitsbedingungen werden in den betrieblichen Arbeitsordnungen niedergeschrieben, die dem Aufsichtsamt zur Kontrolle auf Einhaltung der gesetzlichen Grenzwerte vorzulegen sind. *(Abb. 14, S. 47)* Hinsichtlich einer Vielzahl von Arbeitsbedingungen sind aus diesem Grund

[82] Marutschke/Kubo, Die Regelung des Arbeitsverhältnisses in der japanischen Rechtsordnung, Arbeitsordnungen und Tarifverträge in japanischen Unternehmen, S. 14.

ministeriale Richtlinien *(meyasu),*[97] die auf die schrittweise Durchsetzung einer Überstundenobergrenze gerichtet sind. Aus ihnen folgt die Verpflichtung, dass *„sowohl Arbeitgeber als auch Arbeitnehmer sich diesen Begrenzungen fügen."* Zentrales innerstaatliches Regelwerk, die Arbeitszeitregelungen betreffend, ist das Arbeitsstandardgesetz[98] (ASG), *(rôdô kijun hô).* Es bildet mit dem Gewerkschaftsgesetz die zwei tragenden Säulen des japanischen Arbeitsrechts. Das ASG enthält, wie eingangs erwähnt, zwingendes Recht in Bezug auf die Mindeststandards der Arbeitsbedingungen. Außer in den vom Gesetz selbst genannten Fällen dürfen weder Arbeitsordnung noch Tarif- oder Arbeitsvertrag diese Standards unterschreiten. *(Abb. 14, S. 47)*

Die in den ersten Normen des ASG formulierte Zielbestimmung weist bereits deutliche Bezüge zu den hier interessierenden Arbeitsbedingungen auf. Nach Art. 1 Satz 1 ASG *sollen* die Arbeitsbedingungen so gestaltet sein, dass sie die Bedürfnisse von Arbeitnehmern im Hinblick auf ein menschenwürdiges Leben berücksichtigen. Das ASG folgt nach Art. 1 (2) dem Mindeststandardprinzip. Dies soll nach dem Wortlaut des Gesetzes von den Vertragsparteien jedoch nicht als *Begründung* oder *Entschuldigung* dafür verstanden werden, bestehende Standards auf dieses Minimum zu senken. Nach Satz 2 der Vorschrift werden die Arbeitgeber *angehalten,*[99] Anstrengungen zu unternehmen, die gesetzten Standards zu heben. Art. 2 Satz 1 ASG fordert, dass die Arbeitsbedingungen zwischen Arbeitnehmern und Arbeitgebern gleichberechtigt festgelegt werden *sollen.* Arbeitnehmer und Arbeitgeber *sollen*[100] hiernach den gemeinsamen Vereinbarungen, Regeln der Beschäftigung und Arbeitsverträgen Folge leisten und *sollen* ihren gegenseitigen Verpflichtungen gewissenhaft nachkommen. Das ASG dient damit, ebenso wie das Arbeitszeitgesetz,[101] dem Arbeitsschutz.[102] Zentrale Normen bezüglich der Arbeitszeit sind die Art. 32 ff ASG. Hiernach *soll* die maximale Arbeitszeit 8 Stunden pro Tag oder 40 Stunden pro Woche betragen. In den folgenden Absätzen zu Art. 32 ASG sind umfangreiche Ausnahmen für diesen Grundsatz formuliert. Die Regelung der Ruhetage richtet sich nach Art. 35 Arbeitsstandardgesetz. Überstunden sind in den Art. 32 ff

---

[97] Ueyanagi, Laws Concerning Karôshi - When the Corporate Worrior Dies, S. 84.

[98] Im Folgenden: ASG, vom 7.4.1947, in der Fassung vom 9. Juni 1995, Law Nr. 107.

[99] Zur sprachlichen Formulierung vgl. unten: *Der lexikalische Ausdruck des Gesetzes, Kapitel 2, 1.3.*

[100] In der englischen Übersetzung: *shall, should.*

[101] Nach Pulte, Beteiligungsrechte außerhalb der Betriebsverfassung, S. 78: Unter dem Begriff Arbeitsschutz werden alle öffentlich-rechtlichen Vorschriften über die tägliche Höchstarbeitszeit, über die Festlegung der zeitlichen Lage der Arbeitszeit während eines Tages, über Pausen und arbeitsfreie Zeiten nach Ende der täglichen Arbeit und über Sonn- und Feiertagsruhe verstanden.

[102] Kubo, a.a.O., S. 5.

ASG näher geregelt. Art. 39 ASG regelt den bezahlten Jahresmindesturlaub. Durch Art. 64 ASG werden die maximal zugelassenen Überstunden begrenzt. Art. 131 Satz 1 ASG konkretisiert die Bestimmungen der Arbeitszeitvorschriften durch Begriffsdefinitionen. Die Artikel 117ff ASG beschreiben die Strafbewehrtheit von Verstößen gegen diese Regelungen. Hiernach werden Gesetzesverstöße bezüglich Überstundenregelungen, Ruhetagen und Überstundenentgelten mit einer Freiheitsstrafe von maximal 6 Monaten oder mit einer Geldstrafe nicht unter 100.000 Yen[103] bestraft. Allein dieser grobe Aufriss zeigt bereits, dass das japanische Arbeitsstandardgesetz die betriebliche Arbeitszeit detailliert regelt.

Nach alledem ist eine gewisse Diskrepanz zwischen Anspruch und Formulierung des Gesetzes nicht zu übersehen. Der Anspruch des Gesetzes ist, Mindeststandards zwingend festzuschreiben. Die Formulierungen im Einzelnen sind jedoch durch Worte wie *soll* oder *sollten*[104] unscharf und eher unverbindlich gefasst. Diese Art der Formulierung zieht sich durch nahezu alle japanischen Regelwerke - von Artikeln mit Verfassungsrang bis zu untergesetzlichen Rechtsnormen.[105]

1.2. Die Regelung der Arbeitszeit

Das Arbeitsstandardgesetz wurde im letzten Jahrzehnt mehrfach reformiert. Die Reformen sind Ausdruck der Bemühungen der japanischen Regierung, die betriebliche Arbeitszeit einzugrenzen. Die jeweiligen Reformschritte bezüglich arbeitszeitrelevanter Normen werden hier insoweit berücksichtigt, als eine Entwicklung hin zur Arbeitszeitverkürzung erkennbar wird.

1.2.1. Definition Arbeitszeit

Die grundlegende Norm zur Regelung der Arbeitszeit findet sich im japanischen Recht in Art. 32 Abs. 1 Satz 1, Satz 2 ASG:

---

103 € 864.528 mit Stand vom 1.5.2002

104 In der englischen Übersetzung: *shall, should.*

105 Vgl. zur Problematik der sprachlichen Formulierung unten: *Der lexikalische Ausdruck des Gesetzes, Kapitel 2, 1.3., Die Unschärfe japanischer Rechtsbegriffe und Rechtsvorschriften* sowie: *Kapitel 4, 2.5. Inkurs: Zur Uneinheitlichkeit japanischer Rechtsprechung.*

- *„Ein Arbeitgeber soll keinen Arbeitnehmer mehr als 40 Stunden pro Woche beschäftigen. Hiervon sind Ruhepausen ausgeschlossen."*

- *„Ein Arbeitgeber soll einen Arbeitnehmer nicht mehr als 8 Stunden pro Wochentag beschäftigen. Hiervon sind Ruhepausen ausgeschlossen"*[106]

Begrifflich werden in Japan *Arbeitsstunden* von so genannten *kontrollierten Stunden* unterschieden. Bei den Arbeitsstunden handelt es sich um die Zeit, die ein Arbeitnehmer *tatsächlich zur Arbeit veranlasst* ist. Zwar sind Pausen, die dem Arbeitnehmer nach Art. 34 Abs. 3 ASG grundsätzlich zur freien Verfügung stehen[107] nach dieser Definition ausgeschlossen, jedoch ist die so genannte *stand by time*, die *Wartezeit* zwischen den Arbeitsvorgängen mit umfasst. Um *kontrollierte Stunden* handelt es sich hingegen dann, wenn von der Gesamtzeit, d.h. Arbeitsstunden und Pausenzeiten die Rede ist. Diese *kontrollierten Stunden* sind, abgesehen von der Regelung über Pausenzeiten, nicht Gegenstand einer detaillierten Regelung im japanischen Gesetz[108] und lassen so, bereits qua gesetzlicher Definition, dem Arbeitgeber einen weiten Spielraum zur Gestaltung solcher Zeiten.

In § 32 (1) Satz 1 ASG werden die Ruhepausen von der Arbeitszeit abgegrenzt. Zeiträume, die ein Arbeitnehmer dem Arbeitgeber beispielsweise für die Vorbereitung eines Produktionsprozesses zur Verfügung steht und die Zeit, die zum Ende der Arbeitszeit benötigt wird, um etwa im Schichtbetrieb Anlagen für eine Übergabe vorzubereiten, werden hiernach ebenfalls zur Arbeitszeit gerechnet.[109/110] Genauso verhält es sich mit Arbeit, die zu Hause erledigt wird.

Nach Art. 1 ASG sollen zudem die Arbeitsbedingungen so gestaltet werden, dass sie ein menschenwürdiges Leben der Arbeitnehmer ermöglichen. Im Zusammenwirken mit den Art. 11 und 27 der JapVerf. entspricht auch Art. 32 ASG diesen Grundsätzen.

---

106 Article 32 (1) ASG: An employer shall not have a worker work more than 40 hours per week, excluding rest periods. Article 32.(2) An employer shall not have a worker work more than 8 hours per day for each day of the week, excluding rest periods. Labor Laws of Japan, a.a.O.

107 Im Kontext mit der Pausenpraxis in japanischen Unternehmen, vgl. unten: *Kapitel 2, 2.2.5., Der Jahresurlaub.*

108 Sugeno, Japanese Labour Law, S. 258.

109 Sugeno, a.a.O., S. 259.

110 Besonders hervorzuheben sind hier die Quality Control Circles. Vgl. auch unten, Kapitel 2, 2.1. Das rechtliche Verständnis des Arbeitsverhältnisses.

1.2.2. Reguläre Arbeitszeit

Als reguläre Arbeitszeit ist in Japan durch Art. 32 ASG der 8-Stunden-Tag bzw. die 40-Stunden-Woche normiert. Die Regelung des 8-Stunden-Tages wurde in Japan mit der Schaffung des Arbeitsstandardgesetzes 1947 - nach dem 2. Weltkrieg - eingeführt. Damals wurde die Höchstarbeitszeit auf 8 Stunden pro Tag und 48 Stunden pro Woche festgelegt. Ein Tag in der Woche war bereits nach dieser Regelung arbeitsfrei. Die heftige Kritik der japanischen Gewerkschaften und der Wirtschaftskonkurrenten des Weltmarktes an den faktisch langen Arbeitszeiten in Japan führte 1987 zu einer ersten Reform des Arbeitsstandardgesetzes.[111] Ein Ziel der Reform war die Einführung der 5-Tage-Woche[112] mit einer Höchstarbeitszeit von 40 Stunden. Die 40-Stunden-Woche wurde jedoch in den Folgejahren nur stufenweise umgesetzt. Nach entsprechenden Verordnungen galten für 3 Jahre die 46-Stunden- und bis zum April 1997 die 44-Stunden-Woche. Die Auslegung der Begriffe in Art. 32 (1) ASG richtet sich nach Art. 131 ASG. Danach war der Begriff „*40-Stunden*" des Art. 32 (1) Abs. 1 bis zum 31. März 1997 *so zu lesen*, dass die in einer Arbeitsordnung festgelegte Stundenzahl zwischen 40 und 44 Stunden zu liegen hatte.[113] Für zahlreiche Betriebe, vor allem für solche mit wenigen Arbeitnehmern, galten die in Art. 32 geregelten Arbeitszeiten daher zunächst vorübergehend nicht. Auffallend ist, dass entgegen einer eindeutigen Normierung im japanischen Arbeitsstandardgesetz, diese Ausnahmesituation über einen Zeitraum von mehr als 10 Jahren andauerte, bis letztlich der Grundsatz des Art. 32 ASG zum April 1997 ausnahmslos für alle japanischen Branchen und Betriebe wirksam wurde.[114]

Von der in diesen Grundnormen verfassten Begrenzung der Arbeitszeit gibt es jedoch im japanischen Recht umfangreiche Ausnahmen. Diese sollen daher hier einer genaueren Untersuchung unterworfen werden.[115]

---

111 Nishitani, Gesetzliche Regelung der Arbeitszeit in Japan, in: Japans Arbeitsbeziehungen und Arbeitsrecht in Geschichte und Gegenwart, S. 83; Bobke/Lecher, Arbeitsstaat Japan, S. 171.

112 Im Jahr 1990 war im Durchschnitt nur jeder 2. Samstag arbeitsfrei, Bobke/Lecher, a.a.O., S. 171; inzwischen gilt jedoch für mehr als die Hälfte der beschäftigten Japaner die 5-Tage-Woche, siehe Kezuka, Stand und Entwicklung der Arbeitszeit in Japan, WSI-Mitteilungen 9/1998 S. 646 (646).

113 Article 131 (1) ASG: In respect of the application of the provisions of paragraph 1 of Article 32 regarding undertakings (...) the words "forty hours" in paragraph 1 of Article 32 shall be read (...) as "the hours to be stipulated by order within the range of more than 40 hours but not more than 44 hours". Labor Laws of Japan, a.a.O.

114 Kezuka, a.a.O., S. 646f.

115 Zur Gegenüberstellung mit den Deutschen gesetzlichen Regelungen vgl. jeweils: Tieste, a.a.O., S. 29 – 49.

a) Verlängerungsmöglichkeiten der regulären Arbeitszeit

Bezüglich der regulären Arbeitszeit sind im japanischen Recht mehrere Ausnahmen zulässig. Während ein Teil der Vorschriften die Verlängerung der regulären Arbeitszeit nur bei entsprechendem Ausgleich gestattet, sehen andere Regelungen die Möglichkeit einer ausgleichsfreien Verlängerung vor.

aa) Verlängerung der Arbeitszeit mit entsprechendem Ausgleich

Art. 32 (3) ASG definiert die Ausweitungsmöglichkeit der Arbeitszeit über den 8-Stunden-Tag bzw. die 40-Stunden-Woche hinaus bei Arbeitsverhältnissen, in denen der Arbeitnehmer den Arbeitsbeginn und das Arbeitsende selbst bestimmen kann (Gleitzeit). Voraussetzung ist eine Vereinbarung mit einer Arbeitnehmervertretung (*saburoku kyotei*), die inhaltlich folgende Punkte berücksichtigen muss:

- Wirksamkeit der Vereinbarung über einen Zeitraum von höchstens einem Monat, in dem die Mehrarbeit in der Form auszugleichen ist, dass die wöchentliche Arbeitszeit 40 Stunden nicht überschreitet.
- Definition der Gruppe von Arbeitnehmern, die von der Regelung betroffen sein werden.
- Regelung der Gesamtarbeitszeit innerhalb des Ausgleichszeitraumes.
- Formale Gesichtspunkte zur Durchführung der Maßnahme.

Art. 32 (4) ASG enthält ebenfalls eine Regelung zur Ausweitung der Arbeitszeit über den 8-Stunden-Tag bzw. die 40-Stunden-Woche hinaus.[116] Diese Norm regelt Grenzen und Ausnahmemöglichkeiten auf der Grundlage eines *Durchschnitts der zu leistenden Arbeitszeit.* Nach der Reform des ASG zum 1.4.1999 sind hier Erweiterungen bis zu 52 Stunden pro Woche oder 10 Stunden am Tag denkbar. Dies ist nach der Reform auch möglich für Zeiträume von über einem Jahr. Voraussetzung ist, dass in einer Vereinbarung zwischen Arbeitgeber und Arbeitnehmervertretung folgende Bestimmungen getroffen werden:

- Es muss sich um fest bestimmte Arbeitstage bzw. Arbeitswochen handeln.
- Die Gruppe der von der Regelung betroffenen Arbeitnehmer muss bestimmt sein.
- Der Zeitraum, bemessen nach Tagen und Wochen muss bestimmt werden und im Falle, dass der Ausgleichszeitraum in mehrere

116 Für einen Vergleich zur deutschen Rechtslage siehe: Tieste, Karôshi, ein japanisches Phänomen?, a.a.O., S. 29 ff.

Abschnitte von drei oder mehr Monate unterteilt ist, sind diese Zeiträume zu benennen.

- Darüber hinausgehende Formalien, die per Gesetz vorgeschrieben sind, müssen ebenfalls geregelt werden.
- Alle Regelungen sind schriftlich zu fixieren.

Für den Zeitraum, in dem die Arbeitszeiten hiernach verlängert werden, können nach Satz 3 des Art. 32 (4) ASG vom Arbeitsministerium im Zusammenwirken mit dem Arbeitsaufsichtsamt Maximalgrenzen für die an einem Tag bzw. in einer Woche zu leistende Arbeitszeit festgelegt werden. Demgemäß *sollte* der Arbeitgeber nach Satz 4 die getroffene Vereinbarung an das Arbeitsministerium weiterleiten, damit dieses bei Verstößen einschreiten kann. Nach der Reform des ASG zum 1.4.1999 wird der bisherigen Empfehlung für maximal 360 Überstunden pro Jahr durch gesetzliche Verankerung Nachdruck verliehen, sodass hierin auch die Maximalgrenze für Art. 32 (4) ASG zu sehen ist.

ab) Verlängerung der Arbeitszeit ohne entsprechenden Ausgleich

Während die beschriebenen gesetzlichen Regelungen die reguläre Arbeitszeit wegen der Ausgleichsverpflichtung lediglich anders verteilen und daher letztlich nicht dauerhaft verlängern, ergeben sich aus der Gesetzeslage auch Möglichkeiten zur ausgleichsfreien Verlängerung der Arbeitszeit.[117]

Art. 36 ASG erlaubt es dem Arbeitgeber, die Arbeitszeit über 8 Stunden täglich bzw. 40 Stunden in der Woche hinaus zu verlängern, sofern dies Gegenstand einer Vereinbarung mit einer Arbeitnehmervertretung ist. Ausgenommen sind hiervon lediglich Arbeitnehmer, die unter Tage arbeiten oder sonstige gefährliche Arbeiten ausführen, wie es beispielsweise in Atomkraftwerken der Fall ist. Ein Ausgleichszeitraum ist gesetzlich nicht vorgeschrieben. Nach dem Wortlaut des Art. 32 Satz 2 ASG kann ein Arbeitgeber die Arbeitszeiten jedoch *selbst dann* über die hierin getroffenen Bestimmungen, also über 8 Stunden täglich hinaus verlängern, wenn er sich in Vereinbarungen und Arbeitsordnungen an die Vorschriften des Art. 32 Satz 1, 2 ASG *gebunden* hat. Einzige Voraussetzung ist, dass es sich um einen Zeitraum von maximal einem Monat handelt. Einen Ausgleichszeitraum und eine Vereinbarung mit einer Arbeitnehmervertretung sieht das Gesetz für diese Überstunden nicht vor.

Art. 32 (5) ASG sieht ebenfalls eine Ausweitungsmöglichkeit ohne Ausgleich vor. Voraussetzung ist hier, dass es sich um Unternehmen bzw. Branchen

[117] Für einen Vergleich zur deutschen Rechtslage siehe: Tieste, Karôshi, ein japanisches Phänomen?, a.a.O., S. 29 ff.

handelt, in denen auf Grund der Art ihrer Tätigkeit häufige Wechsel der betrieblichen Arbeitszeiten nötig sind. In diesen Fällen, so das Gesetz, sei es schwierig, feste Arbeitsordnungen für die tägliche Arbeitszeit zu erstellen. In solchen Betrieben ist es dem Arbeitgeber daher gestattet, Arbeitszeiten von bis zu 10 Stunden täglich anzuordnen. Diese sind den Arbeitnehmern nach Satz 2 jeweils einen Tag vor den betreffenden Tagen bekannt zu geben. Voraussetzung ist nach Satz 3 wiederum eine Vereinbarung mit einer Arbeitnehmervertretung, die der Arbeitgeber dem Arbeitsministerium übermitteln *sollte*. Ein Ausgleichszeitraum ist hier ebenfalls im Gesetz nicht vorgesehen.

Im Falle einer *vorübergehenden Notwendigkeit* oder eines *Unglücksfalles* kann der Arbeitgeber nach Art. 33 ASG auch Arbeitszeiten über 10 Stunden täglich sowie Arbeit an Ruhetagen oder Feiertagen anordnen. Die Grenzen der Notwendigkeit sind einzuhalten. Voraussetzung ist hier die vorherige Zustimmung des Arbeitsaufsichtsamtes. Sollte zum Einholen der Erlaubnis keine Zeit sein, ist es Pflicht des Arbeitgebers, dies umgehend nachzuholen. Stellt sich nachträglich heraus, dass die Genehmigung nicht erteilt worden wäre, kann das Arbeitsaufsichtsamt einen Ausgleichszeitraum für die zusätzlich geleistete Arbeitszeit anordnen. Ansonsten sieht das Gesetz hier ebenfalls keinen Ausgleich vor.

b) Maximalbegrenzung für Überstunden

Eine Überstundenbegrenzung für Frauen auf 150 Stunden pro Jahr mit einer entsprechenden Sondervorschrift,[118] wurde durch die Überarbeitung des Arbeitsstandardgesetzes vom September 1998 zum April 1999 aufgehoben. Eine besondere Grenze bei 150 Stunden jährlich besteht nur noch für Frauen, die Erziehungs- und Pflegearbeit leisten. Generell gilt jetzt eine Grenze von 360 Stunden im Jahr (bzw. 45 Überstunden pro Monat oder 15 Stunden pro Woche) über die grundsätzlich festgelegte Arbeitszeit hinaus für alle volljährigen[119] Arbeitnehmer. Eine solche gesetzliche Begrenzung war im ASG bis zu diesem Zeitpunkt nicht vorgesehen. Sie war lediglich Gegenstand einer Richtlinie des Arbeitsministeriums mit geringer Durchsetzungskraft.[120] Es gab, abgesehen von bestimmten Berufsgruppen, faktisch keine gesetzliche Höchstbegrenzung für Überstunden und Arbeit an Ruhetagen. Ein Arbeitgeber konnte dem-

---

118 Art. 64 (2) ASG.

119 Nishitani, a.a.O.: Die Regelung gilt nicht für Arbeitnehmer unter 18 Jahren.

120 Ueyanagi, a.a.O., S. 86: "*And in fact, the notification even goes so far, as to state that the Labour Standards Officers should not be compulsory in their enforcement of these guidelines*".

entsprechend so viele Überstunden anordnen wie er für nötig hielt.[121] Die einzige Bedingung lautete, dass die Anordnung von Überstunden Inhalt einer Vereinbarung zwischen dem Arbeitgeber und der Arbeitnehmervertretung war.[122] Seit April 1999 ist die Höchstgrenze von 360 Stunden pro Jahr kraft Gesetzes verbindlicher Standard für alle Übereinkommen zwischen Arbeitgebern und Arbeitnehmern. Zudem bedarf jede zwischen dem Arbeitgeber und der Gewerkschaft bzw. dem Arbeitnehmervertreter getroffene Vereinbarung zur Arbeitszeit, seit April 1999 der Genehmigung des Arbeitsaufsichtsamtes. Eine höhere Zahl von Überstunden, sollte sie beantragt werden, würde daher nicht genehmigt. Die Bedeutung dieser neuen gesetzlichen Maximalgrenze ist nicht zu unterschätzen, denn das Fehlen einer gesetzlichen Obergrenze für Überstunden in Japan stand in den vergangenen Jahren im Zentrum der nationalen und internationalen Kritik.[123] Rein von der Gesetzeslage her ergeben sich damit, ausgehend von einer maximal zulässigen Zahl von 45 Überstunden pro Monat bei einer 5-Tage-Woche,[124] 2,25 Überstunden pro Tag. Der gesetzlich vorgeschriebene 8-Stunden-Tag könnte sich unter Ausschöpfung der gesetzlichen Möglichkeiten auf mithin 10,25 Stunden verlängern.[125]

1.2.3. Ruhetage

Nach Art. 35 ASG ist der japanische Arbeitgeber verpflichtet, den Arbeitnehmern einen Tag in der Woche oder aber vier Tage in vier Wochen als Ruhetage zu gewähren. Nach Art. 36 ASG kann auf Grund einer Vereinbarung mit einer Arbeitnehmervertretung Arbeit an Ruhetagen angeordnet werden. Ein Ausgleich und eine Begrenzung der Ausnahmen ist vom Gesetz nicht vorgesehen.

Ein weiterer freier Arbeitstag in der Woche ist in Japan nur über eine entsprechende tarifliche Regelung erreichbar. Dies ist jedoch inzwischen in Japan Praxis, sodass auf der Grundlage solcher Vereinbarungen für mehr als die Hälfte der Beschäftigten die 5-Tage-Woche gilt.[126/127]

---

121 Ueyanagi, a.a.O., S. 86.

122 Urteil des Tokyo High Court Hitachi Ltd. V. Tokyo High Court March 27, 1986 in: ZjapanR 1996 Heft 2, S. 142; FAZ 30.3.1996 S. 9.

123 Kawai, a.a.O.

124 Für mehr als die Hälfte der beschäftigten Japaner gilt inzwischen die 5-Tage-Woche, siehe Kezuka, a.a.O., S. 646.

125 Für einen Vergleich zur deutschen Rechtslage siehe: Tieste, Karôshi, ein japanisches Phänomen?, a.a.O., S. 29 ff.

126 Kezuka, a.a.O., S. 647.

1.2.4. Urlaub

Nach Art. 39 ASG ist der Arbeitgeber verpflichtet, dem Arbeitnehmer eine festgelegte Anzahl von Urlaubstagen zu gewähren.[128] Voraussetzung hierfür ist, dass der Arbeitnehmer zum einen ein halbes Jahr ununterbrochen bei dem Arbeitgeber beschäftigt war und zum anderen mindestens 80 % aller vereinbarten Arbeitstage gearbeitet hat.[129] Letztere Voraussetzung wird in jedem Jahr neu überprüft. Nach Art. 39 ASG hat ein Arbeitnehmer Anspruch auf mindestens 10 Tage Urlaub pro Jahr. Zusätzlich muss der Arbeitgeber ihm pro vollendetem Arbeitsjahr einen Tag Urlaub zusätzlich einräumen. Rechnerisch bedeutet dies, dass ein Arbeitnehmer im zweiten Jahr einen gesetzlichen Anspruch auf 11 Tage, im dritten Jahr auf 12 Tage, im vierten Jahr auf 13 Tage hat, etc. Nach Art. 39 ASG braucht ein Arbeitgeber nicht mehr als 20 Tage Urlaub zu billigen. Art. 39 ASG steht damit im Widerspruch zu Art. 1 (2) ASG, der den in der japanischen Verfassung postulierten Grundsatz von Mindeststandards manifestiert. Zudem enthält das japanische Gesetz weder eine Regelung darüber, ob der Urlaub zusammenhängend zu genehmigen ist, noch eine Aussage über den Stichtag, an dem das Recht auf Urlaub entsteht. Das Urlaubsrecht wird in Japan vielmehr erstmalig nach sechsmonatigem Bestehen des Arbeitsverhältnisses erworben. *(Abb. 12, S. 44)*

1.2.5. Pausen

Nach Art. 34 Arbeitsstandardgesetz soll der Arbeitgeber während einer zusammenhängenden Arbeitszeit von über 6 Stunden, Ruhepausen von insgesamt wenigstens 45 Minuten, und ab 8 Stunden Arbeitszeit, Ruhepausen von 1 Stunde einräumen. Die Gestaltung der Ruhezeiten bleibt dem Arbeitnehmer überlassen. Das Gesetz enthält darüber hinaus keine Regelungen über die Aufteilung der Ruhepausen.[130]

---

127 Für einen Vergleich zur deutschen Rechtslage siehe: Tieste, Karôshi, ein japanisches Phänomen?, a.a.O., S. 29 ff.

128 Siehe auch hier für einen Vergleich zur deutschen Rechtslage: Tieste, Karôshi, ein japanisches Phänomen?, a.a.O., S. 29f.

129 Weder das Bundesurlaubsgesetz, noch das thematisch einschlägige IAO-Übereinkommen Nr. 132 kennen dieses Merkmal.

130 Tieste, Karôshi, ein japanisches Phänomen?, a.a.O., S. 29 ff.

1.2.6. Nachtarbeit

Im japanischen ASG finden sich keine Kompensationsvorschriften für Nachtarbeit, wie sie das deutsche Recht kennt.[131] Die Arbeitszeit von Schichtarbeitnehmern richtet sich daher nach den allgemeinen Bestimmungen des ASG, sodass eine normative Ausgleichspflicht für die Mehrbelastung von im Schichtdienst tätigen Arbeitnehmern nur auf der Grundlage eines Tarifvertrages bzw. einer Arbeitsordnung denkbar ist. Für das Jahr 1987 ergab jedoch eine Untersuchung der Arbeitsstunden beim Unternehmen *Nippon Steel*, dass Schichtarbeitnehmern im Vergleich zu ihren *normal* beschäftigten Kollegen, tariflich lediglich 2 arbeitsfreie Tage zusätzlich gewährt wurden.[132] Nach einer Umfrage des Arbeitsministeriums standen in 7 % der Unternehmen den Schichtarbeitern sogar weniger freie Tage zu, als den Normalarbeitnehmern. Auch soll es nach einer Untersuchung von RENGO bei Nachtarbeit zum einen häufiger zu Überstunden kommen, zum anderen soll auch der Urlaubsanspruch schwerer zu realisieren sein.[133] *(Abb. 11, S. 43, Abb. 12, S. 44)* Wie sich diese Problematik in der betrieblichen Praxis heute darstellt, ist nicht bekannt; sicher ist jedoch, dass sich die gesetzliche Situation bis heute nicht verändert hat. Im Ergebnis ist daher festzustellen, dass die Nacht- und Schichtarbeit auf gesetzlicher Ebene in Japan ein deutliches Defizit bezüglich des Ausgleichs der Mehrbelastung der Arbeitnehmer aufweist.

1.2.7. Ruhephasen zwischen den einzelnen Arbeitseinsätzen

Als Ruhephase gilt die Zeit zwischen dem Ende der täglichen Arbeitszeit bzw. der Arbeitsschicht und dem Beginn der Arbeit am nächsten Tag bzw. dem Beginn der nächsten Schicht. Auch hinsichtlich dieser Thematik trifft das japanische ASG keine spezielle Regelung. Es gelten daher für alle Arbeitnehmer die allgemeinen Arbeitszeitgrenzen des ASG, nach denen die zwingend notwendige Ruhezeit bestimmt werden kann.[134]

---

131 Vgl. hierzu ausführlich: Tieste, Karôshi, ein japanisches Phänomen?, a.a.O., S. 46.

132 Bobke, a.a.O., S. 83.

133 RENGO White Paper a.a.O., S. 69; für Deutschland vgl.: Däubler, Das Arbeitsrecht 2, a.a.O., S. 190.

134 Für einen Vergleich zur deutschen Rechtslage siehe: Tieste, Karôshi, ein japanisches Phänomen?, a.a.O., S. 29 ff.

1.3. Die Unschärfe japanischer Rechtsbegriffe und Rechtsvorschriften

Wie in der bisherigen Darstellung bereits deutlich wurde, enthalten japanische Rechtsnormen Begriffe wie *sollen* oder *sollten*, die die Frage der Rechtsverbindlichkeit der betreffenden Norm aufwerfen. Auch enthalten japanische Vorschriften häufig mehrdeutige Formulierungen, was bei einer Übersetzung, die zu konkretisieren versucht, zu Fehlinterpretationen führen kann. Es stellt sich die Frage, wie dieser Umstand rechtlich zu bewerten ist. Auf der rein lexikalischen Ebene ist zu bedenken, dass die japanische Sprache ganz generell häufig keine klar umrissenen Bedeutungsinhalte mitteilt. Um mit den Worten Kawashimas zu sprechen:

> „Durch die Verwendung von Wörtern, die den Kern des mitzuteilenden Inhalts enthalten, aber auch damit zusammenhängende verschiedene andere Bedeutungsinhalte aufweisen, wird die Peripherie der mitgeteilten Bedeutungsinhalte ungewiss und kann sich je nach Mitteilungsempfänger verändern. Das ist gehaltreich (*ganchiku*) im japanischen Sinne." [135]

Diese *Ungenauigkeit* erhöht sich für den westlichen Betrachter noch durch grammatikalische Besonderheiten wie beispielsweise das Fehlen von Artikeln oder der grundsätzlichen Nichtunterscheidung zwischen Singular und Plural. Gerade im rechtlichen Bereich, in dem die korrekte Übersetzung fundamentale Voraussetzung jeden Rechtsverständnisses ist, muss *dokumentarisch* übersetzt werden. Eine Mehrdeutigkeit im japanischen Ursprungstext muss folglich in einer Übersetzung auch zum Ausdruck gebracht werden. Dort jedoch, wo es sich für den japanischen Leser nur um lediglich eine in Frage kommende Auslegungsmöglichkeit des Gesetzestextes handelt, darf dies in der Übersetzung konkretisiert werden. Folglich ist jeder Übersetzer verpflichtet, die kulturellen und historischen Hintergründe einer Vorschrift zu berücksichtigen. Inwieweit dies bei der Übersetzung der japanischen arbeitsrechtlichen Gesetzestexte ins Englische durch das Arbeitsministerium[136] Berücksichtigung fand, lässt das Vorwort des Werkes offen. Dementsprechend ist auf den inneren Zusammenhang der Vorschriften abzustellen. Ohne den Anspruch auf Bindungswirkung auch solcher Normen, die in der Übersetzung Worte wie *sollen* oder *sollten* enthalten, würden beispielsweise Vorschriften über Kontrollen und Zwangsmaßnahmen zur Durchführung oder Einhaltung

---

[135] Vgl. im Folgenden: Rahn, Rechtsdenken und Rechtsauffassung in Japan S. 18, m.w.N.

[136] So auch hinsichtlich der hier zum Teil verwendeten Übersetzungen japanischer Gesetzestexte durch Shiori Tamura, Fernstudienmaterial für den Kurs: „Einführung in das japanische Zivilrecht" an der FernUniversität, Gesamthochschule in Hagen, 1997, http://www.fernuni-hagen.de/JAPANRECHT/JAPAN RECHT-J/Gesetze/jbgb/index.htm

gesetzlicher Vorgaben sinnentleert. Rein lexikalisch unscharf formulierte Vorschriften sind folglich, im Rahmen der hier vorzunehmenden Analyse, als *zwingende* Vorschriften zu lesen.

Dies sagt indes nichts aus über die oft bemängelte *Ungenauigkeit* der *Ausdrucksweise* in japanischen Rechtsnormen. Diese ist von der lexikalischen Ebene zu trennen. Tatsächlich sind, wie auch der Rechtsvergleich bereits verdeutlicht hat, japanische arbeitsrechtliche Normen zumeist sehr allgemein gehalten und treffen oft keine konkret-detaillierten Regelungen wie es für westliche Rechtssysteme, insbesondere das deutsche, typisch ist. Die Problematik für Interpretation und Rechtsanwendung ergibt sich aus dem bereits angesprochenen Doppelcharakter der Vorschriften des ASG.[137] Zum einen haben sie den Charakter einer Strafvorschrift, da für Verstöße gegen jegliche Vorschriften eine Bestrafung vorgesehen ist. Zum anderen sind arbeitsvertragliche Vereinbarungen und Festlegungen in Arbeitsordnungen gegenüber den Regelungen des ASG subsidiär, wodurch die einzelnen Vorschriften des ASG auch privatrechtlich eine zwingende Wirkung entfalten. Aus diesem Doppelcharakter heraus ergeben sich dogmatische Probleme bei der Auslegung der Vorschriften, wenn beispielsweise in einem Fall aus der Sicht des Ordnungsstrafrechts eine strenge Auslegung der Vorschrift zweckmäßig ist, jedoch im Falle einer zivilrechtlichen Anwendung der Norm, eine flexible Auslegung genügt. Die hieraus resultierende uneinheitliche Handhabung führt dann zu Problemen, wenn in einem Fall der Strafrechtscharakter unberücksichtigt bleibt, in einem anderen Fall dieser aber überbetont wird. Auch nach einer Korrektur der lexikalischen Problematik japanischer Rechtssprache in deutscher Übersetzung, bleibt daher der Befund *vager* und *unscharfer Formulierungen* bestehen.[138]

1.4. Arbeitsordnungen

Die hohe Bedeutung, die, wie bereits erwähnt, der *Arbeitsordnung* in japanischen Betrieben im Vergleich zum Arbeits- oder Tarifvertrag zukommt, ist auf eine in Art. 87 (1) ASG niedergelegte Pflicht für den Arbeitgeber zurückzuführen. Diese besagt, dass die dem Katalog der Vorschriften entsprechenden Arbeitsbedingungen schriftlich niederzulegen und dem Arbeitsaufsichtsamt

---

[137] Ken-Ichi Michiba, Professor of Law, Ito University, Japan, im persönlichen Gespräch mit dem Verfasser am 16.2.99 in Tokio.

[138] Was allerdings im Ergebnis nicht bedeutet, dass die in Japan üblichen „überlangen Arbeitszeiten“ auf eine unzureichende Gesetzeslage zurückzuführen sind.

2. Die betriebliche Praxis in Japan

2.1. Das rechtliche Verständnis des Arbeitsverhältnisses

Bevor näher auf die betriebliche Praxis eingegangen werden kann, ist das Rechtsverständnis japanischer Arbeitnehmer einer genaueren Betrachtung zu unterziehen. Bereits hier zeigen sich Unterschiede zum hiesigen Verständnis und es werden Anhaltspunkte für eine Tendenz zu einer verstärkten Arbeitsbelastung deutlich. Während einem deutschen Arbeitsverhältnis die Vorstellung von *formalisierten und einklagbaren individuellen Rechten und Pflichten* zugrunde liegt,[152] ist dies in Japan grundsätzlich nicht der Fall. Nach japanischem Verständnis schließt der, der sich in ein Arbeitsverhältnis begibt, nicht nur einen formalen Vertrag, sondern wird mit seiner ganzen Person eingeschlossen. Das heißt, im Vordergrund des Arbeitsprozesses stehen nicht die individuellen Leistungen des Arbeitnehmers, sondern sein persönliches Einbringen in die *Arbeitsorganisation* und folglich die *Gruppenleistung.*

Insbesondere durch diese *teamorientierte Arbeitsorganisation* wird der japanische Arbeitnehmer häufig vor die Alternative gestellt, sich entweder innerhalb des Betriebes und der Arbeitsgruppe zu *outen* und somit die eigene Arbeitswirklichkeit mit den Kollegen bis zur Unerträglichkeit zu erschweren, oder aber zum Wohle des Teams und damit des Betriebes auf seinen Freizeit- und Urlaubsanspruch zu verzichten. Als einzelner Arbeitnehmer auf formalen individuellen Rechten gegenüber dem Arbeitgeber zu bestehen, gilt in Japan häufig als geradezu *charakterlos.*[153] Der japanische Arbeitnehmer steht seiner Firma zudem nicht nur für die Zeit der tatsächlichen Arbeit, sondern auch für ein umfassendes soziales Betätigungsfeld zur Verfügung. So ist beispielsweise das Eintreffen am Arbeitsplatz in der industriellen Fertigung häufig nicht mit dem Arbeitsbeginn identisch. Morgenapelle und -gymnastik, das Singen einer Firmenhymne und andere Vorbereitungen auf den Arbeitstag führen zu einer nicht unerheblichen Zeitdifferenz.[154] Diese Zeiten sind, wie die Analyse der einschlägigen Vorschriften gezeigt hat, rechtlich als Arbeitszeiten zu werten,[155] da der Arbeitnehmer dem Arbeitgeber *zur Verfügung* steht. Dieses ist jedoch in der Praxis in Japan nicht der Fall. Weiterhin besteht in vielen Fällen die *quasi-obligatorische* Verpflichtung zur Teilnahme an unterschiedlichen sozialen Zusammenkünften der Arbeitskollegen außerhalb der Arbeitszeit, zum Beispiel der gemeinschaftliche Barbesuch nach Dienstschluss oder so genannte

---

152 Deutschmann, Arbeitszeit in Japan, S. 76ff.

153 Deutschmann, a.a.O., S. 78.

154 Reisner, Ein Tag im Leben eines Salariman, in: Stern vom 07.01.1993.

155 Vgl. auch Sugeno, a.a.O., S. 259.

Freundschaftsabende. Nicht selten schließt sich an einen 10-Stunden-Arbeitstag zunächst ein Restaurantbesuch auf Kosten des Arbeitgebers an, wonach dann gemeinsam an den Arbeitsplatz zurückgekehrt wird, um bis zur letzten U-Bahn weiterzuarbeiten.[156] Die mit den Arbeitskollegen verbrachte Zeit soll das Einbringen der Persönlichkeit in den Arbeitsablauf fördern und sozialen Spannungen entgegenwirken.[157] Auf Grund dieses Verständnisses ist eine Unterscheidung zwischen *Arbeitszeit* und *Freizeit*, wie sie in Deutschland selbstverständlich ist, in Japan nur schwer möglich.[158]

2.2. Das Japanese Production Management (JPM)

In der wissenschaftlichen Literatur wird *Karôshi* zunehmend als Folge des *Japanese Production Management* (*JPM*)[159] diskutiert.[160] *JPM* bezeichnet Produktions- und Managementformen nicht nur bezüglich industrieller Fertigungsprozesse, sondern generell bezüglich jeder Betriebsform. Auch in der westlichen Welt sind Elemente des JPM, beispielsweise als *Lean Production* oder auch *Just-In-Time Production,* bekannt.[161] Die japanischen Managementformen gehen jedoch über die in Deutschland bekannten und angewendeten Prinzipien hinaus. So steht *JPM* für die Rationalisierung der Arbeitsprozesse schlechthin. Nach Ansicht japanischer Wissenschaftler involviert das *JPM* Ziele, die das Erreichen der höchsten Standards in Service und Produktion noch *überschreiten*. Unter dem Begriff *Kaizen*[162] basiert es auf dem Prinzip, Arbeits-

---

156 Materiellrechtlich ist diese *service overtime* keine Arbeitszeit.

157 Deutschmann, a.a.O., S. 78.

158 Vgl. hierzu auch den „Insiderbericht über die Japan AG" von Masao Miyamoto. Nach fast 10 Jahren Berufstätigkeit in den Vereinigten Staaten kehrte der Pathologe und Psychologe Miyamoto nach Japan zurück. Dies ermöglichte ihm eine einzigartige Perspektive auf seine eigene Kultur, die er in einer - für japanische Autoren höchst ungewöhnlichen - Kritik beschrieb. Miyamoto, Masao, Die Zwangsjackengesellschaft, Düsseldorf 1996.

159 Auch unter *Japanese Style Management, Kanban, QC (quality control), TQC total quality control, TQM (total quality management), ZD (zero defect), suggestion systems* etc. bekannt.

160 Nishiyama/Johnson, a.a.O., S. 6.

161 Vgl.: Hunold, Lean Production S. 1 ff: „Lean Production ist der Oberbegriff für Lean Management und Lean Manufacturing. Es ist ein Sammelbegriff und bezeichnet „*die durchgängige und konsequente Umsetzung an sich bekannter Prinzipien und Verfahren zur Produktionssteigerung. Diese Prinzipien können auf alle Funktionen eines Unternehmens angewendet werden, also nicht nur auf die Fabrik im engeren Sinne.*" Er umfasst bspw. *flache Hierarchien, vermehrte Fremdvergabe* und u.a. auch *Kaizen.*

162 Vgl.: Hunold, a.a.O.: „*Kaizen, auch kontinuierlicher Verbesserungsprozess (KVP) genannt*", beschreibt „*Konzepte, die jeden einzelnen Mitarbeiter zu Verbesserungsvorschlägen seiner täglichen Arbeit auffordern.*" Der Begriff *Kaizen* kann damit durchaus unter den Oberbegriff *Lean Production* subsumiert werden.

kosten um jeden Preis zu senken.[163] Dies geschieht durch Eliminierung all dessen, was für den Produktions- oder Leistungsprozess *nicht wertbildend* ist und aus diesem Grund als *überflüssig*[164] eingestuft wird. Zwar ist es ein grundlegendes ökonomisch-kapitalistisches Prinzip, dass Produktionsprozesse und Arbeitsstrukturen verschlankt werden, um Kosten zu senken; bei der Betrachtung japanischer Selbstkritik ist jedoch auffallend, mit welcher *Aggressivität* dies in Japan mit Blick auf die Arbeitsorganisation und Arbeitsideologie verfolgt wird:[165]

> *„All costs associated with non-value-added functions are considered a form of waste that should be eliminated, whether it involves buffers between operations, slack time, waiting time, walking time, holidays and vacations, resting time, walking space at work stations, or, more generally, indirect labor such as skilled trades and maintenace workers. Rest time breaks, bathroom breaks, or time to wipe away sweat are regarded as waste."* [166]

Dieser extremen Form der Intensivierung der *Arbeitsformen*, des *Arbeitsmanagements* oder auch der *Arbeitspolitik* können zahlreiche, die Arbeitszeit erweiternde und die Stressbelastung erhöhende Eigentümlichkeiten der betrieblichen Praxis in Japan untergeordnet werden.

2.2.1. Das Personalbeurteilungssystem

So ist Teil dieser Ideologie das System der *Personalbeurteilung*, welches in Japan eine viel größere Rolle spielt als in Deutschland. Bei der Zahlung von Gratifikationen oder Zulagen, bei Lohnerhöhungen oder bei Beförderungen ist vielfach das Ergebnis der Beurteilung durch den unmittelbar Vorgesetzten bzw. Vorarbeiter maßgeblich. Grundlage einer Beurteilung sind dabei neben der real zu bewertenden Arbeitsleistung, die *Arbeitseinstellung* oder auch das *Harmonieverhalten* eines Arbeitnehmers; subjektive Kriterien, die sich leicht neutralen Maßstäben entziehen.[167] Die Arbeitgeber betrachten den Vorarbeiter

---

[163] Nishiyama/Johnson, a.a.O. mit Verweis auf: Imai, Kaizen - Der Schlüssel zum Erfolg der Japaner im Wettbewerb, S. 43.

[164] In der englischen Übersetzung: *waste*.

[165] Dem Begriff *Kaizen* liegt damit ein in Japan und Deutschland unterschiedliches Verständnis zugrunde. Wohingegen *Kaizen* nach deutschem Rechtsverständnis bloßer Teil des *Lean Production* ist, ist es nach japanischer Anschauung geradezu Symbol für das JPM schlechthin.

[166] Nishiyama/Johnson, a.a.O., S. 6.

[167] Im Zuge des in den letzten Jahren zu beobachtenden gesellschaftlichen Wandels, nach dem die Trennung zwischen Privatleben und *innerbetrieblichem Leben* immer bedeutsamer wird,

als *„stehenden Kontrolleur für ihre Seite"*.[168] Gleichzeitig genießen die Vorarbeiter und Vorgesetzten durch ihre Stellung als Normalarbeitnehmer jedoch das Vertrauen der Gruppe, der sie vorstehen. Die Arbeitnehmer nehmen daher nur selten Anstoß an den Entscheidungen dieser Vorgesetzten. Dies ist vom Prinzip her auch in Deutschland durchaus betriebliche Praxis, zumindest dort, wo keine festen Leitsätze durch Gesetze, Tarifverträge oder Betriebsvereinbarungen vorliegen. Auffallend ist jedoch zum einen die überaus starke Stellung des Vorgesetzten in Japan, der bewusste Einsatz dieses Prinzips in fast allen japanischen Firmen - gleich welcher Größenordnung - und zum anderen, dass sich diese Praxis besonders in den letzten Jahren vermehrt ausweitet. Dies hängt mit einem geschichtlich bedingten Paradigmenwechsel der japanischen Managementformen zusammen. In Japan vollzieht sich seit einigen Jahren eine Abkehr vom *Senioritätsprinzip*, welches japanischen Arbeitnehmern - gleich welcher Branche - quasi eine Lebensstellung sicherte, hin zum *Bewertungssystem*. Bezahlung, Gratifikationen und Beförderungen, doch auch essenzielle Faktoren wie die Sicherheit des eigenen Arbeitsplatzes, sind immer weniger von den Jahren der Betriebszugehörigkeit abhängig, als von der Bewertung durch den unmittelbar Vorgesetzten.[169] Aus dem *Bewertungssystem*[170] ergeben sich für die Arbeitnehmer klare Nachteile. Hauptkriterien zur Beurteilung der Arbeitsleistung durch den Vorgesetzten sind neben den rein fachlichen Fähigkeiten die Arbeitseinstellung eines Arbeitnehmers. Hierzu gehört insbesondere, wie oft sich ein Arbeitnehmer verspätet, wie fleißig er ist und ob er sich an die Weisungen des Vorgesetzten hält. Hierbei wird auch berücksichtigt, wie viel Jahresurlaub ein Arbeitnehmer nimmt und wie oft er sich geweigert hat, Überstunden zu machen. Die Verknüpfung dieser Bewertungskriterien mit der beschriebenen Einbindung des japanischen Arbeitnehmers in ein Team, führt verständlicherweise zu einer unausweichlichen Drucksituation für die Arbeit-

---

werden auch die Methoden des Personalmanagements reformiert. Allerdings sind die Veränderungen vornehmlich gekennzeichnet durch eine Verfeinerung bereits bestehender Grundstrukturen, wodurch weder der hohe Grad der Intensivierung der Arbeit noch das Management by Stress aufgegeben werden sollen. Fujita, Veränderungen im Arbeitsprozess und in den Einstellungen der Arbeiter in der japanischen Automobilindustrie, in: Japans Arbeitsbeziehungen und Arbeitsrecht in Geschichte und Gegenwart, a.a.O., S. 63.

168 Vgl. auch im Folgenden: Tonai, Strukturänderungen der japanischen Gewerkschaften in Großunternehmen, AiB 10/92 S. 560.

169 Historisch lässt sich die starke Stellung des Vorgesetzten u.a. auf die betriebliche Praxis zurückführen, in der Zeit vor dem 2. Weltkrieg die Löhne in Japan nicht direkt an die Arbeitnehmer auszuzahlen, sondern im Voraus an die jeweiligen Vorgesetzten bestimmter Arbeitnehmergruppen.

170 In der englischsprachigen Literatur *estimation system* oder auch *merrit system*.

nehmer. Takahashi beschreibt das Bewertungssystem sogar als: „*the employers sanctuary*“.[171]

„*If workers complain about overtime work without pay to the Labour Inspection Office, they may be regarded as persons lacking in discipline. If they refuse overtime work and take all of their ,annual paid holidays, they may be accused of being irresponsible or uncooperative workers. If they do not participate in quality controll circles after working hours, they may be regarded as not having a positive attitude. If they do not participate in recreational activities sponsored by the boss or company, they may be judged as less cooperative.*“ [172]

In der Grauzone, in der nicht die objektive Leistung, sondern die subjektive Einstellung des Vorgesetzten eine gewichtige Rolle im persönlichen Fortkommen spielt, zeigt sich die zwanghafte Situation japanischer Arbeitnehmer in der betrieblichen Realität. Verständlicherweise führt dieses Abhängigkeitsverhältnis dann beispielsweise zu der *Sitte*, dem Vorgesetzten nach eigener Urlaubsrückkehr und zum Jahresende ein Geschenk zu machen oder sogar einen Urlaubstag zu nehmen, um diesem beim Umzug zu helfen.[173] Die geradezu institutionelle Abhängigkeit japanischer Arbeitnehmer von der Gunst ihrer direkten Vorgesetzten, ist demzufolge unmittelbare Ursache für eine extrem unternehmensfreundliche Einstellung. Zusammen mit dem damit verbundenen Gruppendruck ist dieser Umstand das Motiv für eine ganze Reihe konformistischer Verhaltensweisen, die Druck- und Stresssituationen, überlange Arbeitszeiten in Form von regelhaften Überstunden und *service overtime* sowie die nur mäßige Inanspruchnahme des Jahresurlaubs bewirken.

2.2.2. Abhängigkeit von Überstunden

In Japan besteht auf beiden Seiten des Arbeitsverhältnisses eine starke Abhängigkeit von Überstunden. Unternehmer verlassen sich bezüglich der Kompensation von Fehl- und Ausfallzeiten ihrer Arbeitnehmer auf die Überstunden, die ohne größere administrative Hindernisse angeordnet werden

---

171 Takahashi, Professor of Law, Senshu University, Tokyo im Gespräch mit dem Verfasser am 15.2.99: „Cumulating with the *Team Concept*, the estimation system is the employers sanctuary because there is no protection of Japanese workers against it.“

172 Takahashi, How are Wages Determined in Japan?, Bulletin, Center for International Labor Studies, No.3, Nov. 1997.

173 Tonai, Strukturänderungen der japanischen Gewerkschaften in Großunternehmen, AiB 10/92 S. 596.

können.[174] Von Unternehmerseite wird daher in Japan wie selbstverständlich davon ausgegangen, dass die Arbeitnehmer im erforderlichen Umfang Überstunden leisten werden. Umfragen unter Arbeitnehmern ergaben, dass diese sich finanziell auch auf die erhöhten Überstundenentgelte einstellen und sogar fest damit rechnen, dass es ihnen möglich ist, Überstunden zu leisten. So gaben 1989 bei einer Umfrage der *Federation of Electrical Machine Workers Unions* 30 % der befragten Arbeitnehmer an, sie könnten ohne die Überstundenentgelte *nicht überleben.* 90 % der Befragten erklärten, ohne Überstundenentgelte ihren Lebensstandard drastisch einschränken zu müssen.[175] In Japan gehen daher sowohl die Arbeitgeber als auch die Arbeitnehmer fest davon aus, dass das *Grundgehalt* durch Mehrarbeit und Überstundenzuschläge aufgebessert werden kann und begeben sich auf diese Weise in ein gegenseitiges Abhängigkeitsverhältnis, dem nur schwer zu entkommen ist.

2.2.3. Standard der Überstundenzuschläge

Sowohl in Deutschland als auch in Japan wird häufig bemängelt, dass die Überstundenzuschläge zu gering sind.[176] Während die Thematik in Deutschland vornehmlich im Rahmen der *Schaffung von Arbeitsplätzen* diskutiert wird - ein höherer prozentualer Zuschlag erhöhe die Anreize für die Arbeitgeber, neue Arbeitsplätze zu schaffen - wird in Japan von Gewerkschaftsseite in erster Linie damit kritisch argumentiert, dass durch die Selbstverständlichkeit mit der Überstunden angeordnet und auch geleistet werden, die Mehrbelastung der Arbeitnehmer - und damit die für Karôshi ursächliche Arbeitsbelastung - programmgemäß steigt. Nach Art. 37 ASG sind dem Arbeitnehmer zwischen 25 und 50 % Überstundenzuschlag zu zahlen. In Deutschland wird der zu zahlende Satz durch tarifvertragliche Abmachungen geregelt und liegt meist zwischen 20 und 50 %.[177]

---

174 Zwar war es in Deutschland bislang üblich, für diese Fälle eine Personalreserve vorzuhalten, jedoch ist auch hier in letzter Zeit ein Wandel zu beobachten. Däubler, Das Arbeitsrecht 2, S. 899 m.w.N.

175 Tonai, Der Entschädigungsanspruch in Japan bei der Todesursache Überarbeitung, Okayama Law Journal a.a.O., S. 40.

176 Morioka, The Life Style of Japanese Workers, Karôshi - When the Corporate Worrior Dies, S. 71.

177 So bspw. im Vergütungstarifvertrag (VTV) für die Mitarbeiter der Deutschen Lufthansa Aktiengesellschaft (DLH), in § 9 (Stundensätze für Mehrarbeit und Zeitzuschläge), Abs. 5: Der Überstundenzuschlag (§ 23 Abs. 5 MTV) beträgt für die im unmittelbaren Anschluss an die Grundarbeitszeit geleistete Über- bzw. Mehrarbeit an Werktagen vom Beginn der ersten bis zum Ende der dritten Stunde 25%, von der vierten Stunde an 50% des individuellen Stundensatzes.

Hinzu kommt, dass in Japan viele Sozialleistungen wie bspw. Familienbeihilfen, Fahrtkostenbeihilfen oder Mietbeihilfen betrieblich und nicht wie in der Bundesrepublik betriebsunabhängig gewährt werden. Diese Beihilfen bilden zusammen mit dem Grundgehalt den Gegenwert für die dem Unternehmen zur Verfügung gestellte Arbeitskraft, steigern jedoch durch die Einbeziehung von der Arbeitsleistung unabhängiger Elemente die Abhängigkeit der Arbeitnehmer erheblich. Problematisch ist zudem, dass die japanische Rechtsprechung sich einer Einbeziehung dieser Beihilfen in die Berechnung des prozentualen Aufschlags für Überstunden beharrlich verschließt, wodurch das Ziel, die Überstundenbeschäftigung für die Arbeitgeber finanziell unattraktiv zu gestalten, verfehlt wird.[178]

2.2.4. Die Praxis der Ruhetage

In Deutschland sind die Fälle, in denen Arbeit an Ruhetagen angeordnet werden kann, durch § 10 ArbZG enumerativ geregelt.[179] In Japan hingegen ist sowohl die Festlegung der Ruhetage als auch die Anordnung von Arbeit an Ruhetagen nach Art. 36 ASG Gegenstand einer Vereinbarung mit einer Arbeitnehmervertretung. Ein Ausgleich der entfallenden Ruhetage ist vom Gesetz nicht vorgesehen. Durch den Umstand, dass Ausnahmetatbestände bezüglich der Ruhetage nicht enumerativ festgelegt sind, sondern ausgehandelt werden können, sind in Japan diesbezüglich generell weit reichende Vereinbarungen möglich, wonach es dem Arbeitgeber rech tlich viel leichter fällt, Ruhetage ausgleichsfrei zu streichen.[180]

Hinzu kommt, dass Ruhetage in Japan nicht an Wochenenden gebunden sind. So ist in Deutschland nach christlicher Tradition der Sonntag als freier Tag auch gesetzlich festgelegt.[181] Eine ähnliche Bindung an diesen Tag oder einen anderen Tag der Woche besteht in Japan nicht. Folglich werden die freien Tage in Japan an unterschiedlichen Wochentagen gewährt, was wiederum bewirkt, dass die freien Tage in Japan insgesamt nicht an ein kontinuierliches System gebunden sind. Empirische Untersuchungen in Deutschland belegen, dass

---

178 Tonai, Arbeitsbeziehungen und Gewerkschaften in Japan, AiB 10/92 S. 596.

179 Vgl. ausführlich: Tieste, a.a.O., S. 71ff.

180 Auf die inner- und überbetriebliche Organisationsstruktur japanischer Gewerkschaften wird in diesem Zusammenhang später noch einzugehen sein. Siehe unten: *Kapitel 2, 3. Karôshi* im Spiegel der japanischen Arbeitnehmervertretung – Reflexion der Problemschwerpunkte.

181 Nach Art. 140 GG i.V.m. Art. 139 WRV: *„Der Sonntag und die staatlich anerkannten Feiertage bleiben als Tage der Arbeitsruhe und der seelischen Erhebung gesetzlich geschützt."*

Arbeit am Wochenende soziale Kontakte und damit die Teilnahme am gesellschaftlichen Leben empfindlich beeinträchtigt.[182] Grundsätzlich ist daher der Erholungswert eines freien Dienstags nicht mit dem eines freien Sonntags vergleichbar. Insbesondere das *gemeinsame Wochenende* hat eine ganze Reihe sozialpsychologisch positive Folgen. Die Tatsache, dass auch andere Menschen frei haben und somit zweckfrei soziale Kontakte gepflegt werden können, hat zur Folge, dass man das Gleiche auch *selbst* ohne schlechtes Gewissen tun kann. Wer seine Freizeit allerdings an Tagen hat, an denen die ganze soziale Umgebung dem Arbeitsrhythmus unterliegt, empfindet sich als Außenseiter.[183] Zudem wird das Knüpfen neuer sozialer Kontakte schwer fallen und bestehende Beziehungen können wegen der Koordinierungsprobleme nicht gepflegt werden. Deutlich wird damit, dass die in Japan übliche Praxis bezüglich der Ruhetage den mentalen Stress erhöht und eine Erholungsphase in Form eines Wochenendes, wie wir es in Deutschland kennen, nicht zulässt.

2.2.5. Der Jahresurlaub

Nach deutschem Rechtsverständnis hat der Urlaub der Erholung zu dienen. Das Bundesurlaubsgesetz[184] definiert daher in seinem § 1 den Urlaub auch als Erholungsurlaub. Der Grund für diese soziale und rechtliche Einordnung liegt auf der Hand und bedarf keiner weiteren Erläuterung. In Japan hingegen fallen gleich mehrere Punkte auf, die diesen weltweit gleichermaßen bedeutenden Grundsatz durchbrechen.

- Die 80 % Regelung
- Die geringe Urlaubsdauer
- Die geringe Häufigkeit der Inanspruchnahme des Urlaubs bzw. des gesamten Urlaubsanspruchs
- Die Zwecke, für die Urlaub in Anspruch genommen wird
- Die Aufsplitterung des Jahresurlaubs

Wie bereits erwähnt, beträgt der Mindestjahresurlaub in Japan nach dem Arbeitsstandardgesetz mindestens 10 und maximal 20 Tage. Damit ist nicht nur die Mindest-, sondern auch die Höchsturlaubsdauer kürzer als in Deutschland. In der Praxis ist der Mindesturlaub in vielen japanischen Firmen zwar höher als 10 Tage, doch wird dieser nur in wenigen Firmen auf 20 Tage ausgedehnt.[185]

---

[182] Kittner, a.a.O., S. 416; Däubler, Das Arbeitsrecht 2, S. 194ff m.w.N.
[183] Däubler, Das Arbeitsrecht 2, S. 178ff m.w.N.
[184] Bundesurlaubsgesetz (BUrlG) vom 8. Januar 1963 (BGBl. I S. 2).
[185] Nako, Jahresurlaub in Japan, in: ArbuR 1998, S. 312.

- Die äußerst geringe Inanspruchnahme des gesetzlichen Jahresurlaubs
- Das Phänomen der *service overtime*

Bezüglich erhöhter Stressfaktoren sind folgende Punkte hervorzuheben:

- Das subjektive Personalbeurteilungssystem durch den unmittelbar Vorgesetzten (merrit / estimation system)
- Die relativ problemlose Einschränkbarkeit der Ruhetage in der Praxis
- Die Umstände betreffend der Wegezeiten

Diese Punkte können, wie gezeigt, sämtlich unter die Prinzipien des *Japanese style management* - oder des *Kaizen* - subsumiert werden. Es ist damit zweierlei deutlich geworden. Zum einen müssen Reformansätze bezüglich einer Reduzierung der Belastungsfaktoren *Zeit* und *Stress*, weniger die gesetzliche Lage, als vielmehr die betriebliche Situation selbst und direkt betreffen. Die Einführung der 360-Stundengrenze im April 1999 stellt daher nur die Basis für weitere Maßnahmen dar. Eine verstärkte amtliche Kontrolle durch die Aufsichtsämter ist hier, wie bereits erwähnt, in naher Zukunft nicht zu erwarten.[210] Ob weitere wesentliche Bedingungen für das Phänomen Karôshi auch auf Gewerkschaftsebene liegen, inwieweit hier Maßnahmen zu ergreifen sind und welche in Betracht kommen, soll im Folgenden näher untersucht werden.

3. Karôshi im Spiegel der japanischen Arbeitnehmervertretung – Reflexion der Problemschwerpunkte

"Einer der hauptsächlichen Gründe für die Stärke der japanischen Wirtschaft auf den Weltmärkten ist die Schwäche der japanischen Gewerkschaften." Diese Aussage eines japanischen Kenners der Gewerkschaften seines Landes, anlässlich des vierten deutsch-japanischen Symposiums in Bremen über „Arbeitsbeziehungen und Arbeitsrecht in Japan und Deutschland" im Jahre 1997, zitiert nach Wahsner,[211] gibt Anlass zu der Frage, worin die Schwäche der japanischen Gewerkschaften begründet liegt.

In Japan ist das mit verfassten Rechten ausgestattete innerbetriebliche Vertretungsorgan die Gewerkschaft. Folglich kommt allein den Gewerkschaften

210 Ken-Ichi Michiba, Professor of Law, Ito University, Japan, im persönlichen Gespräch mit dem Verfasser am 16.2.99 in Tokio.

211 Wahsner, Japans Gewerkschaften, politisch zersplittert, konservativ und unternehmensnah?, a.a.O., S. 586.

und den durch sie ausgehandelten Tarifverträgen die Funktion zu, die *Bündelung individualrechtlicher Weisungsrechte* des Arbeitgebers einzugrenzen. In Japan ist damit die Gewerkschaft die, mit den Worten Wolfgang Däublers gesprochen, „einzige potenzielle Gegenmacht gegen das Direktionsrecht des Arbeitgebers."[212] Da sich sowohl die Gewerkschaftsstruktur als auch die Tarifpolitik und das Tarifvertragssystem grundlegend von der deutschen Praxis unterscheiden, ist auf diese Aspekte im Folgenden näher einzugehen.

3.1. Die Struktur und Situation der Gewerkschaften in Japan

In Japan waren 1998 12,9 Millionen Arbeitnehmer gewerkschaftlich organisiert (im Jahre 2000 ca. 11,4 Millionen). Bei einer Anzahl von 56,380 Millionen Arbeitnehmern insgesamt,[213] ergibt sich mit nur ungefähr 21,5 %[214] (22,4 % für 2000)[215] ein im Vergleich zu Deutschland (ca. 30 %)[216] deutlich geringerer Organisationsgrad. Die Zahl der japanischen Gewerkschaften liegt bei über 72.000, was dazu führt, dass die durchschnittliche Größe der einzelnen Organisation entsprechend gering ist. Nach Zahlen von 1995 hatte selbst eine der größten japanischen Betriebsgewerkschaften, die „Matsushita Electric Industrial Workers Union" lediglich 87.000 Mitglieder. Auch die ebenfalls für japanische Verhältnisse relativ große Gewerkschaft „Federation of all Toyota Worker's Union" hatte nur ca. 61.000 Mitglieder.[217, 218]

Die hohe Anzahl der Gewerkschaften in Japan resultiert aus der vorherrschenden Organisationsform. So sind etwa 90 % aller gewerkschaftlichen

---

212 Däubler, Das Arbeitsrecht 2, a.a.O.

213 Bundesministerium für Arbeit und Sozialordnung, Statistisches Taschenbuch 2000. Arbeits- und Sozialstatistik, http://www.bma.de/download/stat2000/ Stb9_13.xls, siehe Anhang I.

214 Vgl. auch Japan's Ministry of Labour, Characteristics of Japanese Labour Unions, http://www.mol.go.jp/english/outline/10-1.htm; für das Jahr 1997 wird noch eine Quote von 22,6 % angegeben: Botschaft der Bundesrepublik Deutschland in Tokyo, wichtige Daten der japanischen Arbeits- und Sozialstatistik, Stand Januar 1999, S. 1 u. 4.

215 JTUC-RENGO: http://www.jtuc-rengo.or.jp/english/index.html.

216 Berechnet aus Bellmann/Ellgut/Seifert, Die Mitbestimmung, 11/1998, S. 57, vgl. auch Kittner a.a.O., S. 454.

217 Ikeda, Japans Arbeiterbewegung seit 1949 und die aktuelle Situation der japanischen Gewerkschaften, S. 39, 42; Wahsner, Der Tarifvertrag in Japan und Deutschland, S. 121, 131.

218 Im Vergleich dazu für das Jahr 2000: Deutscher Gewerkschaftsbund (DGB) 7,773 Mio., Deutscher Beamtenbund (DBB) 1,205 Mio., Deutsche Angestelltengewerkschaft (DAG) 450.000 Mitglieder. Aus: Institut der deutschen Wirtschaft, Köln 2002.

Organisationen Unternehmens- bzw. Betriebsgewerkschaften.[219] Diese Zahl stieg in den letzten Jahren weiter an und ist tendenziell auch künftig zu erwarten, da in Japan auch weiterhin neue Betriebsgewerkschaften gegründet werden. Japan hatte 1991 noch 71.685 Gewerkschaften, 1992 bereits 71.881 und für 1999 gibt Marutschke bereits eine Zahl von mehr als 73.000 Betriebsgewerkschaften an.[220] Eine *Bündelung der Kräfte*, wie sie in Deutschland durch die überbetriebliche Organisationsform und durch Gewerkschaftsdachverbände bekannt ist, erfolgt in Japan daher nicht.

Die Zahl von über 72.000 Gewerkschaften täuscht dabei leicht über den Umstand hinweg, dass gerade in den kleinen oder mittleren Betrieben sowie in den ausgelagerten Betrieben von Großunternehmen zumeist gar keine Gewerkschaften bestehen.[221] Gerade die kleinen und mittleren Betriebe sind es aber, die in Japan, insgesamt gesehen, die meisten Arbeitnehmer beschäftigen. So waren im September 2000 weniger als 28,9 % der japanischen Arbeitnehmer in Unternehmen tätig, die, qua Definition, in Deutschland zu den Großunternehmen zählen würden,[222] womit auf die kleinen und mittelständischen Unternehmen in Japan mehr als 70 % der Beschäftigten entfallen. Hinsichtlich der Mitgliedschaft in einer Gewerkschaft waren in Betrieben mit mehr als 1000 Mitarbeitern rund 60 % der organisierten Arbeitnehmer beschäftigt, in Betrieben mit 30 – 99 Werktätigen jedoch lediglich 6,8 %.[223] Zwar sind auch in Deutschland die Beschäftigten der kleinen und mittelgroßen Betriebe in weitaus geringerem Umfang gewerkschaftlich organisiert, jedoch verweist Wahsner zu Recht darauf, dass das Organisationsprinzip der deutschen Gewerkschaften nach Branchen- bzw. Industriegruppen durch die Leitwirkung von Tarifverträgen innerhalb der Branche bewirke, dass von der gewerkschaftlichen Arbeit indirekt auch noch die Arbeitnehmer kleiner und

---

219 Japan's Ministry of Labour, Characteristics of Japanese Labour Unions, http://www.mol.go.jp/english/outline/10-1.htm; Magota, Regierung, Gewerkschaften und Arbeitgeberverbände, S. 59, 6; Marutschke, Einführung in das japanische Recht, S. 207.

220 Ikeda, Japans Arbeiterbewegung seit 1949 und die aktuelle Situation der japanischen Gewerkschaften, S. 39, 42; Marutschke, Einführung in das japanische Recht, S. 207.

221 Hanami, Japanization of Western Labor Law, S. 285, 288.

222 Japan Institute of Labour, Number of Employees, by Industry and Company Size, http://www.jil.go.jp/bulletin/year/2000/vol39-09/12.htm.

223 Hanami, Japanization of Western Labor Law, S. 285, 288; zur Lage der japanischen Gewerkschaften vgl. auch ausführlich: Wahsner, Japans Gewerkschaften, politisch zersplittert, konservativ und unternehmensnah?, in: Recht und soziale Arbeitswelt, Festschrift für Wolfgang Däubler, a.a.O., S. 586ff.

mittelgroßer Betriebe profitieren, in denen kein einziger Arbeitnehmer Mitglied einer Gewerkschaft ist.[224]

Es zeigt sich damit, dass die japanische Gewerkschaftsstruktur zum einen stark auf die großbetriebliche Ebene ausgerichtet ist und zum anderen in ihrer Organisationsstruktur eine starke Zersplitterung aufweist, was bereits gegen eine Mächtigkeit im Sinne (tarif-)politischer Durchsetzungsfähigkeit und damit gegen eine effektive Interessenwahrnehmung für die Arbeitnehmerschaft sprechen könnte. In Deutschland ist *Mächtigkeit* und *Leistungsfähigkeit* erforderlich, damit eine Organisation überhaupt als Gewerkschaft i.S.v. § 2 TVG anerkannt werden kann, was bedeutet, dass sie in der Lage sein muss, mindestens so viel Druck auf die Arbeitgeberseite auszuüben, dass diese sich zu Verhandlungen veranlasst sieht. Eines der wichtigsten Merkmale ist in diesem Zusammenhang die überbetriebliche Organisationsform. Erforderlich ist zudem eine nicht ganz geringe Mitgliederzahl sowie eine gewisse personelle, finanzielle und sachliche Ausstattung der Organisation. Zu bedenken ist jedoch, dass die japanische Gewerkschaft auf Grund ihrer betrieblichen Ausrichtung keine überbetriebliche Mächtigkeit zur Einflussnahme auf Branchen, Bereiche und Sektoren benötigt, wie dies bei ihrem deutschen Pendant der Fall ist. Da sie zum Abschluss von Tarifverträgen und zur Führung von Arbeitskämpfen gemäß ihrer Struktur allein auf Unternehmensebene befugt ist,[225] werden die japanischen Unternehmensgewerkschaften zuweilen auch mit deutschen Betriebsräten verglichen, denen Tarifhoheit verliehen wurde.[226] Auch wenn die geringe Mitgliederzahl der einzelnen Organisation nicht automatisch auf Schwäche in der Durchsetzungsfähigkeit schließen lässt, ist doch eine Folge der Betriebsorientiertheit, dass es angesichts der betriebsbezogenen Gewerkschaftspolitik zu teils erheblichen Unterschieden zwischen den einzelnen Unternehmen bzw. Betrieben hinsichtlich der Lohn- und Arbeitsbedingungen kommt.[227]

Hinzu tritt der Umstand, dass japanische Gewerkschaften größtenteils auch sehr stark politisch zersplittert sind.[228] Ihre politische Spaltung geht noch auf die Zeit

---

224 Wahsner, Japans Gewerkschaften, politisch zersplittert, konservativ und unternehmensnah?, in: Recht und soziale Arbeitswelt, Festschrift für Wolfgang Däubler, a.a.O., S. 590.

225 Zu den Folgen der Dominanz der Betriebsgewerkschaften für die Tarifpolitik und das Arbeitsrecht, vgl. Wahsner, Japans Gewerkschaften, politisch zersplittert, konservativ und unternehmensnah?, in: Recht und soziale Arbeitswelt, Festschrift für Wolfgang Däubler, a.a.O., S. 590, 592ff.

226 Botschaft der Bundesrepublik Deutschland in Tokyo, wichtige Daten der japanischen Arbeits- und Sozialstatistik, Stand Januar 1999, S. 4.

227 Marutschke, Einführung in das japanische Recht, S. 207.

228 Eine umfassende und aufschlussreiche Darstellung von Wahsner hinsichtlich der Organisationsprinzipien japanischer Gewerkschaften sowie der geschichtlichen und politischen Hintergründe der Betriebsgewerkschaften in Japan, findet sich in: Recht und

unmittelbar nach dem 2. Weltkrieg zurück. So fand die anfängliche Tendenz, nach dem Krieg gegründete oder aus Betriebsausschüssen hervorgegangene japanische Gewerkschaften überbetrieblich zu institutionalisieren, um 1950 ein jähes Ende. Aus Angst der japanischen Regierung vor der *Gefahr des Kommunismus*, wurden in der Phase des so genannten Purgatoriums nicht nur die kommunistische Partei und andere linke Parteien verboten bzw. unter staatliche Kontrolle gestellt, auch die der kommunistischen Partei nahe stehenden kommunistisch oder sozialistisch eingestuften Gewerkschaften wurden massiv unterdrückt.[229] Diese Umstände kennzeichnen die japanischen Gewerkschaften bis heute. Sofern in Japan heute in den Betrieben linke Gewerkschaften bestehen, grenzen diese sich in ihrer Politik oft scharf gegen konservative Gewerkschaften ab. So ist es möglich, dass es heute vereinzelt in einem Betrieb auch zwei oder drei konkurrierende Gewerkschaften gibt.[230] Dieses Konkurrenzverhältnis ist ein weiterer Faktor, der die Arbeit einer japanischen Betriebsgewerkschaft heute eher behindert.

Zwar gibt es in Japan auch Vereinigungen auf Branchenebene, doch handelt es sich in der überwiegenden Mehrzahl der Fälle bei diesen Dachorganisationen (9,1 % aller japanischen Gewerkschaften)[231] um Zusammenschlüsse jeweils selbstständiger Gewerkschaften. Diese Dachverbände können zwar auch koordinierend wirken, ihnen fehlt aber zumeist ein erheblicher Einfluss auf die Durchführung von Arbeitskampfmaßnahmen und den Abschluss von Tarifverträgen der jeweiligen Gewerkschaften.[232] Die wichtigsten bzw. größten gewerkschaftlichen Dachorganisationen in Japan sind der Verband „Nihon-Rodokumiai-Sorengokai“ (Japanese Trade Union Confederation) genannt „RENGO“ mit 7,476 Millionen Mitgliedern, der Verband „Zenkoku-Rodokumiai-Sorengo“ (National Confederation of Trade Unions) abgekürzt „ZENROREN“ mit 837.000 Mitgliedern und der Verband „Japan Council of Metalworkers' Union“ abgekürzt „IMF-JC“ mit 2,356 Millionen Mitgliedern.[233] Ikeda merkt zu den Angaben des Arbeitsministeriums bezüglich ZENROREN

---

soziale Arbeitswelt, Festschrift für Wolfgang Däubler, a.a.O.; Japans Gewerkschaften, politisch zersplittert, konservativ und unternehmensnah?, a.a.O., S. 585ff.

229 Wahsner, Japans Gewerkschaften, politisch zersplittert, konservativ und unternehmensnah?, a.a.O., S. 587.

230 ebenda.

231 Marutschke, Einführung in das japanische Recht, a.a.O., S. 207.

232 Mukooyama, Unternehmensgewerkschaften und Arbeitsrecht, S. 35, 49; Ehrke, Gewerkschaften in Japan: betriebliche Rolle und politische Positionen, http://www.fes.de/fultext/stabsabteilung/00041002.htm. Siehe auch Marutschke, Einführung in das japanische Recht, a.a.O., S. 208.

233 Ikeda, Japans Arbeiterbewegung seit 1949 und die aktuelle Situation der japanischen Gewerkschaften, a.a.O., S. 39, 42; Japan's Ministry of Labour, Number of Members in Major Labor Unions http://www2.mhlw.go.jp/english/outline/fgr-tbl/t10-1-1.htm

an, dass die offiziellen Zahlen nicht verlässlich seien, da ZENROREN - als einziger Dachorganisation - noch einige lokale Gewerkschaftszusammenschlüsse bzw. Branchendachverbände angehören, die nicht in die offizielle Statistik eingehen. Nach eigenen Aussagen und Angaben aus der Literatur hat ZENROREN insgesamt 1,4 Millionen Mitglieder.[234]

Zum Verhältnis zwischen diesen Dachorganisationen ist zu sagen, dass sich die politische Zersplitterung auf dieser überbetrieblichen Ebene in der Regel fortsetzt und besonders zwischen den größten Dachverbänden, RENGO und ZENROREN, über viele Jahre hinweg ein ausgesprochenes Konkurrenzverhältnis bestand. So war ZENROREN als weitaus kleinerer Dachverband in der Vergangenheit darum bemüht, den unmittelbar nach Kriegsende sich entwickelnden - und damals im Keim erstickten - Trend zur Bildung von Industrie- und Branchengewerkschaften wieder aufzunehmen. Entsprechend diesem Ziel hat ZENROREN die Struktur seiner Mitgliedschaft grundlegend anders gestaltet als RENGO. Wohingegen die Betriebsgewerkschaften von RENGO ausschließlich Angehörige der Stammbelegschaften ihres jeweiligen Unternehmens als Mitglieder aufnehmen, übt ZENROREN seit längerem seinen Einfluss auf die angeschlossenen Betriebsgewerkschaften dahingehend aus, dass diese ihre Statuten entsprechend ändern, um auch Arbeitnehmer in atypischen Beschäftigungsverhältnissen als Mitglieder aufzunehmen.[235] Nach Ikeda ist davon auszugehen, dass der Verband ZENROREN, im Vergleich zu den anderen Dachorganisationen, aus diesem Grund deutlich mehr Einfluss auf die Vorgehensweise der angeschlossenen Gewerkschaften und die Bestimmungen der jeweiligen Tarifverträge besitzt.[236]

Deutlicher als diese organisatorischen Unterschiede treten jedoch die inhaltlichen und programmatischen Divergenzen der beiden Organisationen hervor. Allgemein ist festzustellen, dass sich ZENROREN durch eine größere Militanz seiner gewerkschaftlichen Kampagnen und Aktionen, durch einen deutlicheren Einsatz für die Rechte auch von Nichtmitgliedern und durch ein

---

234 ZENROREN, ZENROREN AFFILIATES, http://www.iijnet.or.jp/c-pro/union/aa_e/aa_e_intro/aa_e_intro_03.html (genaue Aufgliederung der einzelnen Mitgliedsorganisationen); Ikeda, Japans Arbeiterbewegung seit 1949 und die aktuelle Situation der japanischen Gewerkschaften, a.a.O., S. 39, 43; vgl. auch Magota, Regierung, Gewerkschaften und Arbeitgeberverbände, S. 59, 69; Tonai, Strukturveränderungen der japanischen Gewerkschaften, AiB 92, 556.

235 Vgl. hierzu ausführlich: Wahsner, Japans Gewerkschaften, politisch zersplittert, konservativ und unternehmensnah?, in: Recht und soziale Arbeitswelt, Festschrift für Wolfgang Däubler, a.a.O., S. 590, 592ff.

236 Ikeda, Japans Arbeiterbewegung seit 1949 und die aktuelle Situation der japanischen Gewerkschaften, S. 39, 43.

konkreteres Eintreten zur Verbesserung der Arbeitsbedingungen von seinem großen Pendant RENGO abhebt.[237]

An dieser Stelle kann damit in Form eines Zwischenergebnisses festgestellt werden, dass, wie auch immer die Arbeitnehmervertretung im Einzelnen in Japan *rechtlich* ausgestattet ist, der Grad der wirksamen Vertretung aus verschiedenen Gründen deutlich geringer ist als in der Bundesrepublik.

Noch augenfälliger wird dieser Eindruck bei einem Vergleich der tatsächlich von einer Interessenvertretung erfassten Arbeitnehmer in Japan und Deutschland. So gibt es nach Schätzungen in Deutschland in etwa 40.000 Betrieben einen Betriebsrat mit insgesamt etwa 200.000 Betriebsratsmitgliedern. Damit arbeitet etwa die Hälfte aller Beschäftigten in Deutschland in einem Betrieb mit Betriebsrat.[238] Einem Vertretungsgrad in Japan von 22,4 % (durch Betriebsgewerkschaften) steht auf deutscher Seite eine Vertretung von annähernd 50 % durch Betriebsräte und von etwa 30 % durch Gewerkschaften gegenüber.[239]

3.2. Die rechtliche Situation der japanischen Unternehmensgewerkschaften

Das Recht japanischer Arbeitnehmer, sich zu organisieren, Kollektivverhandlungen zu führen und sonstige kollektive Aktionen zu organisieren, resultiert aus Art. 28 der japanischen Verfassung. Nach herrschender Auffassung gehört hierzu auch das Streikrecht.[240] Nach Art. 1 des japanischen Gewerkschaftsgesetzes[241] ist Sinn und Zweck der Gewerkschaften, dem Arbeitnehmer die Möglichkeit zu geben, „*seine Interessen bezüglich der Arbeitsbedingungen gegenüber dem Arbeitgeber durch Wahl eines mit dem Arbeitgeber auf gleicher Stufe stehenden Organs*" durchzusetzen. Nach Art. 14a JapGewG kann eine Vereinbarung (Tarifvertrag) zwischen den Parteien „*Arbeitsbedingungen und auch andere Gegenstände*" betreffen. Sie tritt nach Art. 15 JapGewG für maximal drei Jahre in Kraft, ist nach Art. 14 JapGewG schriftlich abzufassen und hat nach Art. 16 JapGewG gegenüber einzel-

---

237 Siehe auch hierzu: Wahsner, Japans Gewerkschaften, politisch zersplittert, konservativ und unternehmensnah?, in: Recht und soziale Arbeitswelt, Festschrift für Wolfgang Däubler, a.a.O., S. 590ff.

238 Bellmann/Ellgut/Seifert, Die Mitbestimmung, 11/1998, S. 57.

239 Berechnet nach Angaben von Bellmann/Ellgut/Seifert a.a.O.; vgl. auch Kittner a.a.O., S. 454.

240 Vgl. hierzu ausführlich: Marutschke, Einführung in das japanische Recht, S. 203 m.w.N.

241 Im Folgenden JapGewG vom 1.6.1949 (Law Nr. 174), in der Fassung vom 12.11. 1993 (Law Nr. 89).

vertraglichen Vereinbarungen zwischen Arbeitgebern und Arbeitnehmern Vorrang, was bedeutet, dass die Tarifverträge in Teilen normative Wirkung entfalten.[242] In diesen Fällen und in den Bereichen, zu denen die Vereinbarung keine Regelungen trifft, gelten die Standards des ASG. Das durch diese Regelungen den japanischen Arbeitnehmern eingeräumte Koalitionsrecht, ist damit theoretisch durchaus mit dem deutschen Koalitionsrecht vergleichbar.

Nach Art. 17 JapGewG gelten die Vereinbarungen im Fall der tarifvertraglichen Bindung von 2/3 der Arbeitnehmer eines Betriebes auch für den Rest der Belegschaft. Darüber hinaus hat die Mehrheit aller Gewerkschaften mit der Unternehmensführung eine so genannte *union-shop-Vereinbarung* getroffen,[243] wonach alle Beschäftigten eines Unternehmens automatisch mit dem Eintritt in das Arbeitsverhältnis Mitglied in der Unternehmensgewerkschaft werden bzw. sich zum Eintritt verpflichten müssen.[244] Zum anderen ist nach dieser Regelung der Arbeitgeber aber auch verpflichtet, einen Arbeitnehmer, der aus der Gewerkschaft austritt oder ausgeschlossen wird, zu entlassen.[245] So gibt Tonai an, dass im Jahre 1984 durchschnittlich 50 % aller Gewerkschaften und die beachtliche Zahl von allein 73 % der Gewerkschaften mit mehr als 1000 Mitgliedern mit den jeweiligen Arbeitgebern derartige Vereinbarungen geschlossen hatten.[246] Bezüglich der Rechte und Pflichten zwischen den Vertragsparteien ist dieser Vorgang vergleichbar mit der *Allgemeinverbindlichkeitserklärung* nach deutschem Recht, welche sich hier jedoch auf die Unternehmensebene beschränkt.

Bezüglich einer Vertretung von Arbeitnehmerinteressen sehen etliche japanische Normen hinsichtlich der Arbeitsbedingungen vor, dass in Betrieben, in denen es keine gewerkschaftliche Vertretung gibt, eine Vereinbarung mit einem *Arbeitnehmervertreter* die Vereinbarung mit einer Gewerkschaft ersetzen

---

242 Marutschke, Einführung in das japanische Recht, S. 218, (S. 337).

243 Oda, Japanese Law, S. 335.

244 Marutschke, Einführung in das japanische Recht, S. 207.

245 Tonai, Arbeitsbeziehungen und Gewerkschaften in Japan, S. 17, 26; Tonai, Strukturänderungen der japanischen Gewerkschaften, AiB 92, 556, 562; Marutschke, Einführung in das japanische Recht, S. 207. Die Frage nach der Rechtslage, bzw. danach, welche Ansprüche ein Arbeitnehmer gegen den Arbeitgeber geltend machen kann, wenn ihm auf Grund eines ungültigen Gewerkschaftsausschlusses gekündigt wurde, scheint bislang nicht eindeutig geklärt zu sein: Yasueda, Die Gewerkschaften, ihr Schutz und ihr Verhältnis zu den Arbeitgebern auf Unternehmensebene, S. 91, 98.

246 Tonai, Strukturänderungen der japanischen Gewerkschaften, a.a.O.

Auf Grund des hier hergeleiteten Mandats der Gewerkschaften, auch für nicht im Arbeitsvertrag geregelte Angelegenheiten, ist *theoretisch* auch eine Einflussnahme auf

- die Anordnung von Mehrarbeit nach Art. 33 ASG

möglich, die rein nach dem Wortlaut des ASG keine Vereinbarung fordert. Außerhalb der vom ASG vorausgesetzten Vereinbarungen sind darüber hinaus *theoretisch* alle Gegenstände verhandelbar, die im Arbeitsvertrag nicht geregelt sind. Betrachtet man die Karôshi bedingenden Faktoren, wären hier auch Verhandlungen über Beratung und Kontrollen bezüglich der Wahrnehmung des gesetzlichen Urlaubsanspruchs und der innerbetrieblichen Leistungsbewertung denkbar. In diesem Rahmen könnte ebenfalls an eine gewisse Verhandlungsmacht zu Gunsten von Arbeitnehmerinteressen bei der Auslegung unscharfer Formulierungen des ASG gedacht werden.

3.2.2. Rechtsumsetzung und Tarifwirklichkeit

Nach Darstellung der theoretischen Rechte und Möglichkeiten der japanischen Arbeitnehmervertretung, stellt sich mit Blick auf die hier interessierenden Arbeitsbedingungen und vor dem Hintergrund der Ursachenforschung für das Phänomen Karôshi die Frage, *wie* die Gewerkschaften ihre Rechte in der Praxis umsetzen. Dieser Frage wird exemplarisch durch eine spezifische Analyse des persönlichen und sachlichen Geltungsbereiches der Tarifverträge der Nissan Automobil AG, Japan[252] und der Kirin Bier AG, Japan[253] nachgegangen. Im Hinblick auf die Gewerkschaftssituation allgemein und einer Generalisierung der Ergebnisse, ist hierbei zu bedenken, dass die Unternehmensgewerkschaften in der Automobilbranche zu den stärksten unter den japanischen Gewerkschaften gehören.[254]

---

252 Im Folgenden TV(N).

253 Der Tarifvertrag ist abgedruckt in: Marutschke, Arbeitsordnungen und Tarifverträge japanischer Unternehmen, S. 203ff.

254 Für eine umfassende Darstellung der Position japanischer Gewerkschaften, insbesondere hinsichtlich ihrer Schwächen und der betrieblichen Bedeutung von Tarifverträgen in Japan vgl.: Wahsner, Japans Gewerkschaften, politisch zersplittert, konservativ und unternehmensnah?, in: Recht und soziale Arbeitswelt, Festschrift für Wolfgang Däubler, Frankfurt am Main 1999, S. 586ff.

a) Persönlicher Geltungsbereich der tarifvertraglichen Normen

Bereits in den ersten Vorschriften des Tarifvertrages (TV(N)) lassen sich Einschränkungen des vom ASG gesetzten persönlichen und sachlichen Geltungsbereichs eines Tarifvertrages feststellen.[255] § 2 des TV(N) regelt unter der Überschrift "*Einhaltungspflicht*" im Abschnitt *"Allgemeine Vorschriften"*: *"Unternehmen und Gewerkschaft bemühen sich nach Kräften um die Erfüllung des Vertrages."* § 3 TV(N) erstreckt den Geltungsbereich auf das Unternehmen und alle Gewerkschaftsmitglieder. § 5 TV(N) postuliert das bereits erwähnte *union-shop-system*, wonach alle Betriebsangehörigen zur Mitgliedschaft in der Gewerkschaft gezwungen sind. Auffällig ist hier die äußerst rigide Regelung, dass *"grundsätzlich vom Unternehmen diejenigen entlassen werden, die von der Gewerkschaft ausgeschlossen wurden, sie verlassen haben oder von ihr nicht als Mitglieder akzeptiert wurden."* § 6 TV(N) schränkt den auf diese Weise im Grunde auf alle Nissan-Arbeitnehmer ausgedehnten Geltungsbereich dann wieder drastisch ein. Hiernach sind alle Personen, die in irgendeiner Form eine Leitungsfunktion einnehmen oder Zugang zu „erheblichen“ Informationen haben könnten, als Gewerkschaftsmitglieder ausgeschlossen. Hierzu zählen beispielsweise auch *"Personen in ähnlichen Positionen wie die eines Abteilungsleiters, Chauffeure, Beschäftigte im Sekretariat von Spitzenmanagern oder Beschäftigte im Sicherheitsdienst."* Darüber hinaus sind Personen, die *"weniger als drei Monate in dem Betrieb beschäftigt sind, Personen jenseits der Firmenaltersgrenze, befristet Beschäftigte“* und *„sonstige, vom Unternehmen und der Gewerkschaft bestimmte Beschäftigte"* ausgeschlossen. Diese Ausschlussregeln decken sich nur zum Teil mit dem Gewerkschaftsgesetz. In Art. 2 JapGewG sind als ausschließbare Personen nur diejenigen genannt, die in einer Position sind, *"in der sie über Einstellungen, Kündigungen, Beförderungen oder Transfer von Arbeitnehmern zu entscheiden haben"* oder aber die in *"leitender Position Zugang zu vertraulichen Informationen haben, die sie in Loyalitätskonflikte bringen könnten."* Sekretariatsbeschäftigte und Chauffeure erfüllen diese Voraussetzung wohl nicht. Auch sieht das JapGewG keinen Ausschluss von befristet beschäftigten Arbeitnehmern sowie Personen jenseits der Firmenaltersgrenze vor. Zudem enthält der TV(N) eine Willkürklausel. Der Tarifvertrag Nissans geht daher weit über die Bestimmungen des JapGewG hinaus. Interessant ist in diesem Zusammenhang auch, dass weder das JapGewG noch der TV(N) einen Unterschied zwischen aktiven und passiven Gewerkschaftsmitgliedern machen. Die Frage der Gewerkschafts*tätigkeit* ist daher mit der Frage der Gewerkschaftsmitgliedschaft verknüpft. Die

[255] Marutschke, Arbeitsordnungen und Tarifverträge japanischer Unternehmen, S. 143.

Ausschlussvorschriften in JapGewG und TV(N) wirken folglich umso gravierender.

Der zugegebenermaßen etwas *schiefe* Vergleich zwischen der japanischen Form der gewerkschaftlichen Vertretung mit der Betriebsratsvertretung in Deutschland - der jedoch, wie gezeigt, nur in dieser Form erfolgen kann - macht hier erhebliche Unterschiede deutlich.

Nach § 8 des BetrVG sind *"alle Wahlberechtigten, die 6 Monate dem Betrieb angehören"* wählbar. Ausgeschlossen sind nach der Vorschrift nur diejenigen, *"die infolge strafgerichtlichen Urteils die Fähigkeit verloren haben, an öffentlichen Wahlen teilzunehmen."* Teilzeitbeschäftigte, geringfügig oder befristet Beschäftigte besitzen daher in Deutschland sowohl das aktive als auch das passive Wahlrecht.[256] Dieser weite Bereich ist klar auf den strukturellen Unterschied zwischen den Organen Gewerkschaft und Betriebsrat zurückzuführen. So ist der Kreis der Mitglieder mit aktivem und passivem Wahlrecht in deutschen *Gewerkschaften* ähnlichen Beschränkungen unterworfen wie in Japan. Nach deutschem Recht können zwar alle Arbeitnehmer im Sinne des Arbeitsrechts Mitglieder einer Gewerkschaft werden[257] – eingeschlossen sind damit auch befristet oder geringfügig Beschäftigte. Ausgeschlossen sind jedoch, wie in Japan, leitende Angestellte im Sinne des Arbeitsrechts. Auch hier wird diese Beschränkung mit ihrer besonderen Funktion als unmittelbare Vertreter des Arbeitgebers begründet.

Obgleich der *Schieflage* des Vergleiches, ist im Grad der Vertretung der Arbeitnehmer beider Länder ein entscheidender Unterschied auszumachen. Zum einen ist die Regelung des JapGewG i.V.m. dem TV(N) abschließender Natur, d.h. eine darüber hinausgehende Vertretung existiert nicht. In Deutschland ergänzen die Rechte des Betriebsrates die der Gewerkschaft. Zudem sind die personellen Einschränkungen im TV(N), wie gezeigt, wesentlich weitgehender als vergleichbare Regelungen in Deutschland und sogar weitreichender als es das japanische Gewerkschaftsgesetz eigentlich vorsieht.

Im Ergebnis kann daher nach exemplarischer Untersuchung der innerbetrieblichen Praxis festgestellt werden, dass in Japan eine deutliche Selbstbeschränkung der Gewerkschaft in punkto Zuständigkeit und dem Kreis der Vertretenen vorliegt. Dadurch, dass im TV(N) die Gewerkschaft diesbezüglich

---

256 Schneider, in: Däubler/Kittner/Klebe, Betriebsverfassungsgesetz Kommentar § RN 21ff.

257 Hagemeier, in: Hagemeier/Kempen/Zachert/Zilius, Tarifvertragsgesetz, Kommentar für die Praxis, § 2 RN 13.

die Möglichkeiten des JapGewG noch weit unterschritten hat, hat sie die ihr *theoretisch* zustehenden Rechte nicht zum Vorteil der Arbeitnehmer genutzt.

b) Der sachliche Geltungsbereich betreffend der für Karôshi ursächlichen spezifischen Arbeitsbedingungen

Der TV(N) regelt in Abschnitt 2 und 3, dass alle Aktivitäten der Gewerkschaften, sofern es sich nicht um die Teilnahme an Kollektivverhandlungen, Sitzungen oder (Diskussions-)Versammlungen handelt, außerhalb der Arbeitszeit stattzufinden haben (§11 TV(N)), dass hierfür kein Lohn gezahlt wird (§16 TV(N)), dass Aktivitäten anzukündigen sind (§ 12 TV(N)) und dass das Unternehmen das Recht hat, Gewerkschaftsfunktionäre *"auszuzeichnen"* oder aber *"disziplinarisch zu bestrafen"* (§ 30 (TV(N)).[258] Nach § 33 TV(N) führen *"Unternehmen und Gewerkschaften Kollektivverhandlungen redlich und ehrlich durch. Beide Parteien vermeiden einseitiges Verharren auf einer Position und bemühen sich um friedliche Beilegung der zur Verhandlung anstehenden Probleme."* Die hier interessierenden Arbeitsbedingungen können nach § 34 Nr. 1 TV(N) Gegenstand von Kollektivverhandlungen sein, z.B. *"Lohn und andere grundlegende Arbeitsbedingungen"*. Die Arbeitszeiten werden im Kern zweifellos hierunter zu subsumieren sein. Es ist jedoch sehr fragwürdig, ob durch diese Regelungen, der Gewerkschaft auch ein Mandat bezüglich Überstunden, Ruhepausen, Urlaubstagen und Schichtzeiten zukommt. Eine Konkretisierung der sich aus dem JapGewG ergebenden *theoretischen* Rechte bezüglich der im Kontext des Phänomens Karôshi zu bedenkenden Regelung der Arbeitsbedingungen, sucht man im TV(N) vergeblich.

In Abschnitt 5 des TV(N) sind Arbeitgeber-Arbeitnehmer-Konsultationen geregelt. Diese Eigentümlichkeit japanischer Tarifverträge gibt der Gewerkschaft jedoch mitnichten das Recht zur Mitsprache oder Mitbestimmung. Sie dienen in der Regel - wie auch im Falle Nissans - dazu, dass *"Arbeitnehmer und die Gewerkschaft ihre jeweiligen Auffassungen vom Unternehmensmanagement gegenseitig besser verstehen und sich gemeinsam um einen reibungslosen Arbeitsablauf bemühen"*, (§ 41 TV(N)). Sie dienen nach § 42 TV(N) der *"Besprechung und Erläuterung"*, und nicht dazu *„Entscheidungen zu fällen."* Der Verhandlungsrahmen für die Gewerkschaft in dem hier interessierenden Bereich beschränkt sich daher auf die Formulierung des TV(N): *"grundlegende Arbeitsbedingungen"*, welche keiner genaueren Definition durch das JapGewG oder den TV(N) unterworfen sind. Damit liegt

---

258 Vgl. auch hierzu: Tonai, Die Abhängigkeit japanischer Arbeitnehmer von ihren Arbeitgebern, AiB 1992, S. 596.

die Vermutung nahe, dass, bedingt durch die geringe Verhandlungsmacht der Gewerkschaft, sensible Themen nicht als *"grundlegende Arbeitsbedingungen"* definiert werden.

Abschnitt 6 TV(N) regelt das Recht zur Beschwerde. Hierunter sind nach § 61 TV(N) *"Einwände und Unsicherheiten zu verstehen, die sich auf Auslegungen des Unternehmens zum Tarifvertrag, zu Vereinbarungen und Memoranden sowie zu allen anderen Regeln des Unternehmens beziehen."* Das Beschwerderecht ist jedoch einer extremen Transparenz und großem Formalismus unterworfen und ist grundsätzlich *"unbezahlt, außerhalb der regulären Arbeitszeit"* zu bearbeiten (§ 69 TV(N)). Über diese Regelungen hinaus enthält der TV(N) weitere Formalien, die durch rigide formalistische Vorgaben anschaulich die Machtverhältnisse zu Gunsten des Arbeitgebers verdeutlichen. Weitere Befugnisse, als die hier geschilderten, kommen der Gewerkschaft nach dem TV(N) nicht zu.

Es kann somit festgestellt werden, dass im Falle der Nissan Automobil AG die Zahl der aktiven und passiven Gewerkschaftsmitglieder durch den TV stark begrenzt wird. Über die Befugnis, *"grundlegende Arbeitsbedingungen"* verhandeln zu dürfen hinaus, gibt der TV der Gewerkschaft kein Mandat. Der TV(N) bleibt daher hinter den zuvor dargelegten, durch die Verfassung und das JapGewG bereitgestellten theoretischen Möglichkeiten weit zurück.

Es ist an dieser Stelle nochmals zu betonen, dass es in der Praxis durch die Zersplitterung der japanischen Gewerkschaften sowohl in organisatorischer als auch in politischer Hinsicht zu großen Unterschieden bezüglich der Arbeitsbedingungen zwischen den verschiedenen Unternehmen kommt. So ergibt eine Untersuchung des *Kirin Bier AG Tarifvertrages*[259] beispielsweise sehr wohl, dass *"Änderungen in den Arbeitsbedingungen bzw. die Einführung neuer, in den Tarifverträgen nicht geregelter Arbeitsbedingungen"* sowie *"Angelegenheiten, die von der zentralen Konsultationsrunde über Betriebsfragen den Kollektivverhandlungen überlassen wurden"*, und *"sonstige von Unternehmens- oder Gewerkschaftsseite als notwendig erachtete Themen"* Gegenstände von Kollektivverhandlungen sein können (§ 38 des Vertrages). Insgesamt enthält der TV der Kirin Bier AG folglich mehr Einflussrechte als der TV(N). Auch sind hier die Ausschlussklauseln bezüglich der Mitgliedschaft weniger umfangreich ausgestaltet. Welche Partei sich jedoch im Einzelfalle bei Kollektivverhandlungen durchsetzt und ob das Mitspracherecht bei der Kirin AG mehr als nur programmatisch ist, ist zweifelhaft. So bleibt auch in diesem TV

---

[259] Abgedruckt in: Marutschke, Arbeitsordnungen und Tarifverträge japanischer Unternehmen, S. 203ff.

letztlich immer der Unterton bestehen, dass das *Unternehmen* die Notwendigkeit einer Konsultation oder Beratung anerkennen muss.[260] Das Unternehmen behält sich damit eine Einschätzungs- und Definitionsprärogative vor, die alle theoretisch eingeräumten Rechte vom Gusto des Arbeitgebers abhängig macht. Der TV der Sumitomo Bank AG[261] statuiert sogar überhaupt keine Verhandlungsmacht der Gewerkschaft bezüglich der Festlegung von Arbeitsbedingungen. Er schaltet die bereits erwähnten Konsultationsrunden zwischen Bank und Gewerkschaft den Kollektivverhandlungen vor. Diese wiederum dienen *„lediglich der Information"*.[262] Zudem sieht dieser Tarifvertrag im Unterschied zu dem TV(N) und dem Kirin Bier AG TV Arbeitskampfmaßnahmen gar nicht erst vor. Vergleiche mit Tarifverträgen anderer großer japanischer Unternehmen bestätigen das Ergebnis, dass den Gewerkschaften bezüglich der Arbeitsbedingungen nur geringe Einflussmöglichkeiten eingeräumt werden. Auch die Möglichkeit der Gewerkschaft, gegen den Arbeitgeber bei einer Arbeitskommission mit einer Beschwerde wegen so genannter *unfair labor practice* vorzugehen, ändert an diesem Ergebnis nichts, da dieses Verfahren allein dazu dient, massiver gewerkschaftlicher Diskriminierung durch den Arbeitgeber entgegenzuwirken, um somit das durch Art. 28 JapVerf garantierte Koalitionsrecht zu sichern.[263] Zwar muss berücksichtigt werden, dass der vorgenommene Vergleich rein exemplarisch ist und sich nur auf den Bereich der Großunternehmen bezieht. Doch wird diesbezüglich in der Literatur überwiegend die Ansicht vertreten, dass gerade in diesen Unternehmensformen die Gewerkschaften eher mehr Einfluss auf die Arbeitsbedingungen, insbesondere in Bezug auf Arbeitszeiten, Ruhetags- und Urlaubsanspruch haben als in kleineren Unternehmen.[264]

Es mag an dieser Stelle erstaunen, dass die japanischen Gewerkschaften nicht über mehr *Rechte* bezüglich der Festsetzung von Arbeitsbedingungen verfügen. Jedoch decken sich die hier gewonnenen Ergebnisse letztlich auch mit der Regelung des Art. 90 ASG, wonach für die Aufstellung der Arbeitsordnung nicht unbedingt die *Zustimmung* der Mehrheit der Arbeitnehmer erforderlich ist, sondern eine *Anhörung* der Gewerkschaft genügt. Das bedeutet, dass der Arbeitgeber letztlich auch gegen den Mehrheitswillen der Arbeitnehmer einseitig über die Arbeitsbedingungen bestimmen kann. Wie gezeigt, hindern ihn die Informations- und Anhörungsrechte der Gewerkschaft dabei nicht.

---

260 Marutschke, Arbeitsordnungen und Tarifverträge japanischer Unternehmen, S. 203f.

261 Marutschke, Arbeitsordnungen und Tarifverträge japanischer Unternehmen, S. 273ff.

262 Marutschke, Arbeitsordnungen und Tarifverträge japanischer Unternehmen, S. 276f.

263 Sugeno a.a.O., S. 622.

264 Kezuka, a.a.O., S. 646.

Als Antwort auf die eingangs gestellte Frage kann an dieser Stelle gesagt werden, dass die Gewerkschaften, die ihnen im Rahmen des ASG *theoretisch* zustehenden Rechte schlicht nicht nutzen.

Ein *allgemeinpolitisches Mandat* zur Verbesserung der Arbeitsbedingungen und des Gesundheitsschutzes am Arbeitsplatz ist zudem, außer im Programmsatz der japanischen Verfassung, weder im ASG oder Gewerkschaftsgesetz noch in den einzelnen Tarifverträgen auszumachen. Ein Recht, unklare Formulierungen des ASG auszulegen, hat die Gewerkschaft daher nicht. Die Mitsprache bezüglich der Ausgestaltung des JPM bleibt ihr in großen Teilen ebenso verschlossen, wie eine Einflussnahme auf die Praxis der geringen Inanspruchnahme des Urlaubs, der regelhaften Überstunden oder der innerbetrieblichen Leistungsbewertung.

3.3. Betriebliche Wirklichkeit der Gewerkschaftsrechte

Es drängt sich die Frage auf, warum die japanischen Gewerkschaften die ihnen zustehenden Rechte nicht wahrnehmen bzw. diese nicht *ausbauen*. Insbesondere ist unverständlich, warum sie, wie gezeigt, in der Praxis sogar *rechtswidrige* Zustände wie beispielsweise die *service overtime*, welche als eine der maßgeblichen Faktoren für den Tod durch Überarbeitung qualifiziert werden konnte, dulden; denn ganz gleich ihrer Organisationsform, ist es ihre verfassungsmäßige Pflicht, als Gegenpol zur Machtstellung des Arbeitgebers, die Interessen der Arbeitnehmer zu vertreten und Schäden, insbesondere gesundheitlicher Art, abzuwenden. Um dieser Problematik näher zu treten, ist zum einen noch einmal auf die betriebliche Struktur der Gewerkschaften einzugehen und zum anderen die Form und Qualität der überbetrieblichen Vertretung zu skizzieren, um so eine abschließende Gesamtbeurteilung zu ermöglichen.[265]

3.3.1. Einzelgewerkschaften

Aus der Verknüpfung der betrieblichen Struktur der Gewerkschaften mit den hier untersuchten Prinzipien des *JPM* ergeben sich eine ganze Reihe, im

[265] Im Rahmen dieser Arbeit kann dies nur im Überblick geschehen; es sei daher an dieser Stelle auf die detaillierten Ausführungen von Wahsner verwiesen: Der Tarifvertrag in Japan und Deutschland, Japans Arbeitsbeziehungen und Arbeitsrecht in Geschichte und Gegenwart S. 121ff, 132f.

Ergebnis für die Karôshi-Problematik folgenschwere Charakteristika, die hier in Stichpunkten zusammengefasst werden sollen.[266]

- Aus der Grundstruktur der betrieblichen Organisation folgt eine natürliche *Betriebsorientiertheit* der Gewerkschaften. Da ihre Gewerkschaftspolitik auch nur auf einen einzigen Betrieb beschränkt ist, kann ihre Verhandlungsmacht die Grenzen der betrieblich zu regelnden Gegenstände nicht überschreiten. In diesem engen Rahmen wiederum kämpft sie nicht nur für die Angelegenheiten, die im Interesse der Arbeitnehmer des Betriebes liegen, sondern viel zu oft auch um das eigene Bestehen. So sind die japanischen Gewerkschaften bereits von der Gesetzeslage her auf das Wohlwollen der Unternehmensleitungen angewiesen. Zwar steht ihnen die *Bereitstellung der für ihre Tätigkeit erforderlichen Mittel* zu, jedoch ist es von den Verhandlungen zwischen der Gewerkschaft und dem Arbeitgeber abhängig, wie gut oder schlecht dieser die Gewerkschaft ausstattet. Auf diese Weise vermischen sich mehrere Interessenspositionen miteinander. Die Gewerkschaft kann nur dann für die Interessen der Arbeitnehmer kämpfen, wenn sie die räumlichen und technischen Möglichkeiten hat. Wenn sie aber über diese mit dem Arbeitgeber verhandeln muss, so wird sie bei den ebenfalls mit dem Arbeitgeber zu verhandelnden Gegenständen, welche die Interessen der Arbeitnehmer direkt berühren, eher zu Zugeständnissen bereit sein; Gegenstände, die in vielen Fällen dem wirtschaftlichen Interesse des Arbeitgebers im Rahmen des JPM entsprechen.

- Wie gezeigt, beinhalten Tarifverträge nicht selten das Recht des Arbeitgebers, Gewerkschaftsmitglieder auszuzeichnen oder zu disziplinieren.[267] Auch dies stellt einen elementaren Eingriff in die Machtposition der Gewerkschaft dar und steht in dieser Form im krassen Widerspruch zu den in Deutschland bestehenden gesicherten Positionen von Betriebsrat und Gewerkschaft. Im Gegensatz zu den expliziten Festlegungen für Disziplinierungen ist im Tarifvertrag nicht geregelt, worin die Auszeichnungen bestehen. Die durch Presseberichte bekannt gewordenen

[266] Für eine ausführliche Darstellung sei hier nochmals verwiesen auf: Wahsner, Japans Gewerkschaften, politisch zersplittert, konservativ und unternehmensnah?, in: Recht und soziale Arbeitswelt, Festschrift für Wolfgang Däubler, a.a.O., S. 586ff sowie Tonai, Arbeitsbeziehungen und Gewerkschaften in Japan – Historische Entwicklung und aktuelle Situation, in: Japans Arbeitsbeziehungen und Arbeitsrecht in Geschichte und Gegenwart S. 17ff.

[267] Beispielhaft der Nissan Tarifvertrag; Marutschke, Arbeitsordnungen und Tarifverträge japanischer Unternehmen, S. 253ff.

Vergünstigungen stellen sich bei genauerer Betrachtung als rechtswidrige Korrumption von Gewerkschaftsfunktionären dar[268] und machen die massive Einflussnahme von Arbeitgebern auf die Autonomie der Gewerkschaft evident.

- Durch den Umstand, dass die gewerkschaftlichen Akteure in der Regel normale Arbeitnehmer des Betriebes sind, sind sie auch den üblichen Wirkungen eines Arbeitgeber-Arbeitnehmerverhältnisses ausgesetzt. Die aus dem Arbeitsverhältnis resultierenden Machtverhältnisse werden in Japan nicht durch ein Schutzsystem bezüglich Arbeitszeiten, Freistellung, Bezahlung und insbesondere Kündigungsschutz abgeschwächt, wie es das Betriebsverfassungsgesetz für den deutschen Betriebsrat vorsieht. So ist es nur verständlich, dass ein Arbeitnehmer, der gleichzeitig Angst um seinen Arbeitsplatz haben muss, sich nicht vehement für die Interessen der durch ihn vertretenen Kollegen einsetzen wird. Zudem steigen Gewerkschaftsmitglieder nicht selten nach ihrer Gewerkschaftstätigkeit in Managementpositionen auf. Die eigene Karriere steht damit einer freien Meinungsbildung und einem effektiven Einsatz für fremde Interessen entgegen.

- Die starke Stellung des Vorgesetzten bzw. Vorarbeiters in japanischen Betrieben wurde hier bereits mehrfach angesprochen. Diese Personen befinden sich, ebenso wie die betrieblichen Gewerkschaftler, in den zentralen Stellungen des Betriebes und nicht selten handelt es sich auch um ein und dieselben Personen.[271] Da der Arbeitgeber aber durch die Stärkung der Position des Vorgesetzten unternehmenspolitische Ziele verfolgt, vermengen sich auf diese Weise mehrere, nach einem demokratischen Verständnis originär zu trennende Positionen: Die des Gewerkschaftsfunktionärs, der im übertragenen Sinne die Stellung eines Betriebsratsmitglieds mit all seinen Schutzansprüchen innehaben müsste, mit der des (Normal) - Arbeitnehmers, der an der Seite des Arbeitgebers als Werkzeug im System des JPM für dessen Seite eintritt. Die hieraus resultierenden Interessenkonflikte lassen ein unabhängiges Vertretungsorgan gar nicht erst entstehen.

- Durch das System der Personalbeurteilung werden, wie gezeigt, die Löhne an ein subjektives Bewertungssystem gekoppelt (*estimation system, merit system*). Die Gewerkschaften verlieren durch dieses System

---

268 Tonai, AiB 10/92, S. 559.

271 Tonai, Strukturänderungen der japanischen Gewerkschaften in Großunternehmen, AiB 10/92 S. 560.

jedoch drastisch an Verhandlungsmacht im Lohnbereich, da eine erstrittene Tariflohnerhöhung nicht allen Arbeitnehmern gleichermaßen zugute kommt. Je nach *Beurteilung* kommen dem einen Arbeitnehmer im Ergebnis beispielsweise 3 % und dem anderen 7 % mehr Lohn zu.[272]

- Die wohl stärkste Form der Einflussnahme, die sogar noch über eine Korrumpierung der Gewerkschaft hinausgeht, ist der Einsatz von *inoffiziellen Arbeitnehmergruppen*. Da in Japan in einem Betrieb mehrere Gewerkschaften nebeneinander existieren können, ist es vorgekommen, dass der Arbeitgeber innerbetrieblich eine solche aufgebaut und gefördert hat, um gezielt Politik gegen eine andere im Betrieb aktive Gewerkschaft zu machen.[273]

Wie beschrieben, greifen in Japan vielfältige Mechanismen in die Unabhängigkeit der Gewerkschaften ein, was sich damit grundsätzlich von der deutschen Situation - bleiben wir auf der betrieblichen Ebene - eines Betriebsrats unterscheidet.[274] Der Einfluss von Arbeitgebern ist zum Teil so stark, dass von der verfassungsmäßig garantierten *Machtposition* keine Rede mehr sein kann. Dies stellt sich in Kleinbetrieben, wo auf der Seite der Arbeitnehmervertretung oft nur eine einzige Person als Repräsentant zur Verfügung steht, noch drastischer dar. Ohne die Hilfe von Branchen oder Dachverbänden wird japanischen Gewerkschaften daher ein Aufbrechen gewachsener Grundstrukturen, insbesondere bei den hier untersuchten Arbeitsbedingungen, nicht möglich sein. Um die eingangs gestellte Frage zu beantworten, warum die japanische Arbeitnehmervertretung, gleich welcher Organisationsform, nichts gegen die eklatanten Einschränkungen des betrieblichen Arbeits- und Gesundheitsschutzes unternimmt, kann daher darauf verwiesen werden, dass ihr auf Grund innerbetrieblicher Zwänge und Verwicklungen die Hände gebunden sind. Die Wahrnehmung der ihr theoretisch zustehenden Rechte scheitert ebenso, wie der Ausbau dieser Rechte und der Abbau von gewachsenen betrieblichen Strukturen und Gewohnheiten, wie beispielsweise der *service overtime*, oftmals an einer massiven Einflussnahme des Arbeitgebers, stößt aber

---

272 Tonai, a.a.O., S. 562.

273 Tonai, a.a.O., S. 561.

274 Wahsner, Der Tarifvertrag in Japan und Deutschland, a.a.O., S. 223: Deutsche Gewerkschaften sind auf Grund ihrer Einnahmen aus Mitgliedsbeiträgen finanziell unabhängig „von der anderen Seite". Es ist ihnen möglich *„dauerhaft einen eigenen Apparat mit qualifizierten Funktionären und Mitarbeitern"* zu unterhalten. *„Sie verfügen über eigene Schulen und Fortbildungseinrichtungen mit qualifizierten Lehrkräften für die Aus- und Fortbildung ihres Personals und ihrer Mitglieder."*

auch auf den Widerstand der im System *gefangenen* Arbeitnehmer, über die sie sich eigentlich legitimiert.

3.3.2. Gewerkschaftsdachverbände

Wenn es also den Gewerkschaften in Japan selbst nicht möglich ist, effektiv und auf Dauer Arbeitsbedingungen zu verbessern, stellt sich die Frage nach der Rolle überbetrieblicher Interessenvertretung, konkret, bezüglich der Arbeitsbedingungen.[275] Nach ihrer rechtlichen Beziehung zu den angeschlossenen Mitgliedsgewerkschaften haben die Gewerkschaftsdachverbände, wie beschrieben, allein eine rein koordinierende und beratende Funktion und sind rechtlich nicht mit Interventionsmöglichkeiten hinsichtlich der Politik der Betriebsgewerkschaft ausgestattet. Die Rechtsposition der Dachorganisationen wurde daher in der Literatur in der Vergangenheit oftmals kritisiert und besonders im Hinblick auf den Verband RENGO betont, dass dieser der Thematik einer Verbesserung betrieblicher Arbeitsbedingungen geradezu gleichgültig gegenübersteht.[276] Dass die Dachverbände keinen direkten Einfluss auf den Abschluss von Tarifverträgen haben, kann dabei nicht als Entschuldigung gelten, da sich auch außerhalb von Tarifverhandlungen den gewerkschaftlichen Organisationen ein weites Betätigungsfeld zur Verbesserung von Arbeitsbedingungen bietet. Dies zeigen bereits die jedes Jahr im Frühjahr medienwirksam inszenierten Lohn-Tarifverhandlungen (Shunto), die einen relativ hohen Stellenwert in den gewerkschaftlichen Aktivitäten einnehmen und an denen die Gewerkschaftsdachverbände maßgeblich und höchst erfolgreich beteiligt sind.

Gerade in den vergangenen zwei Jahren haben sich jedoch bei den beiden großen Gewerkschaftsdachverbänden Entwicklungen ergeben, die eine Kritik relativieren. So widmet beispielsweise RENGO in seinem *White Paper 1999* einen beträchtlichen Teil seiner Aufmerksamkeit Arbeitsbedingungen wie der Arbeitszeit, der *service overtime* und den Folgen von übermäßiger Nacht- und Schichtarbeit.[277] Auf der Grundlage einer Vielzahl von Umfragen, Analysen

---

275 Vgl.: Wahsner, Japans Gewerkschaften, politisch zersplittert, konservativ und unternehmensnah?, in: Recht und soziale Arbeitswelt, Festschrift für Wolfgang Däubler, a.a.O., S. 586ff sowie Tonai, Arbeitsbeziehungen und Gewerkschaften in Japan – Historische Entwicklung und aktuelle Situation, in: Japans Arbeitsbeziehungen und Arbeitsrecht in Geschichte und Gegenwart S. 17ff.

276 Miyano, The Labour Unions, in: Karôshi - When the Corporate Worrior Dies, S. 77f; Ehrke, Gewerkschaften in Japan: Betriebliche Rolle und politische Positionen, http://www.fes.de /fultext/stabsabteilung/00041002.htm.

277 RENGO White Paper 1999, a.a.O., S. 88f.

und statistischen Auswertungen beschreibt RENGO in diesem Papier die Ziele und Aktivitäten der Gewerkschaften auch im Hinblick auf eine Verbesserung dieser Arbeitsbedingungen. Die Stärke von RENGO liegt jedoch tatsächlich weniger in seinem Einfluss auf die Einzelgewerkschaften, als vielmehr in seiner nicht zu unterschätzenden politischen Autorität. Dies ist darauf zurückzuführen, dass seine Mitgliedsgewerkschaften bis 1994 die personelle, finanzielle und organisatorische Basis der beiden sozial-demokratischen Parteien SDPJ und DSP waren. Die SDPJ ist Japans größte Oppositionspartei und wird von den Gewerkschaften des öffentlichen Dienstes (Lehrer, Kommunalangestellte, Postler usw.) unterstützt. Die DSP dagegen wird von Japans größten Gewerkschaften (Automobil-, Elektronik- und Stahlarbeiter) getragen. Auch wenn auf Grund der Unterhauswahlen von 1995 und der nachfolgenden politischen Verschiebungen die Stabilität RENGO's gelitten hat, so liegt sein Haupteinflussgebiet noch immer in der Politik.[278] Auch der Verband ZENROREN ist durch seine Nähe zur Kommunistischen Partei Japans im Schwerpunkt politisch ausgerichtet und hat hier seinen Haupteinflussbereich. RENGO musste sich in der Vergangenheit den Vorwurf gefallen lassen, bezüglich seiner Vorgehensweise eine viel zu arbeitgeberkonforme Haltung einzunehmen. ZENROREN zeichnete sich dagegen durch ein wesentlich *militanteres* Vorgehen aus, was offenbar RENGO motiviert hat, sich in jüngster Zeit Methoden zu bedienen, die bisher ein Markenzeichen ZENRORENs waren.[279] Beispielhaft sei hier noch einmal auf das auf Erhebungen und Befragungen von Arbeitnehmern beruhende *White Paper 1999* hingewiesen, welches ein klares Bild bezüglich der betrieblichen Situation aus Arbeitnehmersicht ermöglicht. Zudem verfasste RENGO eine statistisch fundierte, mit präzisen Forderungen ausgestattete Resolution. Dabei werden erstmals auch Begriffe wie *fight* oder *action policy* verwendet und die Vergrößerung des Mitgliederbestandes wird als eine der wichtigsten Aufgaben angesehen *(Enlarging the Organization by all means)*.[280] Der Verband erscheint 1999 mit einem neuen Gesicht und bezieht erstaunlich klare Positionen - auch und insbesondere bezüglich der Anprangerung schlechter betrieblicher Arbeitsbedingungen.[281] Inwieweit es sich hierbei jedoch nur um Programmatik handelt, wird zu beobachten sein. Nur ein starker überbetrieblicher Partner, der willens ist, politisch progressiv zu agieren und aggressive bzw. für Arbeitgeber

---

278 Vgl. hierzu und auch zum Folgenden detailliert: Ehrke, Gewerkschaften in Japan: Betriebliche Rolle und politische Positionen, http://www.fes.de/futext/stabsabtei lung/00041002.htm.

279 Detaillierte Ausführungen bei: Ikeda, a.a.O., S. 42f.

280 RENGO White Paper 1999, a.a.O., S. 88f.

281 Für mehr Details muss hier auf die Homepage von RENGO verwiesen werden: http://www.jtuc-rengo.org/index.html.

unpopuläre Forderungen zu stellen, wird in der Lage sein, die notorische Schwäche der Betriebsgewerkschaften auch auf Dauer auszugleichen. ZENROREN orientierte sich dagegen schon immer an Deutschlands Gewerkschaftssystem und versucht seine Einflussnahme in Japan an das *„sozialpolitische Modell Deutschlands“* anzulehnen, welches durch sein ausgeprägtes Streikrecht insgesamt militanter erscheint. So trat ZENROREN in der Vergangenheit durch Protestversammlungen und repräsentative Unterschriftenlisten - auch unter Beteiligung nicht organisierter Arbeitnehmer - weitaus entschiedener auf, als sein großer Bruder.[282] Insgesamt kann für das Jahr 1999 ein Trend zu mehr Kampfbereitschaft bei den japanischen Dachverbänden festgestellt werden. Die jüngsten Veränderungen in Japan, das Abschmelzen der traditionellen Stammbelegschaften, die Abkehr vom Prinzip der lebenslangen Beschäftigung und die damit wachsende *überbetriebliche Mobilität* der Arbeitnehmer zeigt sich so auch in einer Veränderung gewerkschaftlicher Politik und Vorgehensweise.

3.4. Zusammenfassung

Im Ergebnis wird damit deutlich, dass die Dachverbände ihren durchaus ernst zu nehmenden Einfluss besonders in der jüngsten Vergangenheit verstärkt nutzen, um u.a. auch die betrieblichen Arbeitsbedingungen zu verbessern. Es bleibt jedoch abzuwarten, wie sich die *neue Aktivität* RENGO's und das weitere Verhalten ZENROREN's in der Praxis auf die Arbeitsbedingungen in den Betrieben auswirkt. Voraussetzung für eine effektive Verbesserung der betrieblichen Situation ist, dass sich die Betriebsgewerkschaften an die Aufrufe, Vorgaben und Empfehlungen der Dachverbände halten und selbst tätig werden. Auf Grund ihrer elementaren Schwäche ist hiermit jedoch nicht zu rechnen. Insbesondere fehlt das für das Verhältnis zwischen deutschen Betriebsräten und einer dahinter stehenden Gewerkschaft so typische *Unterstützen* und *Auffangen* für Fälle der Diskriminierung und Unterminierung von Betriebsräten seitens der Arbeitgeber. Das Manko an rechtlicher, aber auch betriebspraktischer Sicherheit ist allein durch die jüngsten Intensivierungen der Bemühungen japanischer Dachverbände, daher auch bei aller Motivation nicht auszugleichen.

---

[282] Wahsner, in: Japans Arbeitsbeziehungen und Arbeitsrecht in Geschichte und Gegenwart, S. 13 (Vorwort). Vgl. auch ausführlich: Wahsner, Japans Gewerkschaften, politisch zersplittert, konservativ und unternehmensnah?, in: Recht und soziale Arbeitswelt, Festschrift für Wolfgang Däubler, a.a.O., S. 586ff sowie Tonai, Arbeitsbeziehungen und Gewerkschaften in Japan – Historische Entwicklung und aktuelle Situation, in: Japans Arbeitsbeziehungen und Arbeitsrecht in Geschichte und Gegenwart, a.a.O., S. 17ff.

4. Auswertung

Die Untersuchung der Gesetzeslage in Japan ergab, dass weder durch die Gesetze selbst noch durch die tarifliche Öffnung der gesetzlichen Arbeitszeitgrenzen derart exzessive Arbeitszeiten statthaft sind, dass Karôshi ermöglicht wird. Die Analyse hat jedoch auch gezeigt, dass in Japan ein ausgeprägter Widerspruch zwischen den gesetzlichen Regelungen einerseits und der praktischen Umsetzung andererseits besteht. Dies hängt zum Teil mit dem traditionellen Rechtsverständnis der Japaner zusammen, wonach das Arbeitsrecht nicht - wie in Deutschland - dem Schutz und der Verwirklichung subjektiver Rechte dient. Das in Gesetzen ausgestaltete Recht stellt in diesem Zusammenhang allenfalls einen Rahmen dar. Die für die Praxis relevante Rechtswirklichkeit ist demgegenüber geprägt von einem auf persönliche und emotional-fundierte Bindungen ausgerichteten Beziehungsgeflecht, das in den Arbeitsverhältnissen in besonderer Weise zum Ausdruck kommt. Die Untersuchung der arbeitsrechtlichen Gesetzgebung hat gezeigt, dass viele der in Deutschland für den Arbeitsschutz wichtigen Bereiche in Japan nur fragmentarisch, nämlich entweder nur in allgemeiner Form oder gar nicht geregelt sind. Sowohl die gesetzlichen Vorgaben als auch die Regelungen in den Tarifverträgen tragen daher zum Arbeits- und Gesundheitsschutz, wie dargelegt, nicht ausreichend bei. Eine Konkretisierung der Arbeitsbedingungen erfolgt zumeist in den Arbeitsordnungen, die durch ungleiche Machtverhältnisse zustande kommen. Insgesamt lässt sich feststellen, dass hier unverkennbar eine deutliche Übergewichtung der Arbeitgeberinteressen vorherrscht.

Im Hinblick auf die Frage nach der Relevanz der Karôshi-Problematik nach japanischer Definition und Herleitung auch für außerjapanische Rechts- und Kulturkreise, kann somit festgestellt werden, dass in der modernen Arbeitsgesellschaft der Industrieländer die Ursachen für den *plötzlichen Arbeitstod* primär in den konkreten Arbeitsbedingungen selbst begründet liegen und weniger in unzureichenden gesetzlichen Grundlagen. Funktional von ganz erheblicher Bedeutung, so hat sich am Beispiel Japans gezeigt, sind hier die Organe der Arbeitnehmervertretung, die, sei es betriebsspezifisch oder auf überbetrieblicher Ebene, traditionell maßgeblich an der Gestaltung der Arbeitsbedingungen beteiligt sind.

Für einen europäischen oder auch nationalen Blick auf die Thematik ist es daher erforderlich, die Rechte und Einflussmöglichkeiten der Gewerkschaften hinsichtlich der Karôshi-spezifischen Arbeitsbedingungen zu untersuchen. Die rein rechtlichen Möglichkeiten sind dabei, wie hier am Beispiel Japans verdeutlicht, wiederum der betrieblichen Realität gegenüberzustellen, um zu einer Einschätzung der Effektivität tradierter Mechanismen zu gelangen. Eine solche Reflexion der Karôshi-spezifischen Problemschwerpunkte auf das deutsche System der Arbeitnehmervertretung war Gegenstand der im Jahre 2000 erschienenen Studie, *Karôshi, ein japanisches Phänomen?*.[283] Die in dieser Studie zu diesem Themenkomplex erarbeitete Sach- und Rechtsmaterie hat dabei bedenkliche Parallelen hinsichtlich der rechtlichen Mächtigkeit der Arbeitnehmervertretungsorgane Deutschlands und Japans in Karôshi-spezifischen Problembereichen aufdecken können. Trotz einer grundsätzlich anders gearteten Struktur der deutschen Arbeitnehmervertretung, ihrer ausgeprägteren rechtlichen Stellung gegenüber dem Arbeitgeber und einer damit zusammenhängenden, viel stärkeren Wahrnehmungskompetenz zum Schutze der Arbeitnehmerrechte, so hat sich gezeigt, würde auch ein deutscher Betriebsrat den betriebspraktischen Ursachen für Karôshi in weiten Teilen machtlos gegenüberstehen.

Zwar konnte in der Studie dargelegt werden, dass ein deutscher Betriebsrat in den Karôshi bedingenden Kernbereichen zum Teil Mitbestimmungsrechte, zumindest jedoch Informationsrechte hat. Die *service overtime* könnte ebenso wie die Ausdehnung von Nachtarbeit oder die Beschränkung von Ruhezeiten auf Grund der Ungesetzlichkeit dieser Praktiken vom Betriebsrat, unter Ausnutzung seines Auskunftsanspruchs, durch Information und Unterstützung von Behörden relativ wirksam bekämpft werden.[284] Auch würde bezüglich unscharfer Formulierungen in Vorschriften und Gesetzen der deutsche Betriebsrat seine Verhandlungsmacht zu Gunsten der Arbeitnehmer nutzen. Jedoch sind seine rechtlichen Befugnisse hinsichtlich der Einführung und Durchführung von Maßnahmen des *JPM* zum größten Teil allein auf Informations- und Beratungsrechte beschränkt. In der Praxis steht hier die *freie Unternehmerentscheidung* im Vordergrund. Es wäre für einen deutschen Betriebsrat daher schwer, einen Arbeitgeber vom Entschluss abzubringen, die Methoden des *Lean Production* im Betrieb einzuführen. Bei der Einführung eines *subjektiven Bewertungssystems*, wie es in Japan existiert,[285] hätte der Betriebsrat zudem nur dann ein Mitbestimmungsrecht, wenn es an ein *Entlohnungssystem* gekoppelt wäre. Sofern dies nicht der Fall ist, hat er lediglich Anspruch darauf, dass der Arbeitgeber sich mit seinen Argumenten *ernsthaft auseinander setzt*. Zu einem Widerspruch zu gesicherten *arbeitswissenschaftlichen Erkenntnissen*, wie ihn die §§ 90, 91 BetrVG voraussetzen, wird es, insbesondere betreffend Arbeitszeiten und Stressfaktoren nur dann kommen, wenn es sich beispielsweise um zu enge Vorgaben bezüglich produktionsbedingter Einzelarbeitsschritte handelt. Sofern es jedoch um

---

283 Tieste, a.a.O., S. 71ff.

284 Tieste, a.a.O., S. 71ff.

285 Tieste, a.a.O., S. 59ff.

verdeckte Leistungsbewertungen geht, kann der Betriebsrat lediglich durch eine *Beratung* der Arbeitnehmer gegen Ungerechtigkeiten vorgehen. So stehen dem Arbeitnehmer, wenn die Schwelle des *Mobbing* oder der *Diskriminierung* erreicht ist, rechtliche Möglichkeiten zur Verfügung, bezüglich derer der Betriebsrat die Arbeitnehmer *beraten* und *unterstützen* kann. Es kommt hierbei jedoch in erster Linie auf die Eigeninitiative der Arbeitnehmer an. Besonders problematisch stellen sich die Rechte des Betriebsrates dar, wenn es sich um einen *quasi-freiwilligen* Verzicht der Arbeitnehmer auf die ihnen zustehenden Rechte handelt, wie es zum Beispiel bezüglich der Wahrnehmung und Aufsplitterung des Jahresurlaubs oder der generellen Akzeptanz der regelhaften Überstunden in Japan der Fall ist. Auch hier hat der Betriebsrat in der Regel Informations- und Beratungsrechte, welche sich wiederum nur aus der allgemeinen Vorschrift des § 80 (1) Nr. 1 BetrVG i.V. mit dem *Stückelungsverbot* ergeben.

Im Ergebnis konnte damit in der Studie *Karôshi, ein japanisches Phänomen?* festgestellt werden, dass trotz vielfältiger Ausgestaltung der Rechte des Betriebsrates bezüglich der hier untersuchten spezifischen Arbeitsbedingungen, dieser dem arbeitgeberseitigen betrieblichen Direktionsrecht zu Lasten von Arbeitnehmern oft machtlos gegenübersteht.[286] Dies gilt insbesondere bei Vorliegen einer *quasi-Freiwilligkeit* auf Arbeitnehmerseite. Hier würde ein deutscher Betriebsrat nicht nur rechtlich relativ einflusslos bleiben, sondern als Vertretungsorgan auch tatsächlich in einen Interessenkonflikt geraten. Seine Informations- und Beratungsrechte könnten sich daher in der Praxis als stumpfes Schwert erweisen, sollte ein Arbeitgeber das Konzept des *Lean Production* japanischer Ausprägung in seinem Betrieb verwirklichen wollen.

Die primäre Bedrohung liegt also in der quasi-Freiwilligkeit, infolge derer der einzelne Arbeitnehmer - aus welchen Gründen auch immer - selbst zu seiner eigenen Arbeitsintensivierung und Mehrarbeit beiträgt.[287] Die Mechanismen, die in Japan hierzu führen, wurden bereits erläutert. In einem weiteren Schritt ist deshalb zu untersuchen, welche Entwicklungen und Tendenzen sich diesbezüglich in der Bundesrepublik zeigen.[288]

---

[286] Tieste, a.a.O., S. 71ff.

[287] Vgl. hierzu ausführlich unten: *Kapitel 3 1.1. Neue Mechanismen.*

[288] Diese Frage war bereits hinsichtlich der rechtlichen Stellung der deutschen Arbeitnehmervertretungsorgane in Karôshi-spezifischen Kernbereichen Gegenstand der Studie: *Karôshi, ein japanisches Phänomen*?. Die in dieser Materie prospektiv und warnend ausgelegte Studie wurde unmittelbar nach ihrem Erscheinen im Frühjahr 2000 von einer thematisch einschlägigen Kampagne der IG-Metall in ihren Erwartungen bestätigt.

Belegschaft in einem Veränderungsprozess, der auch als *creative destruction* bezeichnet werden kann.

Dem Management stehen dabei zudem zahlreiche *bewährte* Mechanismen zur Verfügung, um diesen Druck noch zu erhöhen: Durch die sukzessive Erhöhung der Zielvorgaben, Umstrukturierungen und Einsparungen an Personal in regelmäßigen Schritten, die immer knappere Bemessung von Ressourcen und durch die Drohung mit *Desinvestment* für Projekte oder ganze Abteilungen im Falle von Misserfolgen, wird ein geradezu „teuflischer Mechanismus" für die Beschäftigten ausgelöst, der ein „buchstäbliches *Arbeiten ohne Ende*"[306] zur Folge hat.

Der bedeutendste Unterschied dieser neuen Strukturen liegt darin, dass die Beschäftigten die neuen Mechanismen „*wie aus eigenem Willen* exekutieren"[307] und so die graduelle Verschärfung der eigenen Arbeitsbedingungen selbst übernommen haben. Ein entscheidender Faktor ist dabei, dass es auch bei der die *neue Freiheit* institutionalisierenden Vertrauensarbeitszeit keineswegs egal ist, wie lange jemand arbeitet. Der Anschein, dass durch flottes Arbeiten eine Arbeitszeitverkürzung bei vollem Lohnausgleich erreicht werden kann, da ja die Zielvorgaben erreicht werden, trügt. Auch bei der Vertrauensarbeitszeit gilt die Ableistung der *vereinbarten* Arbeitszeit immer noch als arbeitsvertragliche Pflicht, denn im Arbeitsvertrag steht, im Unterschied zum Werkvertrag eben nicht die Aufgabenerfüllung, sondern die Bereitstellung der Arbeitskraft in dem vereinbarten zeitlichen Umfang im Vordergrund. Wer also schneller arbeitet, schafft in erster Linie lediglich Freiraum dafür, *mehr* in der vereinbarten Zeit zu schaffen, um damit seiner vertraglichen Pflicht, dem Unternehmen zu dienen, nachzukommen.[308] Der gefährliche *Mischcharakter* der Vertrauensarbeitszeit wird deutlich.

Die im System gefangenen Arbeitnehmer sehen dabei zumeist keine Chance, der sich rapide steigernden psychosozialen Belastung auszuweichen, zumal auch hinsichtlich der Arbeitsintensität und der Festlegung der Leistungsziele die Arbeitnehmer immer häufiger selbst entscheiden. Durch die „freiwillige" arbeitsvertragliche Koppelung der Verdienstgrenzen an das Erreichen von bestimmten Leistungszielen durch den Arbeitnehmer, steht der Arbeitgeber für eine Diskussion über zu hoch gesteckte Zielvorgaben und Arbeitsanforderungen

---

306 Pickshaus, Der Arbeit wieder ein Maß geben, a.a.O., S. 7.

307 Peters, Woher weiß ich, was ich will?, a.a.O., S. 6f.

308 Vgl. auch Hamm, Arbeiten im Zeitgeist: Die Vertrauensarbeitszeit hält Einzug in die Unternehmen, AiB, 3/2000, S. 152, 153.

hiernach nicht mehr zur Verfügung. Der Markt bestimmt das Handeln der Arbeitnehmer, nicht mehr der Arbeitgeber.

Durch die Implementierung des Arbeitnehmerwillens in die Arbeitsorganisation verschwimmen in der Vorstellung der Arbeitnehmer zudem zusehends die Grenzen zwischen Freizeit und Arbeitszeit, was zu einer drastischen Ausweitung der Arbeitszeit zu Lasten der Freizeit führt. Die fast philosophische Frage, worin die Qualität der *Lebenszeit* für den Einzelnen liegt, erlangt durch die neuen Mechanismen immer mehr Bedeutung, ohne dass dies jedoch von den Arbeitnehmern erkannt wird. Nicht ohne Grund führt die *IG-Metall* ihre Kampagnen in dieser Thematik daher unter den Slogans „Ich besinne mich", „Meine Zeit ist mein Leben", und „Mit Haut und Haaren - der Zugriff auf das ganze Individuum". [309]

Auch den Gewerkschaften und den Betriebsräten, denen letztlich die Aufgabe zukommt, zum Schutze der Arbeitnehmer dieser Entwicklung entgegenzusteuern, bietet die Arbeitgeberseite nur noch wenig Angriffsfläche. Bestrebungen zur Durchsetzung traditioneller Ziele zur Arbeitszeitverkürzung und der Verbesserung der Arbeitsbedingungen begegnen die Arbeitgeber zunehmend mit dem Argument, die Arbeitnehmer würden schließlich ihr Arbeitstempo und ihre Arbeitsintensität selbst bestimmen, was im Kern auch nicht von der Hand zu weisen ist.[310] Die gewerkschaftliche Betriebspolitik sieht sich daher zusehends dem Dilemma ausgesetzt, dass die Durchsetzung von vielen, dem Gesundheitsschutz der Arbeitnehmer dienenden Arbeitsschutzvorschriften, von den Beschäftigten selbst als störend empfunden und abgelehnt wird.[311] Häufig wird sogar durch übereilte Manöver oder aber auf Grund mangelnder Alternativen, den Arbeitgebern durch die Interessenvertretungen noch in die Tasche gespielt, wie das jüngste Beispiel einer *DGB* Initiative veranschaulicht: So waren sich im Januar 2001 *DGB* und *BDA* einig, dass „ein

309 Im Rahmen der Diskussion um die Reform der Betriebsverfassung wird von einigen Autoren eine neue Form der Zivilcourage am Arbeitsplatz gefordert, da es letztlich mit einer veränderten Gesetzeslage nicht getan sei. Deiseroth, Zivilcourage am Arbeitsplatz, Frankfurter Rundschau, 31.8.2000, S. 9.

310 Vgl. zur Position der Gewerkschaften auch: *Kapitel 2, 2.2.3. Mehrarbeit und Arbeitsverdichtung als Teil der Arbeitsorganisation und primäre Ursache psychosozialer Belastung am Arbeitsplatz.* Die hier beschriebenen Prozesse sind, aus der Perspektive der Arbeitnehmer, sicherlich der gravierendste Ausdruck der Veränderungen in der Arbeitswelt. Die IG-Metall hat in ihrer jüngst angestoßenen Zukunftsdebatte erkannt, dass es nötig ist, eine „neue Balance zwischen Gegenmacht und Management zu finden", um auf „neue Organisationsstrukturen zu reagieren". Lang/Legrand, Wie die IG Metall vom Image des ewig Gestrigen wegkommen will, a.a.O., S. 9.

311 Pickshaus, Arbeiten ohne Ende und ohne Maß, a.a.O., S. 14, 16.

Tayloristischen Managementkonzepten.[325] *Post* deshalb, weil die Ausdehnung von faktischen Arbeitszeiten bei gleichzeitiger Leistungsintensivierung auch schon Elemente tayloristischer Unternehmenspolitik darstellten. Die Fortentwicklung liegt in der indirekten Steuerung und damit in der Selbstexekution dieser Prinzipien durch die Arbeitnehmer. Gefordert wird der „Zugriff auf das ganze Individuum" und „obsession and passion for the business".[326] Dass diese Rechnung aufgeht, ist hier bereits deutlich geworden.

Von wem nun werden diese neuen Strukturen gelehrt? Der wohl zz. bekannteste Propagandist neuen Personalmanagements ist die *Arbeitszeitberatung Hoff / Weidinger / Herrmann,*[327] die mit großem Erfolg seit 1980 bereits 700 Betriebe unterschiedlicher Größenordnung beraten hat. *Hoff und Weidinger* stehen auf dem Standpunkt, dass die heutigen Arbeitszeitregelungen,[328]

- auf der falschen Annahme beruhen, (über)lange Anwesenheitszeiten ließen Rückschlüsse auf den persönlichen Ergebnisbeitrag zu - und fördern damit Zeit- an Stelle von Ergebnisorientierung, *exzessiven Arbeitszeitverbrauch* und Überstunden,
- die Anforderungen der Kunden unzureichend berücksichtigen - und damit ihr wichtigstes Nutzen- wie Motivationspotenzial verschenken,
- mehr Wert auf die An- als auf die Abwesenheit der Mitarbeiter/Innen legen und so Überbesetzung, Ineffizienz und „Vollzeit"-Denken fördern,
- als Kontrollinstrumente ausgelegt sind - und damit zu Regelungskomplexität und gegenseitigem Misstrauen beitragen.

Sie preisen *flexible Arbeitszeiten* als *strategischen Erfolgsfaktor* und werben damit, dass durch deren geschickte Gestaltung,

- die Mitarbeiter/Innen und Führungskräfte bei der kundenorientierten Leistungserbringung optimal unterstützt werden können,
- eine "leerzeitenfreie" Anpassung an immer ausgeprägtere und weniger vorhersehbare Nachfrageschwankungen ermöglicht wird,

---

325 Pickshaus, Der Arbeit wieder ein Maß geben, a.a.O., S. 3.

326 Lou Gerstner (IBM), zitiert nach Pickshaus, a.a.O., S. 5.; vgl. auch: Schmidt, Mit Haut und Haaren - der Zugriff auf das ganze Individuum, a.a.O., S. 37.

327 Es handelt sich dabei um das erste (seit 1983) und führende deutsche Beratungsunternehmen für alle Fragen der betrieblichen Arbeitszeitgestaltung mit Erfahrungen aus ca. 700 Beratungsprojekten in Betrieben unterschiedlicher Branchenzugehörigkeit und Größe (so die Eigenwerbung). Weidinger/Hoff, Flexible Arbeitszeitgestaltung - Praxis-Handbuch zur Einführung innovativer Arbeitszeitmodelle, Wiesbaden 1996.

328 Vgl.: Hoff/Weidinger/Herrmann, Arbeitszeitberatung, wir über uns, http://www.Arbeitszeitberatung.de/.

- ein sparsamer und daher ergebnisorientierter Umgang mit der verfügbaren Arbeitszeit gefördert wird,
- die Option Langzeit- und Lebensarbeitszeitkonto geboten wird,
- die Vereinfachung der Arbeitsabläufe als fortlaufender Prozess unterstützt wird,
- dieser Prozess einfach, unaufwändig und vertrauensbasiert sein muss, weil nur so eine weitest mögliche, eigenverantwortliche Arbeitszeiten-Steuerung durch die MitarbeiterInnen im Team möglich ist, und
- durch Arbeitszeiten-Steuerung andere Veränderungsprozesse (in Richtung Teambildung, Zielvereinbarung und Entgeltflexibilisierung) angestoßen werden, wofür es oft keinen besseren "Katalysator" als die Flexibilisierung der Arbeitszeit gibt.

Hoff und Weidinger bemängeln, dass in komplexen Arbeitsstrukturen allein die Anwesenheitszeit, nicht aber die Arbeitszeit minutengenau gemessen werden kann[329] und dass so die „Unterscheidung zwischen Arbeitszeit und Privatzeit“ schwer fallen würde: „beispielsweise beim Plausch mit KollegInnen, beim Essen mit dem guten Kunden oder der Lektüre von Fachzeitschriften.“[330] Die Messung der Arbeitszeit und auch der Anwesenheitszeit solle unterlassen werden, denn „selbst wer den ganzen Tag am Arbeitsplatz verbracht und dabei auch unentwegt gearbeitet hat, kann dennoch das Falsche getan haben.“ „Berufliches Engagement und Tüchtigkeit sind so nicht messbar.“[331] Sie sprechen von „*Arbeitszeitverbrauch*“ im Gegensatz zum „*Plan-Arbeitszeit-konto*“.[332] Bei Letzterem handelt es sich um eine Konstruktion, in der nicht mehr Arbeitszeit nachträglich gemessen wird, sondern im Voraus bestimmt wird. Die Wirkung, die solche Vereinbarungen auf die Motivation des einzelnen Arbeitnehmers im Rahmen der erwähnten *benchmarking-Prozesse*[333] zum Erhalt und der Sicherung des Arbeitsplatzes haben, sind ebenso fatal, wie die gesundheitlichen Folgen, und lassen die Slogans und Programmsätze von *Hoff und Weidinger* als *bittere Ironie* erscheinen.

Das Unternehmenskonzept von *Hoff und Weidinger* sieht eine Begleitung betrieblicher Arbeitzeitprojekte „von der Zielfindung über die Moderation der Projektgruppe vor und vermarktet *die unterschriftsreife Betriebsvereinbarung*

---

329 Hoff, Der mündige Arbeitnehmer braucht keine Zeiterfassung, Motivation 5/99, S. 51f.
330 Hoff/Weidinger, Erfolgsfaktoren der Vertrauensarbeitszeit, a.a.O., S. 380ff
331 Hoff/Weidinger, Vom Gleitzeitkonto zur Lebensarbeitszeit, in: Marr, Arbeitszeit-management, 1999.
332 Ebenda.
333 Siehe oben unter 1.1. Neue Mechanismen.

bis hin zur praktischen Umsetzung".[334] Damit und durch umfangreiches weiteres Consulting bieten Sie ein Programm zur Umsetzung der neuen Managementmethoden, das durch gezielte *Manipulation* auch die durch das Betriebsverfassungsgesetz gesicherte betriebliche Mitbestimmung auszuschalten vermag. Denn, wenn es der Arbeitgeberseite gelingt, den Willen der Arbeitnehmer bereits in einem frühen Stadium von der scheinbaren ***neuen Freiheit*** zu überzeugen, dann können auch Betriebsräte und Gewerkschaften als deren Vertreter kaum noch gegensteuern.[335] In Anbetracht dieser schwierigen Situation liegt die einzige Erfolg versprechende Möglichkeit der Interessenvertretungen darin, die *Arbeitnehmer* auf die Belastungen hinzuweisen, die von den neuen Management-Prinzipien ausgehen und mit Slogans wie „Meine Zeit ist mein Leben" diese zur Selbstreflexion zu bewegen.

Die Bedeutung dieser *Programmatik* wird besonders offensichtlich und in ihrer eigentlichen Wirkung enttarnt, betrachtet man die Ursachen, auf die Karôshi in Japan zurückgeführt werden kann. So wurde im Rahmen dieser Arbeit verdeutlicht, dass es in Japan nicht an den gesetzlichen Rahmenbedingungen liegt, dass Karôshi mit geschätzten 30.000 Todesopfern pro Jahr[336] zu einem erheblichen gesellschaftlichen Phänomen wurde.[337] Auch die sprichwörtliche japanische Arbeitsmentalität ist, wie hier bereits anklang, nur zu einem Teil dafür verantwortlich, denn diese wird durch die japanischen Arbeitgeber lediglich planvoll instrumentalisiert, um eben jenen Effekt zu erzielen, der hier beschrieben wurde: Die Steigerung der Arbeitseffizienz.[338]

1.4. Zusammenfassung

Es liegt damit auf der Hand, dass sich in Deutschland hinsichtlich der Arbeitsbedingungen in Zukunft gravierende Veränderungen ergeben werden und in vielen Branchen und Bereichen bereits ergeben haben. Erschreckend ist dabei, dass sich die betrieblichen Gegebenheiten hinsichtlich der Karôshi-spezifischen Ursachen in Deutschland und Japan weitgehend entsprechen. In beiden Ländern kommt es im Kern zum quasi selbstständigen Unterlaufen von Schutz-

[334] Vgl.: Hoff/Weidinger/Herrmann, Arbeitszeitberatung, wir über uns, a.a.O.

[335] Siehe hierzu ausführlich: Trittin/Nickel, Arbeiten ohne Ende?, Verlängerung der faktischen Arbeitszeit, indirekte Steuerung der Arbeitnehmer und gewerkschaftliche Betriebspolitik, in: Gewerkschaftliche Betriebspolitik, IG-Metall 1999, S. 18ff.

[336] Kawahito, a.a.O., S. 12, Bowman, Stress in the Workplace, http://ttg-consult.com/guest essay.html.

[337] Zum Vergleich der gesetzlichen Rahmenbedingungen beider Länder, Tieste, Karôshi, ein japanisches Phänomen?, a.a.O., S. 37ff.

[338] Tieste, Karôshi, ein japanisches Phänomen?, a.a.O., S. 37ff.

vorschriften durch die Arbeitnehmer. Steht der Arbeitnehmervertretung in Japan auch eine weitaus geringere Vertretungs- und Verhandlungsmacht zur Verfügung, so wird dieser, in Deutschland zunächst auf Grund struktureller Unterschiede weniger erhebliche Umstand, mehr als aufgewogen durch die relative Hilflosigkeit von Gewerkschaften und Betriebsräten gegenüber spezifischen Veränderungen, die ihre Rolle als *Interessenvertretung* grundsätzlich und zunehmend in Frage stellt. Dieser Fakt wirkt umso schwerer, als hinter diesen Prozessen eine zielbewusste Programmatik verortet werden kann, die darauf ausgelegt ist, die Rechtsstellung und den Einfluss von Gewerkschaften und Betriebsräten systematisch zu unterminieren.

Damit stellt sich die Frage, inwieweit sich diese Prozesse in Deutschland hinsichtlich einer Ausweitung der Arbeitszeit, einer der für das Karôshi-Phänomen entscheidend verantwortlichen Faktoren, bereits heute auswirken.

2. Arbeitszeit

Bezüglich des Umfangs der reinen Arbeitszeit liegt dem Arbeitsschutz in Deutschland der Gedanke zugrunde, dass eine tägliche Arbeitszeit von 8 Stunden, für den durchschnittlichen menschlichen Organismus eine in arbeitsmedizinischer Hinsicht verträgliche Zeitspanne darstellt.[339/340] Entsprechend beschränkt in § 3, das nach § 1 (1) dem Gesundheitsschutz der Arbeitnehmer gewidmete Arbeitszeitgesetz[341] die tägliche Arbeitszeit auf 8 Stunden.

Dass hiervon jedoch zahlreiche Ausnahmen zulässig sind, die auch über den in § 3 ArbZG genannten Rahmen von 10 Stunden hinausgehen, ist bekannt.[342]

---

339 Vgl.: Rutenfranz, in: Rutenfranz/Laurig: Arbeitszeitprobleme und ergonomische Beanspruchungsermittlung, 1978, S. 15.

340 Bereits Alfred der Große von Wessex (gestorben 900) teilte - lange vor Erfindung des Uhrwerks - den Tag in 3 Teile: 8 Stunden für Arbeit, 8 Stunden für Ruhe und 8 Stunden für Gebet. Dieser letzte Teil sollte später der Zerstreuung, Studien guter Werke usw. dienen. Aus: Märkle/Petri, Probleme um Arbeitszeitkonten, AuR 2000, S. 443, 444, m.w.N.

341 Arbeitszeitgesetz (ArbZG) vom 6. Juni 1994 (BGBl. I S. 1170), zuletzt geändert durch Artikel 14a des Gesetzes vom 9. Juni 1998 (BGBl. I S. 1242).

342 Vgl. hierzu detailliert im Rahmen einer Gegenüberstellung der Rechtslage und der betrieblichen Wirklichkeit in Japan und Deutschland: Tieste, Karôshi, ein japanisches Phänomen?, a.a.O., S. 23ff, 113. Vgl. auch Kezuka, Stand und Entwicklung der Arbeitszeit in Japan, in: WSI Mitteilungen 1998, S. 646; vgl. auch hinsichtlich der Methoden einer Arbeitszeitverkürzung und -flexibilisierung durch gesetzliche Maßnahmen, ders., Beschäftigungssystem und Arbeitsrecht im Zeitalter der Globalisierung – zum Veränderungsprozeß in Japan, in: Recht und soziale Arbeitswelt, Festschrift für Wolfgang Däubler, Frankfurt am Main 1999, S. 730.

Auch unter Berücksichtigung dieser Ausnahmetatbestände entspricht jedoch die tatsächliche Arbeitszeit rein rechnerisch nicht der betrieblichen Wirklichkeit und die gesetzlichen und tariflichen Regelungen müssen, das belegte auch schon die Studie: *Karôshi, ein japanisches Phänomen?*[343], mit der betrieblichen Realität verglichen werden.[344]

2.1. Umfang der Arbeitszeit

Nach neuesten Zahlen des *Instituts für Arbeitsmarkt und Berufsforschung* leisteten die bundesdeutschen Arbeitnehmer im Jahr 2000 (bezogen auf die Gesamtwirtschaft) 1,91 Milliarden Überstunden und damit 110 Millionen Stunden mehr als im Vorjahr.[345] Die Bundesanstalt schätzt, dass jeder Beschäftigte 63,2 bezahlte Überstunden geleistet hat (3,4 Stunden mehr als im Vorjahr). Die Differenz zwischen tariflicher und realer Arbeitszeit ist damit beträchtlich.[346] Nach einer bundesweiten, im Auftrag des nordrhein-

---

[343] Tieste, Karôshi, ein japanisches Phänomen?, a.a.O., S. 23ff, 39,ff, 113.

[344] Trittin, Gilt das Arbeitszeitgesetz noch?, Vortrag auf dem Workshop der Angestelltenkammer Bremen am 12.12.2000 (in Kooperation mit der IG-Metall und der Arbeiterkammer Bremen), AiB, 11/1999, S. 625ff. Auch schon Tieste, Karôshi, ein japanisches Phänomen?, a.a.O., S. 43.

[345] Poeche, Arbeitszeiten: Sind zwei Milliarden Überstunden zu wenig?, IG Metall, Gesundheit - Arbeit und Ökologie online, http://www.igmetall.de/gesundheit/arbeit_ oekologie/17_02. html, 23.8.2000.

[346] Um diesen *Missständen* entgegenzutreten, gibt es verschiedene Ansätze. So schlägt Däubler bspw. vor, in Anlehnung an die amerikanische Praxis der *affirmative action* durch Bundesrecht vorzugeben, in welchem Umfang das Arbeitszeitvolumen innerhalb eines bestimmten Zeitraums *umzuverteilen* ist. Die staatliche Vorgabe könne hiernach darin bestehen, dass bspw. in allen Unternehmen die durchschnittliche individuelle Arbeitszeit in einem Zeitraum von 5 Jahren um 10 % gesenkt werden müsste. Als Umverteilungsmethoden kämen dabei zum Teil bekannte, zum Teil auch neue Methoden in Betracht. Zu denken wäre bspw. an die verschiedenen Formen von Teilzeit, Regelungen zur Arbeitsintensität und die partielle Ersetzung der Arbeitszeit durch „Lernzeit" und, maßgeblich, der Abbau von Überstunden. Vgl. ausführlich: Däubler, Abbau der Arbeitslosigkeit durch Umverteilung des Arbeitsvolumens - Beiträge des Arbeitsrechts? AuR 1/2000, S. 7ff, 10. Ein anderer Vorschlag sieht vor, dass das Zeitguthaben, wie es in einigen betrieblichen Arbeitszeitsystemen besteht, begrenzt wird. So könne eine Betriebsvereinbarung vorsehen, dass, wenn dieses Zeitguthaben in etwa den Umfang einer Woche annimmt, sofort eine verbindliche Regelung darüber zu treffen ist, wann der Ausgleich durch Freistellung von der Arbeit erfolgt. Vgl.: Hamm, Arbeiten im Zeitgeist: Die Vertrauensarbeitszeit hält Einzug in die Unternehmen, AiB, 3/2000, S. 152, 160. Vgl. auch Kezuka, State of Flexible Working Hours Control in Germany, The Monthly Journal of the Japan Institute of Labour, 35(3) 1993, Zu den rechtlichen Problemen der Teilzeitarbeit in Japan, auch hinsichtlich des Arbeitsumfangs, vgl.: ders., Legal Problems Concerning Part-time Work in Japan, in: Japan Labor Law Bulletin, vol. 39-No.9 01.09. 2000.

westfälischen Arbeitsministeriums durchgeführten repräsentativen Studie des Kölner *ISO-Instituts*, stieg der Anteil der Beschäftigten, die regelmäßig Überstunden leisten von 35 % im Jahre 1989 auf 56 % im Jahre 1999,[347] wobei nur noch für 15 % der 32 Millionen abhängig Beschäftigten in Deutschland feste Arbeitszeiten gelten.[348] Verständlich werden vor diesem Hintergrund Thesen wie „zunehmende Entgrenzung der Arbeit" oder „Krise der Normalarbeitszeit".[349] „Welcome to the age of overwork" titelte bereits im November 1992 das amerikanische *Fortune Magazine*.[350] Eine Aussage, die durchaus auch für deutsche Verhältnisse treffend ist.

Der Überstunden nicht genug. Darüber hinaus ist die Arbeitszeit als solche durch das Hinzutreten einer in Japan vorherrschenden *Normalität* weiter zu relativieren. Es ist die Rede von dem bereits erwähnten Phänomen der service overtime (*service zangyo* oder *sabisu zangyo*), also Arbeitszeit, die weder registriert noch bezahlt wird und auch in Deutschland nicht mehr unbekannt ist.[351] An dieser Stelle ist rechtsterminologisch zwischen den Begriffen *Überstunden* und *Mehrarbeit* zu differenzieren.[352] Wird an einem Tag oder in einer Woche mehr gearbeitet als der Arbeitsvertrag vorsieht, so spricht man von Überarbeit bzw. von Überstunden. Von Mehrarbeit spricht man dagegen dann, wenn die Arbeitszeit über die in den gesetzlichen Arbeitszeitregelungen festgelegte Zeit andauert. Der Begriff Mehrarbeit beschreibt damit die Arbeitszeit, die über die gesetzlich erlaubte Arbeitszeit von 8 bzw. 10 Stunden hinausgeht.

---

347 IG Metall, Arbeitszeiten: Sind zwei Milliarden Überstunden zu wenig?, a.a.O.

348 Vgl. auch Peters, Die glücklichen Malocher, Frankfurter Rundschau, 3.3.2001, S. 3.

349 Döhl, u.a., Krise der Normal-Arbeit(s)Politik, Entgrenzung der Arbeit - Neue Anforderungen an Arbeitspolitik, WSI Mitteilungen 1/2000, S. 5; vgl. ausführlich zur Hartnäckigkeit des Phänomens *Mehrarbeit*, Stück, Im Wandel der Zeit - Arbeitszeiten und Arbeitszeitwünsche von Angestellten, Hamburg 1999.

350 Geißler vertritt die Hypothese, dass wir heute „vor einem ähnlichen Epochenwandel des Zeitbewusstseins und des Zeithandelns stehen, wie vor etwa 500 Jahren, als die Naturzeit durch die Uhrzeit abgelöst wurde." Geißler, Am Ende des Zeitvorsprungs, Gewerkschaftliche Monatshefte 4/2000, S. 193, 194. Die Bezüge dieser Veränderungen auch auf die Arbeitswelt erläutert nachfolgend Mückenberger, der den *Zeitwohlstand* zum Ziel gewerkschaftlicher Arbeit erheben will. Mückenberger, Zeitwohlstand in neuen Zeiten, Gewerkschaftliche Monatshefte 4/2000, S. 201ff, S. 206f.

351 Klassische Regelarbeitszeit wird immer mehr zur Ausnahme, Handelsblatt v. 9.11.99, S. 4; IG Metall, Arbeitszeiten: Sind zwei Milliarden Überstunden zu wenig?, Gesundheit - Arbeit und Ökologie online, http://www.igmetall.de/gesundheit/arbeit_oekologie/17_02.html, 23.8.2000.

352 Glaubitz, Kommentar zum Betriebsverfassungsgesetz, a.a.O., § 87, Rn. 190.

Diese Zeiträume sind zum einen das Ergebnis von Arbeitsverträgen, die keine feste geregelte Arbeitszeit vorsehen und in denen die Grenze zwischen bezahlter und unbezahlter Arbeitszeit typischerweise fließend verläuft. Zum anderen aber ist Mehrarbeit vermehrt in Arbeitsverhältnissen anzutreffen, denen eigentlich eine feste wöchentliche Arbeitszeit zugrunde liegt. Das Besondere an dem Phänomen der Mehrarbeit ist, dass sie sich nicht bestimmten Berufsgruppen oder Branchen zuordnen lässt.[353] So ist der Ansicht, dass es beispielsweise bei Bandarbeitern nicht zu solchen Erscheinungen kommt, entgegenzuhalten, dass gerade auf diesen Arbeitsplätzen durch die gruppen- und teamorientierte Arbeitsorganisation, und insbesondere durch die *freie* Disposition über Urlaubs- und Schichtpläne gruppendynamische Prozesse ablaufen, die Mehrarbeit begünstigen. Mehrarbeit ist damit ein Flächenphänomen.

Nach einer Untersuchung der IG-Metall liegt der Anteil der Arbeitsverträge, in denen bei Fach- und Führungskräften keine feste Arbeitszeit mehr vereinbart ist, bereits bei 19 %, Tendenz steigend. Der Vergleich der faktischen Arbeitszeit in solchen Verträgen ergibt mit 47 Stunden im Jahre 1984 und 54 Stunden 1996 eine Zunahme von 7 Stunden, und stellt im Vergleich zu der 1996 üblichen durchschnittlichen tariflichen Wochenarbeitszeit von 47 Stunden eine deutliche Mehrleistung dar. *(Abb. 17, S. 123)*

[Abb. 17]: Arbeitszeit von Fach- und Führungskräften ohne feste Vereinbarung

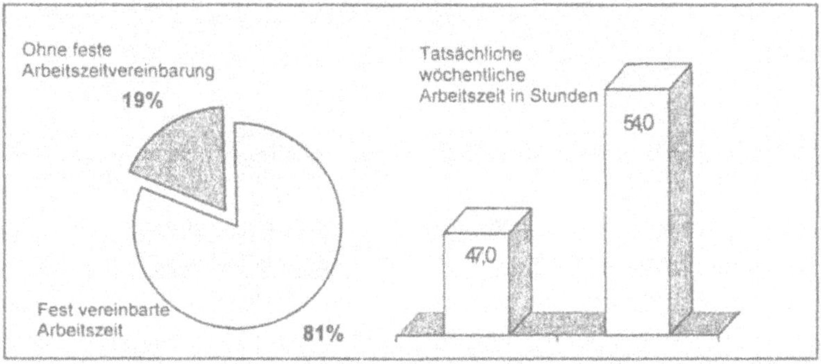

Quelle: IG Metall 2000 Anm.: Westdeutschland 1996

Bezüglich der in Deutschland üblichen Mehrarbeit in Arbeitsverhältnissen mit fester vertraglicher Arbeitszeit, stellt sich das Verhältnis - glaubt man dem statistischen Material - weniger drastisch dar. Nach Angaben *des Statistischen*

353 Vgl. auch in: Peters, Die glücklichen Malocher, Frankfurter Rundschau, 3.3.2001, S. 3.

Bundesamtes betrug die durchschnittliche Anzahl der *Mehrarbeitsstunden* 1997 1,25 Arbeitsstunden pro Woche. Eine detailliertere Untersuchung ergab für Westdeutschland zwischen 1991 und 1997 Schwankungen zwischen 1,5 und 1,9 Wochenstunden Mehrarbeit.[354] Der DGB-Arbeitszeitexperte *Reinhard Dombre* schätzt jedoch, dass diese *grauen Überstunden* beträchtlich höher sind und mit weiteren 1,8 Milliarden Stunden die reale Arbeitszeitbelastung verdoppeln.[355]

Vergleicht man die Art des für Überstunden gewährten Ausgleichs in den Jahren 1984 und 1997, so wird deutlich, dass immer weniger Überstunden auch tatsächlich ausgeglichen werden. Wurden 1984 noch 39 % aller Überstunden bezahlt, so waren es 1997 nur noch 20 %. Zugenommen hat zudem der Anteil der Überstunden, die in Freizeit oder zum Teil in Freizeit ausgeglichen werden. *(Abb. 18, S. 124)*

[Abb. 18]: Ausgleich für Überstunden 1984 und 1997

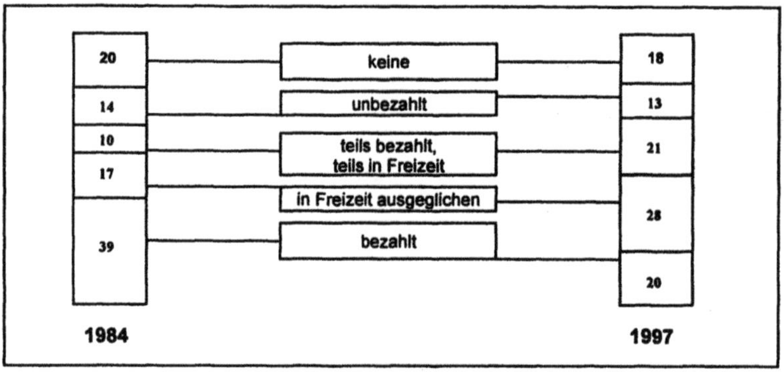

Anm.: Vollzeitbeschäftigte westdeutsche Männer, Anteil in Prozent Quelle: IG-Metall 2000

Der Ausgleich von Überstunden in Freizeit birgt jedoch die Gefahr, dass auf Grund hoher Arbeitsbelastung es den Angestellten schlicht nicht möglich erscheint, Überstunden abzufeiern und sie diese dann, analog japanischer Praxis, quasi freiwillig verfallen lassen. Im Ergebnis kommt es damit letztlich zu der für den Arbeitgeber günstigen *freiwilligen Mehrarbeit*.

---

[354] Vgl. die statistische Auswertung oben, Abb. 6, Mehrarbeitsstunden in der deutschen Industrie, S. 39.

[355] IG Metall, Arbeitszeiten: Sind zwei Milliarden Überstunden zu wenig?, Gesundheit - Arbeit und Ökologie online, http://www.igmetall.de/gesundheit/ arbeit_oekologie/ 17_02.html, 23.8.2000.

Auch die leichte Abnahme der Zahl der Arbeitsverhältnisse, in denen unbezahlte Überstunden geleistet wurden, von 14 % im Jahre 1984 auf immerhin noch 13 % im Jahre 1997, täuscht daher letztlich nicht über den Gesamteindruck hinweg, dass Mehrarbeit zu Lasten der Arbeitnehmer zunimmt. Betrachtet man die Wochenendarbeit in den Jahren 1981 und 1998, lässt sich eine Zunahme für beide Wochenendtage, nämlich von etwa 5 % für Samstage und 2 % für Sonn- und Feiertage, verzeichnen. *(Abb. 19, S. 125)* Damit arbeiteten 1998 weit mehr als ein Drittel aller Arbeitnehmer an Samstagen und erstaunliche 19,5 % an Sonn- und Feiertagen. Eine weitere Durchbrechung der programmatischen 8-Stunden-Zeitabschnitte erfolgt durch die Pendelzeiten, die zwar besonders in Japan,[356] aber zunehmend auch in Deutschland einen teils erheblichen Umfang angenommen haben. So werden in Deutschland Wegezeiten mit durchschnittlich zwei Stunden pro Tag veranschlagt,[357] was in erster Linie dadurch bedingt ist, dass in den Ballungsgebieten die Wohnungen für ein durchschnittliches Einkommen zu teuer sind und Arbeitnehmer daher von einer Stadtrandlage zur Arbeit pendeln müssen.[358]

[Abb. 19]: Wochenendarbeit 1991 und 1998

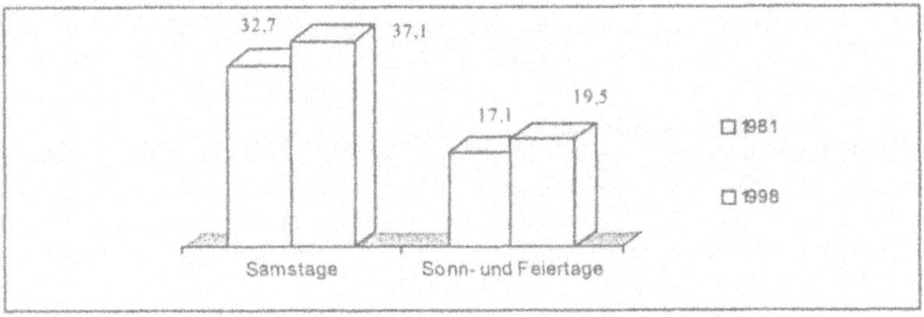

Anm.: Beschäftigte in Prozent Quelle: IG-Metall 2000

356 Tieste, Karôshi, ein japanisches Phänomen?, a.a.O., S. 78ff.

357 Däubler, Das Arbeitsrecht 2, a.a.O., S. 163. Zu den psychischen Belastungen durch Berufspendeln als „Indirekte Wirkung der Arbeitswelt", vgl. ausführlich: Oppolzer, Ökologie der Arbeit - Mensch und Arbeitsumwelt: Belastungen und Gestaltungserfordernisse, 1993, S. 163ff.

358 Zum Thema Stress durch Wegezeiten in Deutschland, vgl.: Befragung Marburger Arbeitsmediziner von 400 Fernpendlern, in: Ärzte Zeitung, 16.6.1999, (Das Grundproblem ist der Zeitmangel. Die Betroffenen haben weniger Freizeit, was häufig Probleme mit dem sozialen Umfeld nach sich zieht).

2.2. Lage der Arbeitszeit

Dass die Lage der Arbeitszeit aus verschiedenen Gründen eine erhebliche Bedeutung für den menschlichen Organismus hat, ist sowohl nach allgemeiner Auffassung zutreffend, als auch in arbeitsmedizinischer Hinsicht bekannt.[359] Zudem ist zu bedenken, dass die Lage der Arbeitszeit nicht nur eine Frage des menschlichen Biorhythmus ist,[360] sondern auch soziale Elemente beinhaltet. So fordert die Eingliederung in ein Schichtsystem und Nachtarbeit von den Beschäftigten durch die erschwerte Synchronisation der persönlichen und familiären Interessen mit den beruflichen Ansprüchen ein komplexes und belastendes Zeitmanagement. Ähnlich verhält es sich mit der Arbeit an Sonntagen, denn wenn jeder zu einem anderen Zeitpunkt frei hat, leiden die sozialen Kontakte.[361] In schweren Fällen können diese Prozesse zur sozialen Isolation führen[362] und somit den psychischen Einfluss dieser Arbeitsbedingungen durch die Reduktion des *sozialen Rückhalts*[363] und die Einschränkung von *Bewältigungsstrategien*[364] noch potenzieren.[365]

---

359 Rutenfranz, a.a.O., S. 23ff, Medical Week 06.2000 (dpa), Studie: Überstunden und Schichtarbeit machen krank, http/www.webfactory.apa.at/scripts/apa/apamed/FMWE/20000 0726DBI153.txt. Vgl. hierzu auch: Oppolzer, Ökologie der Arbeit - Mensch und Arbeitsumwelt: Belastungen und Gestaltungserfordernisse, a.a.O., S. 145ff.

360 Oppolzer, Ökologie der Arbeit - Mensch und Arbeitsumwelt: Belastungen und Gestaltungserfordernisse, a.a.O., S. 148.

361 Speziell zur Diskussion um den arbeitsfreien Sonntag: Schönbauer, Gemeinsamer Erholungsrhythmus, Frankfurter Rundschau, 15.9.2000, S. 7, mit einer Buchvorstellung von: Rinderspacher, Ohne Sonntage gibt es nur noch Werktage. Die soziale und kulturelle Bedeutung des Wochenendes, Bonn 2000.

362 Vgl. hierzu ausführlich: Halbwachs, a.a.O., S. 10, 23.

363 So wird heute angenommen, dass mangelnder sozialer Rückhalt durch Vorgesetzte oder die Familie, die Stresswirkung von belastenden, insbesondere von chronischen Einwirkungen verstärkt. Vgl.: BAuA (Hrsg.), Streß am Arbeitsplatz und Herz-Kreislauf-Krankheiten, a.a.O., S. 113; Tieste i.V.

364 Bewältigungsstrategien, siehe nächste Fn. Vgl. hierzu auch: Scheuch, Stellung arbeitspsychologischer Erkenntnisse in der Arbeitsmedizin - Ergebnisse der interdisziplinären Zusammenarbeit, in: Richter (Hrsg.), Psychische Belastung und Beanspruchung unter dem Aspekt des Arbeits- und Gesundheitsschutzes, 1996, S. 71, 75f.

365 Die ersten wissenschaftlichen Untersuchungen der Auswirkungen von chronischen schweren Stresszuständen auf den Körper gehen auf *Cannon* und *Selye* zurück, die in den 70er Jahren die Stressreaktion des Körpers als allgemeines Adaptionssyndrom beschrieben. Ihre Forschungen ergaben, dass ein Organismus auf fast jeden ernstzunehmenden Stressor durch ein typisches Muster adaptiver physiologischer Mechanismen reagiert. Durch so genannte *transaktionale Stressmodelle* ist es möglich, diese „komplexen und dynamischen Interaktionsprozesse zwischen Person und der Umwelt" zu bewerten. Nach der wohl bekanntesten *kognitiv-transaktionalen Stresstheorie* (von *Lazarus* und Mitarbeitern) wird Stress als ein wechselseitiger Anpassungsprozess zwischen Individuum und Umwelt verstanden, bei dem es maßgeblich nicht allein auf die Stärke der äußeren Belastung, sondern

Im Jahre 1999 waren in Deutschland 30 % der Arbeitnehmer in Nacht- oder Schichtarbeit beschäftigt (davon 18 % regelmäßig und 12 % unregelmäßig)[366] und es ist davon auszugehen, dass dieser Anteil auf Grund wirtschaftlicher Prozesse weiter ansteigen wird. Besonders der schärfere Wettbewerb im Dienstleistungssektor, ausgelöst durch die globale Verlagerung der Arbeitsmärkte, fordert auf Grund der verstärkten Kundenorientierung zunehmend flexiblere Arbeitszeiten.[367]

Besonders gravierend stellt sich das Problem der Lage der Arbeitszeit bei den so genannten *Freelancern* und den Telearbeitern dar. Nach Untersuchungen betreiben in Deutschland 1.560.000 Erwerbstätige regelmäßig und 570.000 gelegentlich Telearbeit. Sowohl der Umfang als auch die Lage der Arbeitszeit, so hat eine Studie der *BAuA* ergeben, ist bei dieser Form der Beschäftigung angesichts des Nebeneinanders von Familie und Beruf, der oft relativ freien Zeiteinteilung und des damit einhergehenden eigenverantwortlichen Zeitmanagements ein erheblicher Belastungsfaktor.[368] Hinzu kommt, dass in den meisten Fällen von Telearbeit eine Abnahme[369] der Kontrolle des Arbeitsplatzes

---

auf die individuelle (kognitive und mentale) Verarbeitung der belastenden Situation, und damit auf die Bedeutungsinhalte ankommt, die der Betroffene der jeweiligen Situation zumisst. In diesem Zusammenhang spielen die *Coping-Möglichkeiten* und Form und Stärke des *sozialen Rückhalts* eine entscheidende Rolle. Die genannten Modelle und Theorien sind u.a. Gegenstand einer umfassenden Ursache-Wirkungsanalyse des Verfassers, mit deren Hilfe die medizinisch-pathologischen Hintergründe Karôshi-spezifischer Erkrankungen daraufhin untersucht werden, inwieweit nach den Erkenntnissen der modernen Wissenschaft, das Arbeitsleben zur Akkumulation dieser Krankheiten beizutragen vermag. Ziel dieser Untersuchung ist es, arbeitsbedingten Stress im Falle von Erkrankungen auch in einen *haftungsrechtlichen Kontext* mit dem Arbeitsleben zu stellen. Für einen Überblick über die Thematik aus medizinischer Sicht vgl., BAuA (Hrsg.), Streß am Arbeitsplatz und Herz-Kreislauf- Krankheiten, a.a.O.; Tieste i.V.

366 Zahlen von 1993 bei: Oppolzer, Ökologie der Arbeit - Mensch und Arbeitsumwelt: Belastungen und Gestaltungserfordernisse, a.a.O., S. 145f.

367 Vgl. ausführlich: Haider u.a., Arbeitsmedizinische Aspekte bei unregelmäßigen Arbeitszeiten, in: Industrieller Wandel - Arbeitsmedizin vor neuen Fragestellungen, S. 61ff sowie Jakobsen, Wer will rund um die Uhr einkaufen?, Frankfurter Rundschau, 12.9.2000, S. 9.

368 IG Metall, Gesundheitsschutz: Freiberufliche Teleworker stehen unter großem Druck, Gesundheit - Arbeit und Ökologie online, http://www.igmetall.de/gesundheit/arbeit_oekologie/12_teleworker.html, 12.6.2000.

369 Eine Abnahme der häuslichen Arbeitsstätte durch den Arbeitgeber bzw. Dienstherrn und die Arbeitnehmervertretung vor der Aufnahme der Telearbeit stellt sicher, dass die ergonomischen, sicherheitstechnischen und datenschutzrechtlichen Vorschriften eingehalten werden.

unter Arbeitsschutzaspekten durch den Arbeitgeber und die betriebsärztliche und gewerkschaftliche Betreuung nahezu gar nicht erfolgt.[370]

2.3. Ruhepausen

Die „innerhalb einer Schicht, zwischen zwei Tätigkeitszeiten liegende Arbeitsunterbrechung" ist nicht nur, wie beispielsweise zur Nahrungsaufnahme unbedingt notwendig, sondern auch zum Erhalt der Leistungsfähigkeit durch die Gelegenheit zur Erholung, die Verhinderung von Ermüdung (Beseitigung von Ermüdungserscheinungen) und die Steigerung der Leistung - folglich für das gesundheitliche Wohl des Arbeitnehmers von erheblicher Bedeutung.[371] Das deutsche Arbeitszeitgesetz schreibt in § 4 vor, dass bei einer Arbeitszeit von 6 bis 9 Stunden, die Arbeit durch Ruhepausen von mindestens 30 Minuten und bei einer mehr als 9-stündigen Arbeitszeit durch Ruhepausen von mindestens 45 Minuten zu unterbrechen ist. Die Pausen können in Abschnitte von jeweils 15 Minuten geteilt werden. Länger als 6 Stunden dürfen Arbeitnehmer nicht ohne Unterbrechung beschäftigt werden. Hinsichtlich dieser gesetzlichen Rahmenbedingungen ist zu bemängeln, dass die Arbeitszeitpolitik nicht zwischen arbeitsintensiven, besonders belastenden und weniger belastenden Tätigkeiten unterscheidet und daher hinsichtlich der Pausen, die Arbeits*intensität* nahezu unberücksichtigt bleibt.[372] Auch hier ist zu vermuten, dass sich entweder auf Arbeitgeberseite die Ansicht, Pausen seien *unproduktive Unterbrechungen des Arbeitsprozesses*, beständig hält oder aber, dass zwar betriebliche Pausenzeiten vorgeschrieben sind, diese jedoch von den Arbeitnehmern auf Grund inner-

---

370 So stehen dem Betriebsrat bei der Einführung von Telearbeit Mitbestimmungsrechte und Kontrollrechte zur Überwachung von Arbeitsschutzvorschriften zu, die ein Zutrittsrecht zum Arbeitsplatz erfordern. Diese verschiedenen, gesetzlich verbrieften Kontrollpflichten stehen allerdings rechtlich in einem Spannungsverhältnis zu Artikel 13 des Grundgesetzes (Unverletzlichkeit der Wohnung). Auch gegenüber Arbeitnehmervertretern kann der Telearbeiter sich auf die Rechte des Besitzschutzes (§§ 854 ff BGB) berufen, mit denen er eine Kontrolle des Arbeitsplatzes in seiner Wohnung unter Berufung auf das Hausrecht verhindern kann. Inwieweit sich für den Betriebsrat bereits ein gesetzliches Zugangsrecht aus dem Betriebsverfassungsgesetz (§§ 2 Abs. 1, 80 Abs. 1 Nr. 1, 89 Abs. 1 BetrVG) ableiten lässt, ist umstritten. Nach herrschender Meinung folgt das Recht zum Zugang direkt aus der Qualifikation des Telearbeitsplatzes als „betrieblicher Arbeitsplatz". Vgl. auch: IG Metall, Gesundheitsschutz: Freiberufliche Teleworker stehen unter großem Druck, a.a.O.

371 Rutenfranz, a.a.O., S. 39ff.

372 Zu fordern wäre hier daher eine Unterschreitung des quantitativen Niveaus bei besonders anstrengenden Arbeiten. Dies könnte in Anlehnung an die im Bereich der Schichtarbeit, zum Ausgleich für die ungünstige Lage der Arbeitszeit, bereits zum Teil praktizierten erweiterten Pausenregelungen erfolgen. Vgl. hierzu ausführlich: Däubler, Abbau der Arbeitslosigkeit durch Umverteilung des Arbeitsvolumens - Beiträge des Arbeitsrechts?, a.a.O., S. 7, 8.

betrieblicher Zwänge nicht eingehalten oder nicht so verbracht werden können, wie dies im Rahmen des Gesundheitsschutzes erforderlich wäre.[373]

2.4. Zusammenfassung

Deutlich geworden ist damit, dass der in Deutschland gesetzlich festgelegte 8-Stunden-Tag heute zunehmend eine Durchbrechung erfährt. Nicht allein eine Zunahme der bezahlten Überstunden ist zu verzeichnen, auch die in Deutschland in der Vergangenheit weitgehend unbekannte, unbezahlte, unregistrierte Arbeitszeit wird zusehends zum Problem. Hinzu tritt ein Wandel in der Form des Ausgleichs für geleistete Überstunden. So werden Überstunden heute immer seltener in Geld und immer häufiger in Freizeit ausgeglichen.[374] Dies bewirkt jedoch im Zusammenwirken mit dem Phänomen, dass der Einzelne immer unverzichtbarer wird, dass die angesparte Freizeit häufig nicht mehr in Anspruch genommen wird, weil dies schlicht unmöglich erscheint. Zudem kommt es durch die geänderte Arbeitsorganisation zu einer für die Arbeitnehmer effektiv ungünstigen Veränderung in der Lage der Arbeitszeit und der Lage und Verteilung der Ruhetage. Da es sich hierbei um Trends handelt, die eine weitere Verschlechterung der Arbeitsbedingungen auch für die Zukunft erwarten lassen, drängt sich die Frage auf, ob und wenn ja in welchem Ausmaß sich bereits heute Auswirkungen auf die gesundheitliche Belastung von Arbeitnehmern ergeben. Dieser Frage ist - insbesondere hinsichtlich der für Karôshi-Krankheiten in erster Linie maßgeblichen *psychischen Belastung* - nachzugehen.

3. Arbeitsbedingte Erkrankungen, psychische Belastung

Zu Beginn der International *Conference on Occupational Health* am 7. Juni 1999 in Helsinki, riefen die zwei weltgrößten Gesundheits-Organisationen, *ILO* und *WHO*, unter den Schlagworten: „Ethically Correct, Economically Sound" zu umgehenden Maßnahmen zur Verbesserung des Gesundheitsschutzes für weltweit geschätzte 2.500 Millionen Arbeitnehmer auf. Andernfalls, so die Organisationen, drohen den Regierungen ernste und kostenträchtige Kon-

---

373 Vgl. hierzu ausführlich oben: *Kapitel 3, 1.1. Neue Mechanismen.*

374 Was für die Unternehmen finanziell selbst dann von unmittelbarem Vorteil ist, wenn die Freizeit tatsächlich in Anspruch genommen wird, da Freizeit allein ein Äquivalent zum Normalarbeitslohn ist, Überstunden hingegen, auf Grund des gesetzlichen Aufschlags, nicht.

sequenzen.[375] So werden sich nach Berechnungen von *WHO* und *ILO* die finanziellen Belastungen, die den Gesundheitssystemen durch *arbeitsbedingte Erkrankungen* entstehen, in der ersten Hälfte des 21sten Jahrhunderts erheblich verstärken. Unter *arbeitsbedingten Erkrankungen* sind dabei ganz allgemein alle *berufsassoziierten Krankheiten* zu verstehen, die sich durch psychosomatische Wirkmechanismen auszeichnen und als solche durch Arbeitsbedingungen mitbeeinflusst, teilverursacht oder verschlimmert werden.

WHO und *ILO* nennen gleich mehrere Faktoren, die für einen weltweiten Anstieg solcher Erkrankungen ursächlich sind. Insbesondere der Transfer von Produktionsstandorten in die Entwicklungsländer trägt, als Folge von Globalisierungsprozessen, erheblich zur Verschlechterung des Gesundheitsschutzes der dortigen Arbeitnehmer bei. Diese Länder, in denen 75 % der Welt-Arbeitsbevölkerung leben, haben in den meisten Fällen weder die technische noch die soziale Infrastruktur, um ihre arbeitende und nicht arbeitende Bevölkerung gegen physische, chemische, biologische, psychosoziale oder ergonomische Gefährdungen[376] zu schützen. Bereits heute sind auf Grund der dortigen, in der Regel wesentlich schlechteren Gesundheitsstandards, erhebliche kostenverursachende Prozesse zu verzeichnen. Zum anderen erhöht jedoch die graduelle Perfektionierung und Ausweitung statistischer Erhebungen über arbeitsbedingte Erkrankungen und Verletzungen den Druck auf die Sozialsysteme, da die Erkenntnisdichte über kausale Wirkungszusammenhänge immer mehr zunimmt.[377]

Neben einer Vielzahl von ergonomisch unangemessenen, der menschlichen Leistungs- und Anpassungsfähigkeit widersprechenden Belastungen am Arbeitsplatz, wie beispielsweise die mittlerweile nahezu unüberschaubare Zahl der mit den Arbeitsprozessen in Verbindung stehenden allergischen Substanzen und unverträglichen mineralischen oder pflanzlichen Stäube, der Kontakt mit krebsauslösenden Stoffen und der Gesundheit abträglichen chemischen Einflüssen, werden vor allem für die hoch industrialisierten Länder und Regionen Europas die *sozialen Komponenten*, insbesondere der *arbeitsbedingte*

[375] WHO Press Release 8.6.1999, The Burden Of Occupational Illnesses, UN Agencies Sound Alarm, http://www.who.int/inf-pr-1999/en/pr99-31.html.

[376] Unter Gefährdung wird dabei im Arbeitsschutz die Quelle eines möglichen arbeitsbedingten Unfalls oder einer arbeitsbedingten Gesundheitsbeeinträchtigung verstanden. Gefährdungen erfassen damit allgemein die Möglichkeit eines Einwirkens von schädlichen Energien und Stoffen auf den Menschen als auch Belastungen, die negative Beanspruchungsfolgen hervorrufen können. Vgl. auch Richter, Psychische Belastungen am Arbeitsplatz, a.a.O., S. 50.

[377] Erhöhung der Beweisbarkeit kausaler Zusammenhänge durch detailliertere Erhebung bereits kategorisierter Gesundheitsstörungen.

Stress, im Bericht der *WHO*, deutlich hervorgehoben. Ungleichheit und Unfairness an den Arbeitsplätzen, der Ausschluss der Mitbestimmungsrechte der Arbeitnehmer durch *management based decision making*, mangelnde Kommunikation am Arbeitsplatz und eine in gesundheitlicher Hinsicht häufig unzureichende Arbeitsorganisation, führen zu gespannten Verhältnissen auf beiden Seiten des Arbeitsverhältnisses. So beklagen sich heute mehr als 50 % der Arbeitnehmer in den industrialisierten Ländern über Stress am Arbeitsplatz. In den Vereinigten Staaten sind die Gesundheitsausgaben für Menschen, die über hohen Arbeitsstress berichten, nach neuesten statistischen Auswertungen um bis zu 50 % höher als bei den nicht mit Arbeitsstress belasteten.[378]

WHO und *ILO* sehen in ihrem Bericht die Entwicklung dieser psychosozialen Faktoren zu Ungunsten der Arbeitnehmer bemerkenswerterweise in einem engen Zusammenhang mit den in den letzten Jahren steigenden Zahlen kardiovaskulärer Erkrankungen, mit Bluthochdruck und geistigen Befindlichkeitsstörungen, zu denen im letzteren Fall insbesondere auch die, nach Studien der *WHO* an vierter Stelle der Weltrangliste der häufigsten Krankheiten stehende Gruppe der depressiven Erkrankungen gehört.[379] Verwiesen wird auf den heute zunehmend gefestigten wissenschaftlichen Erkenntnisstand bezüglich des medizinisch-äthiologischen Zusammenhangs zwischen arbeitsbedingtem Stress und Überstunden auf der einen Seite und Schlafstörungen, Depressionen und bestimmten chronischen Gesundheitsstörungen wie beispielsweise kardiovaskulären Erkrankungen, Bluthochdruck, Muskelskeletterkrankungen und psychischen Störungen auf der anderen Seite.[380] Diese Erkrankungen jedoch, so ist hier deutlich geworden, konstituieren in medizinischer Hinsicht den japanischen Begriff Karôshi.

Nach statistischen Untersuchungen von *ILO* und *WHO* sterben jährlich weltweit ca. 1.1 Millionen Arbeitnehmer auf Grund von arbeitsbedingten Erkrankungen und Unfällen. Eingeschlossen sind geschätzte 300.000 Fälle, resultierend aus 250 Millionen Unfällen am Arbeitsplatz, deren Folge dauerhafte Erwerbsunfähigkeit ist. Jährlich kommen weltweit geschätzte 160 Millionen *neue* Fälle von *arbeitsbedingten Erkrankungen* hinzu. Es handelt sich in den meisten

---

378 Johansson, Work Organization in an ageing Europe, European Agency for Safety and Health, http://agency.osha.eu.int/publications/magazine/2/mag10.html

379 WHO Fact Sheet, Occupational Health, Ethically Correct, Economically Sound, http://www.who.int/inf-fs/en/fact084.html, Juni 1999.

380 Vgl hierzu ausführlich: BAuA (Hrsg.), Streß am Arbeitsplatz und Herz- Kreislauf-Krankheiten a.a.O. Es handelt sich um den Abschlussbericht für das Projekt: "Bewertung der Beziehungen zwischen psychischer Belastung am Arbeitsplatz und Herzinfarkt" (Projektnummer 03.010) der Bundesanstalt für Arbeitsschutz und Arbeitsmedizin.

Fällen um Atemwegserkrankungen, kardiovaskuläre Erkrankungen, Krebs, Hörschäden, Muskelskelettkrankheiten, Fortpflanzungskrankheiten, Geistes- und Nervenkrankheiten. *(Abb. 20, S. 132)*

Auch in der Bundesrepublik Deutschland nehmen die Gesundheitsstörungen, die den psychischen Belastungen der Beschäftigten zuzuordnen sind, heute ein erkennbar bedrohliches Ausmaß an. Dies zeigten bereits Anfang der 80er Jahre mehrere große, nach den Kriterien der *WHO*[381] durchgeführte Feldstudien.

[Abb. 20]: Geschätzte globale arbeitsbedingte Sterblichkeit

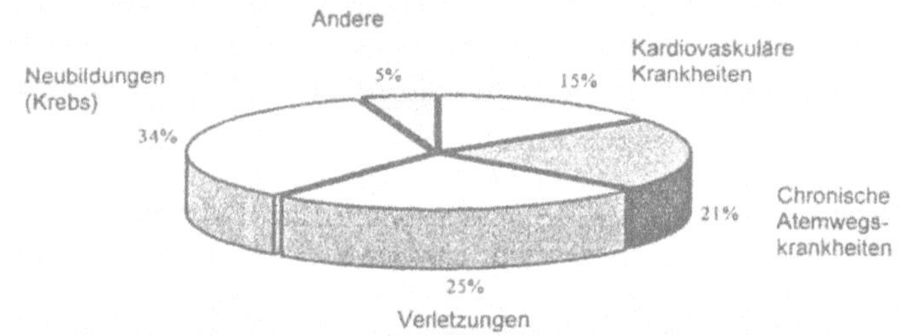

Anm.: „Andere" umfasst *Pneumoconioseses* (Lungenentzündung), Erkrankungen des Nervensystems und Nierenstörungen
Quelle: ILO, 1999

Im Schwerpunkt wurden Psychoneurosen, Persönlichkeitsstörungen (Charakterneurosen), Alkoholismus, Medikamentenabhängigkeit und psychosomatische organische Funktionsstörungen (psychosomatische Befindlichkeits- und Verhaltensstörungen) nach ihrer Häufigkeit und Schwere statistisch erfasst. *(Abb. 21, S. 133)* [382]

So gaben in der viel beachteten *Mannheimer Studie*[383] mehr als ein Drittel aller Befragten bezüglich ihrer persönlichen Befindlichkeit an, als Folge arbeitsbedingter Einflüsse Symptome allgemeiner innerer Unruhe sowie Sucht-

---

381 Nachweise bei Johansson, a.a.O.

382 Es wurden insgesamt 600 Arbeitnehmer aus verschiedenen Altersgruppen nach dem Zufallsprinzip ausgewählt. Vgl.: Rüschenschmidt/Reidt/Rentel, Ergonomie im Arbeitsschutz, S. 66f.

383 Rüschenschmidt/Reidt/Rentel, Ergonomie im Arbeitsschutz, S. 66f.

verhalten und depressive Verstimmungen festzustellen.[384] Ermüdung und Erschöpfung, Ängste sowie Kopfschmerzen und Migräne wurden von 25 % der Befragten ebenfalls in einem arbeitsbedingten Zusammenhang gesehen.

[Abb. 21]: Ergebnisse der Mannheimer Studie

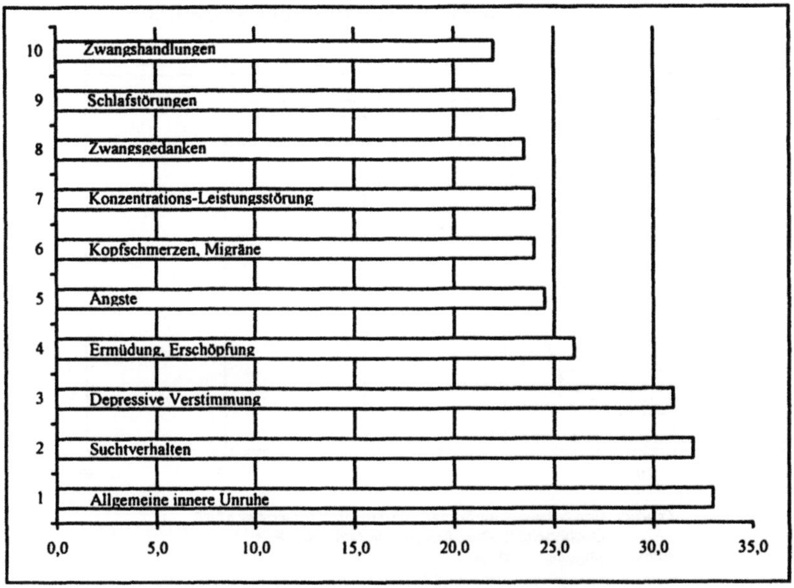

Quelle: Rüschenschmidt, Reidt, Rentel: Ergonomie im Arbeitsschutz, S. 70
Anm. Die X-Achse bezeichnet den Rang bezüglich aller möglichen Antworten und die Y-Achse die Häufigkeit, mit der die jeweilige Belastung angegeben wurde.

Was die Ursächlichkeit ermittelter Befindlichkeitsstörungen angeht, konnte in der *Mannheimer Studie* festgestellt werden, dass bei 97 % der Befragten[385] in den letzten sieben Tagen vor dem Interview, Symptome arbeitsbedingter psychogener Beeinträchtigung unterschiedlicher Schwere zu beobachten waren.

Bei einer im November 1997 durchgeführten FORSA-Repräsentativbefragung bezüglich der Ursachen psychosozialer Belastung stand bei 50 % der Befragten Zeitdruck an erster Stelle. 39 % klagten über allgemein „zu viel Arbeit" und 29 % über die Doppelbelastung durch Beruf und Haushalt. Bei ca. 21 % der

---

[384] Siehe hierzu auch: Tieste, Arbeitssucht als Berufskrankheit – casum sentit dominus? in: Massenphänomen Arbeitssucht. Historische Hintergründe und aktuelle Bedeutung einer neuen Volkskrankheit, S. 161ff, Bremen 2002.

[385] Es wurden insgesamt 600 Arbeitnehmer aus verschiedenen Altersgruppen nach dem Zufallsprinzip ausgewählt.

Befragten standen schwierige Arbeitsaufgaben und Probleme mit dem Vorgesetzten im Vordergrund der Belastung und immerhin ca. 15 % beklagten sich über neue Methoden und Techniken, Probleme mit den KollegInnen und Schichtarbeit.[386] *(Abb. 22, S. 134)*

[Abb. 22]: Ursachen psychosozialer Belastung in Deutschland

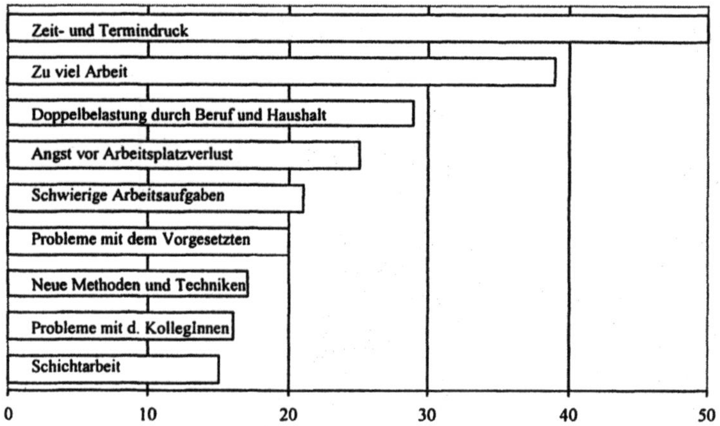

Quelle: Ergebnisse einer Forsa-Untersuchung November 1997, Gesünder@rbeiten, Ausgabe 9, Mai 2000, S. 1
Anm.: Angaben in ca. %

4. Reflexion

Damit hat sich im Ergebnis nicht nur in empirischer und statistischer Hinsicht die Hypothese Uehatas bezüglich der Kernaussagen seines Karôshi-Modells für die Bundesrepublik bestätigt, sondern es ist auch deutlich geworden, dass die Arbeitsbedingungen in Deutschland sich hinsichtlich Karôshi-spezifischer Ursachen in Zukunft deutlich verschärfen werden, was auf übergreifende Veränderungen der Arbeitsorganisation zurückzuführen ist. Auf europäischer Ebene werden die gesundheitlichen Folgen dieser Veränderungen im Belastungsprofil von Arbeitnehmern bereits erkannt. Allein es fehlt an Strategien, wie diesen Prozessen Einhalt zu gebieten ist. Denn dass etwas unternommen werden muss, steht angesichts explosionsartig anwachsender Kosten im Gesundheitswesen, wie sie heute zunehmend beklagt werden, außer

386 Beermann u.a., Projektgruppe der Bundesanstalt für Arbeitsschutz und Arbeitsmedizin, Gesundheitsschutz 20, Stress im Betrieb? Handlungshilfen für die Praxis, S. 16; vgl. auch: IG Metall (Hrsg.), Gesünder@rbeiten, Ausgabe 9, Mai 2000, S. 1.

Frage. Die bisher vorliegenden Konzepte sind jedoch primär dem Präventionsgedanken unterworfen,[387] was jedoch nur ein erster Schritt sein kann, da allein durch Prävention weder gesundheitsfeindliche Trends vermindert, noch herrschende Strukturen aufgebrochen werden.

Ein Anstoß zur Verringerung psychomentaler Be- und Überlastung an deutschen Arbeitsplätzen ist jedoch dann denkbar, wenn die jüngste Entwicklung der Karôshi-Rechtsprechung Japans, in deutscher Rechtsprechung und Literatur zumindest in ähnlicher Form Beachtung finden würde. So wurden in Japan durch die in rechtlicher Hinsicht immer eindeutiger ausgestaltete *Kompensationsfähigkeit* von Karôshi-Krankheiten auf Unternehmerseite auch *neue Verantwortlichkeiten* geschaffen. Ähnliches wäre durch eine Ausweitung der Anerkennungspraxis im Komplex arbeitsbedingter Erkrankungen grundsätzlich auch in Deutschland denkbar, wobei zu vermuten ist, dass eine, durch nationales bzw. europäisches Recht zwingenden Grundsätzen unterworfene *Akzeptanz* von spezifischen, aus bestimmten Arbeits- und Managementformen resultierenden Erkrankungen dazu führen würde, dass den Propagandisten der *Entgrenzung der Arbeit* wirksam Grenzen aufgezeigt werden, die nicht ohne drohende, empfindliche Kosten überschritten werden können. Gelänge es nämlich, die Kausalität zwischen psychischer Überlastung und managementbedingten, der Gesundheit per se abträglichen Arbeitsbedingungen zu beweisen, so wäre der Grundstein gelegt für eine Verschiebung des Zuordnungsgehalts von Gesundheitsschäden von der Krankenversicherung auf die Unfallversicherung. Dies hätte effektiv zur Folge, dass die dem Phänomen Karôshi zugrunde liegenden Ursache-Wirkungsprozesse auch in rechtlicher Hinsicht dem Arbeitsleben zugeordnet werden können. Im weiteren Gedankenzug würde dies wiederum zwingend bedeuten, dass die Verantwortungssphäre von der Arbeitnehmer- zur Arbeitgeberseite wechseln würde, wonach grundsätzlich auch eine zivilrechtliche Verantwortlichkeit des Arbeitgebers in Betracht käme.

Im Rahmen der dieser Arbeit zugrunde liegenden Thematik, stellt sich daher in rechtlicher Hinsicht die Frage, wie das Rechtssystem auf die letztendlich gravierendste Folge einer solchen Arbeits*überlastung* reagiert: den Tod durch Überarbeitung. Auch hier ist zunächst der Blick auf Japan zu richten, das heute auf 20 Jahre Karôshi-Problematik zurückblickt und wo sich in juristischer Hinsicht durch Veränderungen in Gesetzgebung und Rechtsprechung, gerade in jüngster Zeit ein grundlegender Wandel in der rechtlichen Bewertung dieses Phänomens vollzogen hat.

---

[387] Vgl. ausführlich: Oppolzer, Psychische Belastungen in der Arbeitswelt als Herausforderung für den Arbeits- und Gesundheitsschutz, a.a.O., S. 30.

Kapitel 4: Die Geltendmachung kompensationsrechtlicher Ansprüche in Fällen von Karôshi in Japan[388]

1. Unfallversicherungsrechtliche Ansprüche

Wie in Deutschland, so wird auch in Japan das Risiko, durch die Arbeit zu erkranken oder einen Unfall zu erleiden grundsätzlich durch eine Arbeitsunfallversicherung abgedeckt. Deren Ausgestaltung ist im japanischen *Workmen's Accident Compensation Insurance Law*[389] *(WACI)* geregelt, welches die Bestimmungen des *Labour Standards Law lex specialis* spezifiziert. Ergänzt wird das *WACI* durch ein korrespondierendes Unfall-Versicherungssystem, welches staatlicher Kontrolle unterliegt *(Art. 2 WACI)* und auf dem Prinzip der Pflichtmitgliedschaft von Arbeitgebern[390] und deren Prämienzahlungen basiert.[391] Die Unfallversicherung ist damit in Japan ein ebenso integraler Bestandteil des Systems der sozialen Sicherung, wie dies in Deutschland der Fall ist.

Die japanische Unfallversicherung ist weitgehend ähnlich gestaltet wie ihr deutsches Pendant. So werden auch in Japan Leistungen unabhängig vom Verschulden des Arbeitgebers erbracht und durch tarifvertragliche Zusatzvereinbarungen ergänzt. Auch werden von der Versicherung sowohl Arbeitsunfälle als auch Berufskrankheiten umfasst. Für den Haftungsfall *Arbeitsunfall* schreiben die *Enforcement Regulations for the Wokment's Accident Compensation Insurance Law* zur Berechnung der zu leistenden Entschädigung, abhängig von der Art und Schwere einer Verletzung, eine 14-stufige Gradierung fest.[392] Für das Berufskrankheitenrecht gibt es wie in Deutschland eine Berufskrankheitenliste, die dieser zudem weitgehend entspricht.[393]

In Japan existieren zurzeit zwei sich ergänzende Versicherungstypen nebeneinander, die jedoch keine getrennte Mitgliedschaft erfordern. Zentrales

---

388 Hierzu: Ken-Ichi Kumagai, Assistant Director Working Conditions Division, Department of Working Conditions am 5.2.1999 im Interview mit dem Verfasser im RENGO-Headquarter, Shinjuku, Tokyo.

389 Workmen's Accident Compensation Insurance Law, Law No. 50 vom 7. April 1947 in der geänderten Fassung vom 23. März 1995.

390 Bei einer Zahl von weniger als fünf beschäftigten Arbeitnehmern ist die Pflichtversicherung aufgehoben und es besteht die Möglichkeit, freiwillig Mitglied zu werden. Sugeno, Japanese Labor Law.

391 Vgl. ausführlich, Sugeno, a.a.O., S. 317, 319.

392 Enforcement Regulation No. 22 of September 1, 1955.

393 Ministry of Labor, Japan (Hrsg.), An Easiers Guide to Workmen's Accident Compensation Insurance Benefits, S. 59ff.

1.2. Der Verfahrensgang

Wie sich aus Art. 2 (1), 24 (1) *Workmen's Accident Compensation Law* ergibt, ist im Falle der versicherungsrechtlichen Geltendmachung von Ansprüchen der Anspruchsgegner das japanische Arbeitsministerium bzw. das *Labour Standards Bureau* als untergeordnete Behörde. *(Abb. 24, S. 139)*

Abb. 24: Zuständigkeiten im Ministry of Labour

Ministry of Labour	
Labour Standards Bureau	Labour Standards Inspection Office
Operations Office of the Ministry Of Labour Workmen's Accident Compensation Insurance	343 (local)

Das Verfahren gliedert sich in drei *Instanzen* innerhalb des *Arbeitsministeriums* und drei Instanzen vor den allgemeinen Gerichten.[401] Vom Arbeitsministerium wird die Geltendmachung von Ansprüchen durch landesweit ca. 350 Lokalvertretungen des *Labour Standards Office (Local Office of Labour Ministry)*, 47 präfekturale Vertretungen *(Prefectural Office of Labour Ministry)* und ein so genanntes *Labour Insurance Appeal Committee* gewährleistet. Auf der untersten Ebene entscheidet das *Operations Office* des Arbeitsministeriums, also die Regierungsseite allein über den Antrag. In der zweiten *Instanz* entscheiden über den Einzelfall zwei Vertreter von RENGO, der größten gewerkschaftlichen Dachorganisation Japans, über Einwände, die nach Art. 85 Arbeitsstandardgesetz[402] gegen die Entscheidung des *Operations Office* erhoben werden können. Die dritte *Instanz*, das *Labour Insurance Appeal Committee* ist mit 6 Vertretern von RENGO, 6 Vertretern der Arbeitgeberseite und 18 Regierungsvertretern besetzt. Es handelt sich jedoch bei diesem Verfahren um keinen *Instanzenzug* im klassischen prozessualen Sinne. So sind Rechtsmittel innerhalb dieser drei Ebenen weder für den Antragsteller noch für den Arbeitgeber zugelassen. Der Antragsteller hat seinen Antrag zunächst bei einer der Lokalvertretungen einzureichen. Bei abweisendem Bescheid hat er nach Art. 35 (1) des *Workmen's Accident Compensation Insurance Law* die Möglichkeit, den Antrag auf nächsthöherer Ebene, dem Präfekturbüro, zur *re-examination* einzureichen. Sofern der Antrag auch dort abschlägig beschieden wird, bleibt als letzte innerbehördliche *Instanz* für den Antrag *gleichen Inhalts* das *Labour*

---

[401] Ken-Ichi Kumagai, Assistant Director Working Conditions Division, Department of Working Conditions im Interview mit dem Verfasser am 5.2.1999, im JTUC-RENGO Headquarter, Chiyoda-Ku, Tokyo.

[402] ASG vom 7.4.1947, in der Fassung vom 9. Juni 1995, Law Nr. 107.

Insurance Appeal Committee. Lediglich das *Labour Standards Bureau* kann innerhalb dieses Rahmens entscheiden, ob die jeweils höheren Gremien oder auch eine spezielle Abteilung des Arbeitsministeriums für *workmens compensation*, die *Compensation Division* des *Occupational Diseases Recognition Office* in das Verfahren eingebunden werden soll. In den 80er Jahren, also den juristischen Anfängen der Karôshi-Problematik, als es noch keine ausreichenden Anerkennungsvoraussetzungen und -kriterien für Karôshi-Fälle gab, wurde ein Anspruch häufig bereits auf dieser Ebene behördlicher Entscheidung abschließend abgelehnt.[403]

Erst wenn auch das *Labour Insurance Appeal Committee* als letzte *Instanz* den Antrag auf Versicherungsleistung abgewiesen hat, steht dem Antragsteller nach Art. 35 (1) i.V.m. Art. 37 (1) *Workmen's Accident Compensation Insurance Law*,[404] der Weg vor den ordentlichen Gerichten offen. *(Abb. 25, S. 141)* Da es in Japan keine speziellen Arbeitsgerichte und keinen entsprechenden Instanzenzug wie in Deutschland gibt, sind für alle Klagen arbeitsrechtlicher Natur die allgemeinen Gerichte zuständig. Die Instanzen, in deren Verfahrensgang beiden Parteien alle klassischen Rechtsmittel, ähnlich der deutschen Gerichtsverfassung zur Verfügung stehen,[405] gliedern sich in *Local Court, High Court* und *Supreme Court. (Abb. 25, S. 141)*

Von den ca. 400 Fällen, die jährlich vom *Labour Insurance Appeal Committee* zu entscheiden sind, betreffen ca. 30 % die Höhe einer bereits entschiedenen Kompensationsleistung nach einem 14 Stufen umfassenden Kompensationssystem, 30 % die Kriterien, nach denen ein Anspruchsteller als Arbeitnehmer zu klassifizieren ist und ca. 20 % Fälle von Karôshi. Bei Letzteren spielt die Einordnung in eine bestimmte Kompensationsklasse keine Rolle, da im Falle des Todes die staatliche Unfallversicherung bzw. die *UAUV* in jedem Falle Leistungen nach Klasse 1 zu erbringen hat.[406] In dem Umstand, dass zudem alle Zahlungen in Karôshi-Entschädigungsfällen aus den Personalkassen beglichen werden, liegt möglicherweise ein weiterer Grund dafür, dass das Arbeitsministerium und die Regierung Japans bislang der Anerkennung von Karôshi als kompensationsrechtlichem Tatbestand äußerst zurückhaltend gegenüberstanden.

---

403 Statistischer Überblick in: Karôshi - When the Corporate Warrior Dies, The National Defense Counsel For The Victims Of Karôshi, chart 1 - 1, i.

404 Law No. 50 vom 7. April, 1947 in der Fassung vom 23. März 1995 (Law No. 35).

405 Erörterung dieser Problematik im Interview Ken-Ichi Kumagai, a.a.O.

406 Enforcement Regulation No. 22 of September 1, 1955.

Gegebenheiten näher liegt als der strenge Wortlaut des Gesetzes. Hiernach ist der Arbeitnehmer unter der Kontrolle des Arbeitgebers:

- während der spezifisch festgelegten Arbeitszeit an dem spezifizierten Arbeitsplatz,
- während der Ausführung von mit der Arbeit in Zusammenhang stehenden bzw. arbeitsbegleitenden Aktivitäten,
- während der Vorbereitung der Arbeit, nach der Arbeit oder während Wartezeiten (auf die Arbeit),
- während des Verlaufes von Aktivitäten in Ruhepausen in Einrichtungen des Arbeitsplatzes,
- bei Notfällen wie bspw. Naturkatastrophen oder Feuer,
- während einer Geschäftsreise,
- auf der Fahrt in einem Unternehmensbus u.Ä.,
- auf der Fahrt von und zur Arbeit.[426]

1.3.4. Berufskrankheit und Arbeitsunfall

Auch in Japan ist, wie bereits erwähnt, das Recht der Berufskrankheiten durch eine Berufskrankheitenliste geregelt.[427] Der *Attached Table 1 - 2* der *Enforcement Regulations* des ASG listet insgesamt 36 Berufskrankheiten auf, keine jedoch, die eine der Karôshi konstituierenden Erkrankungen umfasst. Unter Absatz 8 der Liste ist jedoch seit einer Revision des Arbeitsstandardgesetzes im Jahre 1978, ähnlich der deutschen Regelung[428] bestimmt:

- *In addition to the illnesses prescribed in the preceding items, those designated by the Minister of Labour after the decision of the Central Labour Standards Council.*

Und:

---

426 Zur Abgrenzung des Wegeunfalls nach japanischem Recht, vgl.: Ministry of Labor, Japan (Hrsg.), An Easiers Guide to Workmen's Accident Compensation Insurance Benefits, S. 55.

427 Ministry of Labor, Japan (Hrsg.), An Easiers Guide to Workmen's Accident Compensation Insurance Benefits, S. 59.

428 Vgl.: § 9 (1) SGB VII (BGBl. I 1996 S. 1254), i.V.m. der Berufskrankheitenverordnung (BKV) vom 31. Oktober 1997 (BGBl. I 1997 S. 2623).

- *Other illnesses that are clearly attributable to duties thus, even though they do not fall under (...), illnesses will be treated as „illnesses resulting from employment" if they can be regarded as „illnesses attributable to duties"*[429]

Danach können also bestimmte Krankheiten, auch wenn sie nicht in der Liste aufgeführt sind, entweder dann als Berufskrankheit bezeichnet und als solche anerkannt werden, wenn sie, basierend auf einer Entscheidung des *Central Labours Council*, durch das Arbeitsministerium als solche klassifiziert wurden oder aber, *wenn sie den Pflichten klar zugeordnet werden können*. Nach dem Wortlaut der Vorschrift können diese also dann als arbeitsverursachte Krankheiten betrachtet werden, wenn sie den *Arbeitnehmerpflichten* kausal zuzuordnen sind. Abweichend von diesen, im Gesetzeswortlaut unklaren, von den Anforderungen des inneren Zusammenhangs zwischen versicherter Tätigkeit und schädigender Einwirkung sich kaum abhebenden Anforderungen, bezweckt die Regelung des Abs. 8, ähnlich dem deutschen Recht, dass nach *neuesten medizinischen Erkenntnissen* als arbeitsbedingte Erkrankungen einzustufende Tatbestände auch als solche kompensiert werden können.[430]

Voraussetzung für das Vorliegen einer Berufskrankheit ist zudem im Einzelfall:

- Die Erkrankung wurde nicht durch einen Unfall hervorgerufen (Subsidiarität des Berufskrankheitenbegriffs).
- Es kann kein genauer *Zeitpunkt* festgestellt werden, in dem die Erkrankung akkumuliert wurde.[431]

Je nachdem, ob sich bei der Betrachtung des Falles ein *einzelnes Ereignis* bestimmen lässt oder aber, ob sich ein genauer Zeitpunkt nicht feststellen lässt und der eingetretene Gesundheitsschaden sich als Folge einer langfristigen, *zeitlich nicht bestimmbaren Einwirkung darstellt*, handelt es sich nach japanischem Rechtsverständnis daher entweder um einen Arbeitsunfall oder einen Ausgleichsfall, der *wie eine Berufskrankheit* zu entschädigen ist.

Eine Aufnahme in die Berufskrankheitenliste haben die Karôshi-spezifischen Erkrankungen jedoch nicht gefunden und auch eine Anerkennung im Rahmen

---

429 Vgl. hierzu: § 9 (2) SGB VII und 6101 der Anlage der BKV.

430 Ministry of Labor, Japan (Hrsg.), An Easiers Guide to Workmen's Accident Compensation Insurance Benefits, S. 55.

431 Ministry of Labor, Japan (Hrsg.), An Easiers Guide to Workmen's Accident Compensation Insurance Benefits, S. 57.

der Öffnungsklausel ist bislang aus rechtssystematischen Gründen nicht erfolgt.[432]

2. Zivilrechtliche Ansprüche

2.1. Abgrenzung zu Leistungen der Unfallversicherung

In Japan tritt der zivilrechtliche Haftungsanspruch des Arbeitnehmers bzw. seiner Angehörigen *neben* den Ansprüchen gegen die Unfallversicherung deutlich hervor.[433] Zwar regelt Art. 84 (1) des Arbeitsstandardgesetzes ähnlich dem deutschen § 104 (1) SGB VII eine prinzipielle *Freistellung* des Arbeitgebers von der Haftung, soweit die Voraussetzungen des Art. 12 des *Workmen's Accident Compensation Insurance Law (WACI)* erfüllt sind, mithin also die Voraussetzungen für das Vorliegen eines Arbeitsunfalls oder einer Berufskrankheit gegeben sind. Auch umfasst diese *Haftungsersetzung*[434] - wie nach deutschem Recht - alle Ansprüche, die an den Arbeitgeber nach allgemein zivilrechtlichen Kriterien herangetragen werden könnten, und sieht lediglich im seltenen Falle des Vorsatzes oder der groben Fahrlässigkeit des Arbeitgebers die Möglichkeit der Regressnahme der Versicherung gegenüber dem Arbeitgeber vor.[435] Der Unterschied zur deutschen Regelung liegt indes darin, dass diese Freistellung *der Höhe nach* auf den Betrag begrenzt ist, der durch das *WACI* oder die korrespondierenden *Supplement Orders*[436] bestimmt ist.

So besagt Art. 84 (2) ASG:

---

432 Ken-Ichi Michiba im Gespräch mit dem Verfasser am 16.2.99 in Tokio, a.a.O.

433 Ken-Ichi Kumagai, Assistant Director Working Conditions Division, Department of Working Conditions am 5.2.1999 im Interview mit dem Verfasser im RENGO-Headquarter, Shinjuku, Tokyo.

434 Die in den Fällen der §§ 104, 105 SGB VII eine Rolle spielende *Haftungsersetzung* durch die an die Stelle des Schadensersatzes tretenden Leistungen der Unfallversicherung. Die Regelungen stehen im Schnittpunkt zweier verschiedener rechtlicher Ordnungssysteme: Angesiedelt im Sozialrecht, erfüllen sie ihre Zweckbestimmung im Zivilrecht. Hierzu und im Kontext der Kompensationsfähigkeit von Karôshi-Erkrankungen nach deutschem Recht, Tieste i.V.

435 Freudenstein, a.a.O., S. 137.

436 Bspw.: Enforcement Order for he Workmen's Accident Compensation Insurance Law, Law No. 50 of April 7, 1947 in der Fassung von Law No. 35 of March 23, 1995; Enforcement Regulations for the Workmen's Accident Compensation Insurance Law, Enforcement Order No. 33 of March 23 of 1977; Workmen's Accident Compensation Special Supplement Payment Regulations, Ministry of Labor Ordinance No. 30 of December 28, 1974, in der Fassung der Ministerial Ordinance No. 11 of March 30, 1987.

In the event an employer has paid compensation under this law, the employer shall be exempt, up to the amount of such payments, from the responsibility for damages under the Civil Code, based on the same grounds.

Sofern also ein Arbeitgeber für einen Arbeitsunfall nach den gesetzlichen Bestimmungen des ASG i.V.m. dem Arbeitnehmerunfallgesetz *(WACI)* zur Entschädigungszahlung *verpflichtet ist*, ist er für Ansprüche nach allgemein zivilrechtlichen Grundsätzen der Höhe nach freigestellt, sofern diese auf demselben Grund beruhen. Für den die Leistungen der staatlichen Unfallversicherung und der *WACI* überschießenden Betrag jedoch, haftet der Arbeitgeber weiterhin direkt bis zu der gerichtlicherseits im Einzelfall als angemessen erachteten Höhe.[437] Die weiter gehende *Freistellung* nach gleichen Grundsätzen, d.h. allein bis zur designierten Höhe, erfolgt durch die *Umfassende Arbeitnehmer Unfallversicherung* (*UAUV*). Erst wenn auch diese Grenze summenmäßig überschritten ist, haftet der Arbeitgeber unmittelbar mit seinem Vermögen. *(Abb. 29, S. 151. Vgl. hierzu auch Abb. 23, S. 138)*

Es kann somit festgestellt werden, dass in Japan versicherungsrechtliche Ansprüche und solche nach allgemein deliktsrechtlichen Grundsätzen sowie arbeitsvertragliche Haftungsansprüche, auch in derselben Sache, grundsätzlich nebeneinander bestehen können und sich Ausschlussmechanismen dabei lediglich im Rahmen der Leistungshöhe *eines* Leistungsinstituts ergeben. Dies führt dazu, dass in Fällen von Karôshi, die Angehörigen nicht nur das versicherungsrechtliche Verfahren[438] betreiben können, sondern zeitgleich eine Geltendmachung sowohl eigener deliktsrechtlicher Haftungsansprüche als auch von Ansprüchen des Verstorbenen aus Art. 709ff JBGB[439] bzw. aus Art. 415 JBGB direkt gegen den Arbeitgeber vor den allgemeinen Gerichten möglich ist.[440] Da es sich jedoch bei den Leistungen der Unfallversicherung lediglich um *Mindest*leistungen handelt, die, und das hat sich in der einschlägigen japanischen Rechtsprechung der Vergangenheit gezeigt, in der Regel zu niedrig eingeschätzt werden,[441] ergibt sich dabei eine *generelle Zweispurigkeit* des gerichtlichen Vorgehens Angehöriger gegen den Arbeitgeber.

---

437 Vgl. auch: Obata, Karôjisatsu - Selbstmord wegen Überarbeitung, AuR 4/2001, S. 129.

438 Freudenstein, Haftung für Arbeitsunfälle und deren Versicherung in Japan, a.a.O., S. 137; vgl. auch: The Japan Institute of Labour (JIL), Public Policy, Supreme Court Rules that Company is Responsible for Suicide from Overwork, in: Japan Labor Bulletin, vol. 39, No. 6, June 1, 2000, http://www.jil.go.jp/bulletin/index.htm, Unterordner: http:/www.jil.go.jp/ bulletin/year/2000/vol39-6/03.htm, S. 2.

439 *Monpô*, Gesetz Nr. 89/1896 in der Fassung von Nr. 79/1991.

440 Entscheidung des japanischen Supreme Court, 18/12/55, 34 Minshû 7, S. 888.

441 Freudenstein, a.a.O., S. 137 m.w.N.

[Abb. 29]: Haftungsansprüche in Karôshi-Fällen

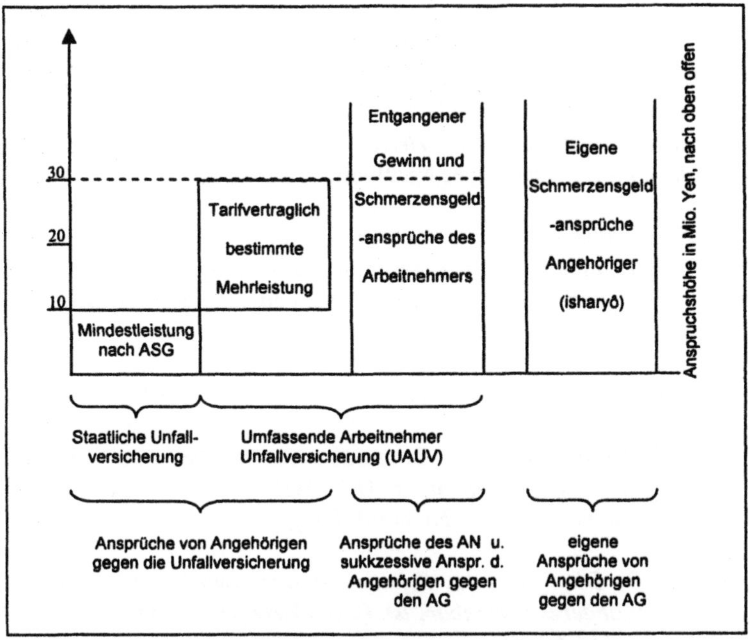

Anm.: ---- Höchstgrenze der versicherungsrechtlichen Deckung
AN = Arbeitnehmer, AG = Arbeitgeber
Quelle: Angaben im Text

2.2. Anspruchsinstitute

Art. 415 JBGB lautet: *Leistet der Schuldner nicht dem wesentlichen Inhalt seiner Verbindlichkeit entsprechend, so kann der Gläubiger Schadensersatz verlangen. Das Gleiche gilt, wenn die Leistung infolge eines von dem Schuldner zu vertretenden Umstandes unmöglich wird.* (Schadensersatz wegen Nichterfüllung).

Die neben den versicherungsrechtlichen Ansprüchen heute jedoch in Karôshi-Rechtsstreitigkeiten einzig *relevanten* Anspruchsgrundlagen sind die des japanischen Deliktsrechts:[442]

[442] Eine Haftung aus dem Arbeitsvertrag kommt bei der Verletzung von Sicherungspflichten in Betracht. In der Praxis wird aber nur äußerst selten auf den Arbeitsvertrag als

Art. 709 JBGB: *Wer vorsätzlich oder fahrlässig Rechte eines anderen verletzt, ist zum Ersatz des daraus entstehenden Schadens verpflichtet.* (Voraussetzungen und Wirkung der unerlaubten Handlung).

Art. 710 JBGB: *Die Verpflichtung zum Schadensersatz gemäß § 709 erstreckt sich, unabhängig davon, ob der Körper, die Freiheit, die Ehre oder ein Vermögensrecht eines anderen verletzt wird, auch auf anderen Schaden als Vermögensschaden.* (Ersatz eines Nichtvermögensschadens).

Art. 711 JBGB: *Wer den Tod eines anderen verursacht, ist verpflichtet, den Eltern, dem Ehegatten und den Kindern des Geschädigten Schadensersatz zu leisten, selbst wenn sie keinen Vermögensschaden erlitten haben.* (Schmerzensgeld beim Todesfall).[443/444]

Maßgeblich ist zudem Art. 722 mit Verweis auf Art. 417 JBGB:

Art. 722 (1) JBGB: *Auf den Schadensersatz wegen einer unerlaubten Handlung findet die Vorschrift des § 417 JBGB entsprechende Anwendung.* (Grundsatz des Geldersatzes bei Nichterfüllung).

Art. 417 JBGB: *Die Höhe des Schadensersatzes wird in Geld berechnet, sofern nicht ein anderes vereinbart ist.* (Grundsatz des Geldersatzes und Mitverschulden des Verletzten).

Nach übereinstimmender Meinung in Literatur und Rechtsprechung werden durch die Vorschriften damit nicht nur subjektive Rechte, sondern auch andere schutzwürdige Interessen erfasst, sodass über die deliktsrechtlichen Bestimmungen des japanischen Rechts (Art. 709ff JBGB), vergleichbar dem Schutzbereich des § 823 BGB,[445] auch das *allgemeine Persönlichkeitsrecht* geschützt wird.[446] Dieser Grundsatz hat jedoch in Japan keine lange Tradition

---

Anspruchsgrundlage zurückgegriffen. Meinen diesbez. Fragen begegneten die Gesprächspartner in Japan teils mit Erstaunen, teils mit Unverständnis.

443 Vgl. auch die etwas andere Übersetzung durch Nitta, Die Berechnung des Schadens beim Unfalltod eines minderjährigen Kindes, Recht in Japan, 8/1998, S. 77, 78f.

444 Übersetzungen japanischer Gesetzestexte durch Shiori Tamura als Fernstudienmaterial für den Kurs: „Einführung in das japanische Zivilrecht" an der FernUniversität, Gesamthochschule in Hagen, 1997, http://www.fernuni-hagen.de/JAPANRECHT/JAPANRECHT-J/Gesetze/jbgb/index.htm

445 Bürgerliches Gesetzbuch vom 18.8.1896 (RGBl. S. 195), zuletzt geändert durch Gesetz vom 21.12.2000 (BGBl. I, S. 1966).

446 Sumida, Die Entwicklung des Persönlichkeitsschutzes des Arbeitnehmers im japanischen Arbeitsrecht, a.a.O., S. 350, 353; vgl. auch Nitta, a.a.O., S. 78f.

und war noch vor dem 2. Weltkrieg auf Grund der starken *autoritativen Prägung* der japanischen Arbeitsbeziehungen praktisch nicht existent.[447] Nach dem Krieg wurde zwar durch eine unter der amerikanischen Besatzung durchgeführte Demokratisierung der rechtlichen Strukturen Japans die starke autoritative Seite vermindert, diese wich jedoch einem anderen Prinzip: dem durch den Gemeinschaftsgedanken geprägten *kooperativen Verständnis* der Arbeitsbeziehungen.[448] Heute ist dieser Gemeinschaftsgedanke viel schwächer als in der Vergangenheit. Besonders für junge Arbeitnehmer steht das persönliche Gemeinschaftserlebnis nicht mehr im Vordergrund. Die Folge ist ein in Japan völlig neues Verständnis des Arbeitsverhältnisses, das sich viel mehr als je zuvor auf den Tausch der Arbeitskraft gegen Lohn bezieht und somit das *Schuldverhältnis* in den Vordergrund rückt.[449] Erst durch dieses *neue Selbstverständnis* des Arbeitnehmers wurde in Japan auch die Entwicklung eines Rechtsbegriffes, wie der des allgemeinen Persönlichkeitsrechts, als deliktsrechtlich geschütztes Rechtsgut möglich. So kommt es heute immer häufiger vor, dass ein Arbeitnehmer ohne Gewerkschaftshilfe und sogar gegen den ausdrücklichen Gewerkschaftswillen auf eigenen Rechten gegenüber dem Arbeitgeber besteht.[450] Letztlich auch auf diese Veränderungen wird in Japan die enorme Zunahme von Arbeitsrechtsprozessen in den 90er Jahren zurückgeführt.[451]

Auch wenn die Bedeutung subjektiver Rechte und individueller Interessenssphären wächst, ist die Frage, was konkret geschützt ist und wo die Grenze der Schutzbereiche einzelner Rechtsinstitute liegt, immer noch weitgehend ungeklärt und der zukünftigen Wissenschaft und Rechtsprechung überlassen. So führt *Sumida* aus, es wäre an sich schon ein Problem festzustellen, was unter dem Begriff des Persönlichkeitsschutzes des Arbeitnehmers zu verstehen ist.[452]

---

447 Sumida, Die Entwicklung des Persönlichkeitsschutzes des Arbeitnehmers im japanischen Arbeitsrecht, ArbuR 1997, S. 350ff, 351 mit Verweis auf Dore, British Factory - Japanese Factory - The Origins of National Diversity in Industrial Relations, 1973.

448 Bezüglich der Abkehr vom Begriff des Managementrechts staatsautoritären Charakters und der Zuwendung zu allgemeinen Prinzipien des Zivilrechts im Recht der Arbeitsbeziehungen in Japan, siehe: Sumida, Die Entwicklung des Persönlichkeitsschutzes des Arbeitnehmers im japanischen Arbeitsrecht, a.a.O., S. 350, 352.

449 Zu dieser Entwicklung, vgl.: Tabata, From Collectivism to Individualism: A Paradigm Shift in Japanese Labor Law, Social Science Japan No. 3, April 1995, http://web.iss.u-tokyo.ac.jp/newslet/SSJ3/tabata.html.

450 Sumida, a.a.O., S. 351.

451 Vgl. hierzu ausführlich: Nakakubo, Procedures for Resolving Individual Employment Disputes, in: Japan Labor Bulletin, vol. 35, No.6 November 1, 1996, The Japan Institute of Labour (JIL), Public Policy, http://www.jil.go.jp/bulletin/index.htm, Unterordner: http://www.jil.go.jp/bulletin/year/1996/vol35-06/05.htm, S. 1ff

452 Sumida, a.a.O., S. 350, 352.

Es sei davon auszugehen, fügt er an, „dass es dabei primär um den Schutz der ideellen Interessen des Arbeitnehmers, nicht primär um den Schutz von Leben, Körper, Gesundheit und Vermögen geht. Ein Arbeitnehmer im Arbeitsverhältnis ist nicht nur als Arbeitskraft, sondern auch als Mensch zu achten".[453]

Obwohl dieser Gedanke durchaus Berücksichtigung im *Arbeitsstandardgesetz (rôdô kijonhô)* und im *Gleichberechtigungsgesetz der Frauenarbeit (engl. Women Workers Enforcement Regulations)*[454] gefunden hat, ist ein genereller Schutz des allgemeinen Persönlichkeitsrechts nicht anzunehmen. Dies ist auf den *Doppelcharakter* japanischer zivilrechtlicher Rechtsnormen zurückzuführen, aus dem sich eine nicht unerhebliche Problematik für Interpretation und Rechtsanwendung ergibt. So sind fast alle Vorschriften des japanischen BGB in ihrer Auslegung durch die Rechtsprechung strafbewehrt, was damit begründet wird, dass das Gesetz bei Vorliegen einer Rechtswidrigkeit auch eine Strafe vorsehen müsse.[455] Wenn aber auf diese Weise den zivilrechtlichen Vorschriften ein strafrechtlicher Charakter innewohnt, verbietet das strafrechtliche Analogieverbot auch jede analoge Anwendung.[456] Besonders problematisch ist dies bei der Auslegung zivilrechtlicher Vorschriften in arbeitsrechtlichen Streitigkeiten, denn arbeitsvertragliche Vereinbarungen und Festlegungen in Arbeitsordnungen *(shûgyô kisoku)* sind grundsätzlich gegenüber den Regelungen des ASG subsidiär, wodurch die einzelnen Vorschriften des ASG für den Arbeitsvertrag unmittelbar und zwingend Wirkung entfalten. Aus dem Doppelcharakter der Vorschriften ergeben sich bei deren Auslegung zudem dogmatische Probleme, wenn aus der Sicht des Ordnungsstrafrechts eine strenge Auslegung der Vorschrift zweckmäßig ist, jedoch im Falle einer zivilrechtlichen Anwendung der Norm, eine flexible Auslegung genügt.[457] Die hieraus resultierende uneinheitliche Handhabung in Rechtsprechung und Lehre führt dazu, dass das japanische Zivilrecht sich vermehrt dem Vorwurf *vager* und *unscharfer Formulierungen* ausgesetzt sieht.[458]

---

453 Sumida, a.a.O., S. 350, 352.

454 Gesetz zum Schutze und zur Gleichbehandlung von Frauen im Erwerbsleben: Law Respecting the Improvement of the Welfare of Women Workers, including the Guarantee of Equal Opportunity and Treatment Between Men and Women in Employment, Law No. 113 of July 1, 1972 in der Fassung von Law No. 107 of June 9, 1995.

455 Zur Auswirkung dieser Problematik auf Arbeitsordnungen und individual-arbeitsrechtliche Vereinbarungen, vgl. auch: Tieste, Karôshi, ein japanisches Phänomen?, a.a.O., S. 47ff.

456 Sumida, a.a.O., S. 350, 352.

457 Ausführlich zur Unschärfe japanischer Rechtsbegriffe und Rechtsvorschriften, vgl.: Tieste, Karôshi, ein japanisches Phänomen?, a.a.O., S. 49ff.

458 Vgl. hierzu auch: Tieste, Karôshi, ein japanisches Phänomen?, a.a.O., S. 80ff.

Auch ohne Fortschritte in legislativer Hinsicht hat das Persönlichkeitsrecht in Japan jedoch in den letzten Jahren eine gewisse Festigung erfahren. Am deutlichsten wird dies im Problemfeld des Mobbings und die *Verletzung der Ehre von Arbeitnehmern* war bereits Gegenstand zahlreicher Verfahren, in denen Weite und Ausprägung des Persönlichkeitsrechts diskutiert wurde.[459] Solche *Eingriffe* kommen laut *Sumida* in japanischen Betrieben häufig vor. Zu beobachten sind beispielsweise vorsätzliche Diffamierungen oder Isolationsmaßnahmen durch Arbeitgeber, Betriebsleiter oder Vorgesetzte; entweder um eine politische oder gewerkschaftliche Betätigung der Arbeitnehmer zu sanktionieren oder aber aus weniger plausiblen Gründen, um den Einfluss des Gemobbten bei seinen Kollegen zu reduzieren oder Rechtsansprüche zu unterdrücken. Unter dem Deckmantel des Direktionsrechts kommt es zudem häufig zu sinnlosen oder für den Arbeitnehmer unpassenden und unwürdigen Arbeitsaufträgen.[460]

Die im Rahmen von Karôshi primär interessierende Haftung des Arbeitgebers aus Gründen des Schutzes von Leben und Gesundheit aus Art. 709ff JBGB gilt heute als unproblematisch, sodass, wenn einem Arbeitgeber die Verletzung dieser Rechtsgüter des Arbeitnehmers nachgewiesen werden kann, hieraus grundsätzlich auch ein zivilrechtlicher Schadensersatzanspruch erwächst.

Die in jüngster Zeit zu beobachtende stärkere Betonung des individuellen Charakters der Rechtsposition des japanischen Arbeitnehmers lässt vermuten, dass die Geltendmachung auch arbeitsvertraglicher Ansprüche nach Art. 415 JBGB in Japan künftig eine größere Rolle spielen wird. Tatsächlich ist dies auch, wie gezeigt, neben den versicherungsrechtlichen Ansprüchen für allgemein haftungsrechtliche Gesichtspunkte denkbar. Ein entsprechendes Vorgehen ist heute jedoch in der japanischen Rechtspraxis noch äußerst selten und japanischen Rechtsanwälten sind Entscheidungen höherinstanzlicher Gerichte nicht bekannt.[461]

---

459 Vgl. ausführlich: Sumida, a.a.O., S. 351, 353, m.w.N.

460 Hierzu auch: Wahsner, Der Tarifvertrag in Japan und Deutschland, in: Japans Arbeitsbeziehungen und Arbeitsrecht in Geschichte und Gegenwart, Roderich Wahsner (Hrsg.), 1996, S. 121, 144.

461 Hiroshi Kawahito (Head of the National Defense Counsel for the Victims of Karôshi) im Interview mit dem Verfasser am 1. Februar 1999, in Tokio, Bunkyo-Sogo-Law Office, Japan (autorisiert mitgeschnitten) sowie Toshiro Ueyanagi, Attorney at Law, Tokyo im Gespräch mit dem Verfasser am 22.1.1999 in den Tokyo Surugadai Law Offices, Tokio, (ebenfalls autorisiert mitgeschnitten).

2.3. Vermögensrechtliche Ansprüche

Der Umfang der vermögensrechtlichen Einstandspflicht des Arbeitgebers ergibt sich aus dem Leistungskatalog der *Umfassenden Arbeitnehmer Unfallversicherung (UAUV)*, die zum größten Teil auch die *zivilrechtliche Verantwortlichkeit* des Arbeitgebers mit abdeckt.[462] Umfasst sind damit im Kern die Beerdigungskosten sowie die Sicherung der gesetzlichen Unterhaltsansprüche Hinterbliebener. Daneben haftet der Arbeitgeber jedoch auch für

- tarifvertraglich bestimmte Mehrleistungen, sofern sie die gesetzlichen Mindeststandards überschreiten und,
- sofern die Gesamtleistungen im Einzelfall vom Gericht als nicht ausreichend angesehen werden, für den Betrag, der als notwendig erachtet wird, die Existenzsicherung Hinterbliebener zu gewährleisten, wobei auch das hypothetische Lebens-Einkommen des Verstorbenen berücksichtigt wird.

Hiermit in engem Zusammenhang steht eine Besonderheit, die im deutschen Recht keine Entsprechung findet: der dem Getöteten *entgangene Gewinn.*[463] In einer grundlegenden Entscheidung des japanischen Supreme Court vom 24.6.1964[464] ging es um die Berechnung des Schadensersatzes beim Tod eines 8-jährigen Jungen. Das vorinstanzliche Gericht legte bei der Berechnung des Schadens eine potenzielle Arbeitsfähigkeit von 35 Jahren (vom 20. bis zum 55. Lebensjahr) und das hypothetische Einkommen eines *durchschnittlichen* Arbeitnehmers in dem Unfalljahr zugrunde. Der somit errechnete *Gewinn* wurde um den Anteil der Unterhaltskosten (der errechnete Betrag wurde durch die Zahl der in einer Durchschnittsfamilie unterhaltsberechtigten Familienangehörigen geteilt) und um den Zinsausgleich vermindert, da den Erben (hier den Eltern) das gesamte Einkommen, das der verstorbene Sohn in Zukunft erzielt hätte, als Pauschale (*engl. lump sum*) zugestanden wird. In der Revision vor dem Supreme Court wurde von der Beklagten die „irrationale und ungerechte" Berechnungsmethode des Gerichts gerügt. Zum einen sei der *entgangene Gewinn* infolge hypothetischer Annahmen auf der Grundlage statistischen Materials schlicht nicht berechenbar.[465] Zum anderen seien, selbst wenn das Revisionsgericht die Ansprüche dem Grunde nach für Recht befinden sollte, jedenfalls die Unterhaltskosten, die die Eltern durch den frühen Tod ihres Sohnes bis zu dessen hypothetischem 20. Lebensjahr sowie nach dessen

---

462 Vgl. oben unter 2.1. *Zweispurigkeit der Karôshi-Haftungsansprüche.*

463 Ausführlich bei Nitta, a.a.O., S. 87f. Zur Frage der Berücksichtigung des hypothetischen Einkommens nach deutscher Rechtslage: Tieste i.V.

464 Supreme Court 24.6.1964, Minshu 18, 5, 874.

465 Vgl.: Nitta, a.a.O., S. 87.

mutmaßlichem Ausscheiden aus dem Berufsleben nach dem 55. Lebensjahr, erspart hätten, von der Gesamtsumme abzuziehen.

In seiner Entscheidung bestätigte der Supreme Court das prinzipielle Bestehen des Anspruchs und verminderte den Betrag der Geldentschädigung unter Bestätigung der „in der Tat irrationalen Berechnung", ohne jedoch grundlegende Maßstäbe zu entwickeln, wie ein solcher Schadensersatz in Zukunft berechnet werden könnte.[466] Korrigiert wurde die Höhe der Geldentschädigung letztlich allein über die Veränderung der statistischen Grundlagen (Lebensalter, Zeitraum der Arbeitsfähigkeit, Anzahl der Familienmitglieder und Position als zukünftiges Familienoberhaupt und der damit im Ergebnis höheren, abzugsfähigen Unterhaltsverpflichtungen). Als problematisch wurde allerdings vom Gericht generalisierend erkannt, dass in weniger evidenten Fällen, wie etwa bei der Berechnung des *entgangenen Gewinns* einer Hausfrau, die Frage nach dem Vermögenswert der im jeweiligen Fall vor dem Tod ausgeübten Tätigkeit, die Berechnung deutlich verkomplizieren könnte. Gänzlich unbillig erschien dabei der Umstand, dass bei konsequenter Anwendung der *Erwerbsfähigkeitsverlust-Theorie* bei einer nur geringfügig entlohnten Tätigkeit des Verstorbenen, der berechnete Betrag letztlich durchaus geringer ausfallen könnte, als der, der einem Minderjährigen auf Grund der hypothetisch angenommenen späteren Erwerbstätigkeit zuerkannt würde. In diesem Zusammenhang ließe sich auch an nur schwer zu rechtfertigende, gänzlich unbillige Ergebnisse bei der Berechnung eines Vermögenswertes bei Erwerbsunfähigkeit oder, *au contrario*, bei überaus erfolgreicher Selbstständigkeit denken. Die Frage nach dem Vermögenswert der Tätigkeit einer Hausfrau jedenfalls, wurde in der japanischen Literatur in den Jahren nach der Entscheidung des Supreme Court, mit einem - hinsichtlich des dogmatischen Hintergrundes - leider höchst uneinheitlichem Resultat heftig diskutiert.[467] Die äußerst kontroversen Ansichten, die zum Teil auf die erbrechtliche Konstruktion sogar ganz verzichten und einen Anspruch direkt bei den Erben entstehen lassen wollen, führen dabei zu dem Schluss, dass Dreh- und Angelpunkt der Problematik eine rein gesellschaftspolitische Entscheidung ist, die nur schwer mit dem Gesetz zu begründen ist. Besonders der Umstand, dass das Einkommen, welches der verstorbene Sohn während des *vermutlichen* Arbeitslebens erworben hätte, nicht mit dem Vermögen identisch ist, auf das die Eltern wegen Verlustes ihrer Unterhaltsforderung verzichten müssen, (wie nach

---

466 Vgl. auch die Darstellung bei Nitta, a.a.O., S. 87.
467 Siehe hierzu die Ausführungen bei Nitta, a.a.O., S. 89f.

deutschem Recht beim so genannten *Leibgedings*)[468] stützt diese Vermutung. Hinzu tritt die Tatsache, dass Eltern im Übrigen oft, bevor Sohn bzw. Tochter aus dem Arbeitsleben ausscheiden, bereits verstorben sind, was dazu führt, dass die fiktiven Einkünfte des/der Sohnes/Tochter weniger den im Unfallzeitpunkt über die Erbfolge anspruchsberechtigten Hinterbliebenen, als vielmehr der *Familien-Lebensgemeinschaft (Kandan)*[469] verloren gehen. Deren finanzielle Integrität hat jedoch in der japanischen Gesellschaft eine überaus hohe Bedeutung, sodass diese auch in rechtlicher Hinsicht Berücksichtigung finden muss.

Im juristischen Diskurs über den einem Getöteten *entgangenen Gewinn* geht es somit letztlich darum, die japanische Eigentümlichkeit des *Interesses der Familiengemeinschaft* durch gewagte rechtliche Konstruktionen mit einer nicht dazu passenden Gesetzessystematik zu verbinden. Hiervon betroffen ist insbesondere auch die Diskussion um den Kreis der Anspruchsberechtigten, deren normativer Hintergrund eine Ausdehnung auf den vagen Begriff der *Familiengemeinschaft* gar nicht erlaubt. Die Gefahr der Überstrapazierung der Auslegungsfähigkeit deliktsrechtlicher Vorschriften liegt auf der Hand und ist durch die Uneinheitlichkeit selbst zweitinstanzlicher Urteile in Japan dokumentiert.[470]

Zusammenfassend jedenfalls bleibt festzuhalten, dass dem Opfer nach deliktsrechtlichen Vorschriften im Todesfalle ein Anspruch auf *entgangenen Gewinn* zusteht, der infolge der *erbrechtlichen Konstruktion*, ohne das Erfordernis einer diesbezüglichen Willenserklärung des Verletzten, auf die Erben übergeht.[471] Im Rahmen der zivilrechtlichen Einstandspflicht des Arbeitgebers steht jedoch - in der Regel - nicht der Ersatz des materiellen Schadens des Geschädigten bzw. der Hinterbliebenen im Vordergrund, sondern der immaterielle Schadensausgleich. Hier ergeben sich ebenfalls einige Besonderheiten im japanischen Recht, auf die im Folgenden näher einzugehen ist.

---

[468] Mit Leibgedinge oder auch Leibgedings wird die bei Übergabe eines landwirtschaftlichen Anwesens übliche lebenslange Versorgung des Übertragenden bezeichnet (Wohnung, Kost etc.).

[469] Wörtlich: Hausgemeinschaft.

[470] Nitta, a.a.O., S. 92f, m.w.N.

[471] Auch zur historischen Entwicklung dieses Grundsatzes, vgl.: Nitta, a.a.O., S. 94.

2.4. Nichtvermögensrechtliche Ansprüche - Zur Multifunktionalität des Schmerzensgeldes im japanischen Deliktsrecht -

Grundsätzlich haftet der Arbeitgeber auch für die *neben* den versicherungsrechtlichen Ansprüchen bestehenden nichtvermögensrechtlichen Ansprüche Angehöriger, sowohl in Form von in der Erbfolge erlangten Schmerzensgeldforderungen des Geschädigten als auch für *eigene* Schmerzensgeldforderungen Hinterbliebener. Da auch der erste Schadensposten grundsätzlich kraft Haftungsersetzung von der Versicherung getragen wird, kommt eine direkte Haftung des Arbeitgebers für diese Ansprüche, wie dargestellt, allein dann in Betracht, wenn die Leistung durch die Versicherung entweder gar nicht erst erbracht wird, mithin kein Versicherungsfall vorliegt, oder aber der hiernach bestimmte Betrag vom Gericht als nicht ausreichend erachtet wird.[472]

Bezüglich des zweiten Schadenspostens, also der *eigenen* Schmerzensgeldansprüche der Hinterbliebenen, ergeben sich nun deutliche Unterschiede zur deutschen Rechtslage. Auch wenn in der Literatur überwiegend die Ansicht vertreten wird, dass das deutsche Bürgerliche Gesetzbuch dem japanischen Zivilrecht als Vorbild gedient hat und noch immer dient,[473/474] stellt sich dies, wie das Beispiel der grundsätzlich *anders gearteten* Konstruktion des japanischen Schmerzensgeldanspruchs zeigt, nicht auf allen Ebenen und in allen Bereichen des Rechts gleichermaßen ausgeprägt dar.[475/476] Insbesondere im

---

472 Hierzu ausführlich: Tieste i.V.

473 Marutschke, Einführung in das japanische Recht, 1999, S. 111ff, 113; Rahn, Rechtsdenken und Rechtsauffassung in Japan. 1990, S. VII.

474 Schon vor 1900 wurde das deutsche BGB zur Grundlage des japanischen Privatrechts gemacht. Den ersten drei Büchern des japanischen BGB, das der Systematik des Pandektensystems folgt, schlossen sich 1896 das vierte und 1898 das fünfte Buch an. Ungeachtet der weitreichenden Parallelen haben viele rechtstechnische Begriffe andere Inhalte. Zudem blieb im Erb- und Familienrecht das traditionelle, religiös gefärbte Recht wirksam. Nach dem 2. Weltkrieg machte sich in der Zeit alliierter Besetzung Japans der Einfluss anglo-amerikanischer Rechtsgrundsätze bemerkbar. Über die ursprüngliche Kodifikation hinaus wurde das japanische Zivilrecht zudem durch die Rechtsprechung entscheidend weiterentwickelt. Vgl. hierzu: Mänhardt/Posch, Internationales Privatrecht, Privatrechtsvergleichung, Einheitsprivatrecht, Eine Einführung in die internationalen Dimensionen des Privatrechts, S. 146f.

475 So verweist Marutschke darauf, dass von einer *Kopie* fremden Rechts in Japan keine Rede sein kann., Marutschke, a.a.O., S. 2.

476 Zwar lebte in den 70er Jahren das japanische Interesse für das deutsche Recht wieder auf, jedoch kann hier nicht mehr von einer einseitigen Aufnahme des deutschen Rechts gesprochen werden. Vielmehr war in den Jahren nach der ersten Rezeptionsphase des deutschen Rechts klar geworden, wie unterschiedlich sich das Denken in beiden Kulturen und Rechtskreisen vollzog. Ausländisches Recht sollte daher unter rechtsvergleichenden und rechtssoziologischen Aspekten berücksichtigt werden, und die praktische Rechtsvergleichung

Deliktsrecht *(Fuhô kôi-hô)* lassen sich deutliche Bezüge zum französischen Code Civil feststellen,[477] soweit hier nicht bereits von einer japanischen Besonderheit gesprochen werden kann.[478] Dies erfordert nähere Erläuterung.

Auffällig ist, dass sich im JBGB weder ein dem § 253 BGB entsprechender Grundsatz, noch damit korrespondierende *Vorschriften mit Ausnahmecharakter* für einen Ersatz auch immaterieller Schäden finden. Ein Ausgleich dieser Ansprüche erfolgt, wie erwähnt, daher allein über den Art. 709 JBGB, der für sachenrechtliche Ausgleichsansprüche, für die es im JBGB ebenfalls keine *ausreichende* gesetzliche Grundlage gibt, in den letzten Jahren als Zentralnorm erhebliche Bedeutung erlangt hat.[479] Die Vorschrift hat jedoch, ebenso wie die Art. 710, 711 JBGB geschichtlich keine Veränderung erfahren und besteht nach wie vor in der generalklauselartigen Ursprungsfassung, die heute der Rechtsprechung einen weiten Ermessensspielraum bezüglich der zu berücksichtigenden Aspekte ermöglicht.[480/481] Dieses Konzept ist unmittelbar auf den französischen Code Civil zurückführbar. Der französische Gesetzgeber von 1804 hat sich in Art. 1382 und 1383 Code Civil bei der Festsetzung des gesetzlichen Haftungstatbestandes dicht am Grundprinzip der schadensersatzrechtlichen Unrechtshaftung orientiert, nach dem

> *der Schaden einer Person auf das Verhalten einer anderen Person zurückzuführen ist, das man als Fehlverhalten qualifiziert, weil in der gegebenen Situation von Rechts wegen ein anderes Verhalten geboten gewesen wäre.*

Die französische deliktische Generalklausel formuliert daher schlicht:

---

orientierte sich fortan an der Analyse der Funktionalität von rechtserheblichen Sachverhalten zu den korrespondierenden Rechtssätzen und ihren rechtssoziologischen und dogmatischen Unterschieden in beiden Rechtsordnungen. Hammitzsch, a.a.O., S. 1462; vgl. auch unten: *Kapitel 4, 2.5. Inkurs: Zur Uneinheitlichkeit japanischer Rechtsprechung.*

477 Vgl.: Nitta, a.a.O., S. 85. Zu den Einflüssen der französischen und englischen Rechtsschule auf das japanische Recht, siehe auch Marutschke, a.a.O., S. 98ff.

478 Vgl. hierzu und auch im Folgenden: Gruber, Die Ergänzungsfunktion des *isharyô* (Schmerzensgeldes) im japanischen Zivilrecht, ZJapanR, Heft Nr. 9, 5/2000, S. 81, m.w.N.

479 Gruber, a.a.O., m.w.N.

480 Gruber, a.a.O., S. 92: „Diese weitgehend flexiblen Regelungen existieren seit Bestehen des Gesetzes und sind, ähnlich der Generalklausel des französischen Code Civil, in ihrer Flexibilität vom Gesetzgeber bewusst in dieser Weise geschaffen worden".

481 Vgl. auch ausführlich unten: *Kapitel 4, 2.5. Inkurs: Zur Uneinheitlichkeit japanischer Rechtsprechung.*

"Wer einem anderen durch sein Fehlverhalten einen Schaden zufügt, ist diesem zum Ersatz dieses Schadens verpflichtet."[482]

Bei einer solchen Generalklausel bleibt die Ausformulierung der Einzeltatbestände, unter denen Schadensersatz zu leisten ist, der Rechtsprechung überlassen. Der deutsche Gesetzgeber des Bürgerlichen Gesetzbuchs hingegen, wollte der Rechtsprechung keinen so großen Entscheidungsspielraum gewähren und hat sich deshalb entschlossen, in den §§ 823 bis 853 BGB eine Vielzahl von Haftungstatbeständen zu formulieren, die von den Grundtatbeständen der Haftung für Rechtsgutverletzungen (§ 823 Abs. 1 BGB), für Schutzgesetzverstöße (§ 823 Abs. 2 BGB), für vorsätzlich sittenwidrige Schädigungen (§ 826 BGB) bis zu Sondertatbeständen der Kreditschädigung durch Verbreitung falscher Tatsachenbehauptungen (§ 824 BGB) und der Bestimmung zur Beiwohnung (§ 825 BGB) reichen.

Die relative *Freiheit* japanischer Rechtsprechung bei der Auslegung der haftungsrechtlichen Generalklausel, ermöglichte damit auch die Entwicklung einer auf japanische sozio-kulturelle Gegebenheiten angepassten Handhabung des Haftungsrechts, die letztlich auch die Grundlage für die *Multifunktionalität* des Schmerzensgeldes im japanischen Deliktsrecht bildet. Speziell hinsichtlich schmerzensgeldrechtlicher Ansprüche erweiterte die Rechtsprechung das Konzept des *Geldersatzanspruchs für die Kompensation seelischer Schäden* auf einen *Billigkeitsanspruch.* Auch dies verlangt eingehendere Erläuterung.

In kultureller Hinsicht spielt in Japan der Gedanke der Aufrichtigkeit *(seii)* und der Gerechtigkeit eine große Rolle.[483] Hieraus folgt das Verlangen des Geschädigten nach einer *Sanktion* gegen den Schädiger, der sich nicht aufrichtig entschuldigt hat. Die Vergebung des Geschädigten, bzw. die Entschuldigung *(shazaisuru)* des Schädigers hat hierbei sogar häufig einen noch größeren Stellenwert als das Schmerzensgeld oder die geldwerte Kompensation selbst, denn nach dem Prinzip des *shazaisuru*[484] kann der Geschädigte dem Schädiger unabhängig vom Geldersatz vergeben, wenn er eine ernsthafte und aufrichtige Entschuldigung *(seishin seii owabi)* erhalten hat. Auch wenn der reine

---

482 CODE CIVIL, Article 1382: Tout fait quelconque de l'homme, qui cause à autrui un dommage, oblige celui par la faute duquel il est arrivé, à le réparer.

483 Vgl.: Gruber, a.a.O., S. 95.

484 Gruber verwendet hier fälschlicherweise den Begriff *amae*, der vielmehr dem deutschen Begriff *verwöhnen* oder *verwöhnt sein* entspricht. Richtig ist die Verwendung des Begriffes *shazaisuru*, sofern die offizielle Entschuldigung im Sinne eines Schadensanspruches gemeint ist. Der Begriff *ayamaru*, der dem Terminus *amae* ähnlich ist, findet dagegen allein in der privaten Sphäre Anwendung.

Geldersatz - man denke hier an Todesfälle, die nur schwerlich wirklich kompensierbar sind - unzureichend ist, ist dem *Anspruch auf Vergebung* bei einer entsprechenden Höhe des Betrages dennoch genüge getan. Insofern wird auch die wörtliche Übersetzung des Begriffes *isharyô* - Trostgeld - verständlich. Um daher einen den japanischen Gegebenheiten entsprechenden Ausgleichszustand zu erreichen, ist es dem Richter im Einzelfall auch möglich, über den vom Kläger geforderten Geldbetrag hinauszugehen.[485]

Die japanische Rechtsprechung hat erkannt, dass ein solcher *Anspruch* auch dann bestehen kann, wenn im Einzelfall die deliktsrechtlichen oder vertragsrechtlichen Grundlagen einer Einstandspflicht entweder insgesamt oder aber auf Grund von Beweisschwierigkeiten oder des Fehlens einzelner Tatbestandsvoraussetzungen in Teilen nicht gegeben sind.[486] Das *isharyô* entwickelte sich so zu einer Art *Billigkeitshaftung*, die den Art. 709 des JBGB als *Auffangtatbestand* erscheinen lassen. Da in Anbetracht des kulturellen Hintergrundes japanischer Rechtsentwicklung seit der Rezeption deutscher Rechtsgrundsätze Anfang des letzten Jahrhunderts, nur schwerlich noch Bezüge zur grundsätzlich ähnlichen Funktion des deutschen allgemeinen Persönlichkeitsrechts im Rahmen der Rechtsprechung zu § 823 (1) BGB i.V.m. Art. 2 GG herstellbar sind,[487] ist auch der Blick auf die deutschen Ursprünge des Art. 709 JBGB wenig hilfreich. In der japanischen Literatur wird das Fehlen einer grundsätzlichen dogmatischen Festigung des Anspruch auf *isharyô* durch die Rechtsprechung bemängelt, ohne jedoch, dass sich aus dieser Kritik bislang eine Fortentwicklung ergeben hat.[488] Begründet wird diese, somit fast gänzlich der freien Entscheidung des jeweiligen Gerichts überlassene Auslegung des Art. 709 JBGB damit, dass das japanische Recht der Tendenz einer „möglichst weitgehenden Schadenskompensation“[489] folgt, deren Prinzip die „weitgehende Auflösung der Grenzen zwischen vertraglichen und deliktsrechtlichen Ansprüchen und Vermögens- und Nichtvermögensschäden“[490] ist. Auch wird in Japan darauf verwiesen, dass nur durch die weite Auslegung und Anwendung des *isharyô* „den Anforderungen einer modernen Industriegesellschaft mit ihren vielfältigen Formen unerlaubter Handlungen und den damit einhergehenden Beweisschwierigkeiten begegnet werden kann“. Ein Ansatz, der vor dem

---

485 Im deutschen Recht hat dagegen die Ausgleichsfunktion ein wesentlich höheres Gewicht als die Genugtuungsfunktion, vgl. hierzu: Küppersbusch, Ersatzansprüche bei Personenschäden: Eine praxisbezogene Anleitung, 7. Auflage 2000, S. 79, Rn. 190.

486 Gruber, a.a.O., S. 94.

487 Der Gedanke liegt auf Grund der Auffangfunktion, die auch im deutschen Recht im Sinne einer Billigkeitshaftung bekannt ist, durchaus nahe.

488 Gruber, a.a.O., S. 94 m.w.N.

489 Gruber, a.a.O., S. 91.

490 Gruber, a.a.O., S. 94.

Hintergrund der deutschen Rechtslage in Karôshi-Fällen durchaus Beachtung finden sollte.[491]

Zusammenfassend ist festzustellen, dass der Schmerzensgeldanspruch in Japan folgende Funktionen erfüllt:

- Geldersatz für die Kompensation seelischer Schäden,
- Ergänzungsfunktion für Fälle, in denen ein materieller Schaden nicht nachweisbar ist oder nicht umfassend genug erscheint. Hiervon erfasst ist damit auch die *Vergebungsfunktion* des Schmerzensgeldes.

Besondere Bedeutung erlangte das *isharyô* im Bereich der außergerichtlichen Konfliktlösungen durch Vergleichsverfahren, beispielsweise in Fällen von Produkthaftung, Masseschäden[492] und auch in Fällen von Karôshi. Die steigende Tendenz, auf außergerichtliche Vergleiche zurückzugreifen, ist in Japan darauf zurückzuführen, dass Prozesse, die sich über mehrere Instanzen erstrecken, in der Regel extrem zeitintensiv sind und auf Grund der damit ständig steigenden Anwaltskosten für die Kläger mit einem hohen Prozessrisiko behaftet sind.[493]

Wie auch der Anspruch auf *entgangenen Gewinn*,[494] gehen nach japanischem Recht heute ebenfalls die Schmerzensgeldansprüche des Getöteten ohne gesonderte Willenserklärung, kraft Gesetzes auf die Erben über.[495] Der Kreis der Anspruchsberechtigten ergibt sich dabei, nach der auch in dieser Hinsicht höchst uneinheitlichen japanischen Rechtsprechung, aus dem Gedanken der Familiengemeinschaft und wird infolgedessen in der Konsequenz eindeutig weiter gefasst als dies Art. 711 JBGB eigentlich vorsieht.[496]

Deutlich wurde damit, dass in Japan sowohl für materielle als auch für immaterielle Ansprüche im Rahmen allgemeiner zivilrechtlicher Grundsätze eine Haftungsgrundlage gegeben ist. Die zivilrechtliche Haftung des Arbeitgebers hat jedoch heute vor allem bezüglich des immateriellen Schadensausgleichs Bedeutung und zeichnet sich hier aus verschiedenen Gründen durch eine äußerst großzügige Handhabung aus.

---

491 Gruber, a.a.O., S. 96; Tieste i.V.

492 Gruber, a.a.O., S. 88; zu *Masseschäden*, vgl. auch unten: *Kapitel 5, 2.2.2., d) Umfang der Schadensersatzpflicht.*

493 Gruber, a.a.O., S. 85.

494 Siehe hierzu oben: *Kapitel 4, 2.3. Vermögensrechtliche Ansprüche.*

495 Zur historischen Entwicklung, vgl.: Nitta, a.a.O., S. 83.

496 Ausführlich auch zu den diesbezüglichen Theorien: Nitta, a.a.O., S. 87f.

2.5. Inkurs: Zur *Uneinheitlichkeit* japanischer Rechtsprechung

Betrachtet man die japanische Karôshi-Rechtsprechung der letzten Jahre, so fällt auf, dass diese in einem hohen Maße inkonsistent ist. Im Ergebnis geben japanische Urteile daher nur wenig Anhalt zur allgemeinen Einschätzung der Rechtslage in Karôshi-Fällen. Um nicht bei einem, mit dem japanischen Recht und seiner Systematik nicht vertrauten Leser den Verdacht aufkommen zu lassen, der gesamten richterlichen Rechtsfortbildung in Japan mangele es an Regelhaftigkeit, ist hier zumindest in knapper Form[497] auf das rechtliche Systemdenken in Japan einzugehen. Ende der 60er Jahre entstand in Japan eine neue Richtung auf dem Gebiet der Rechtswissenschaft, die bis heute fortdauert und sich *empirische Rechtswissenschaft* nennt. Hiernach versteht sich die Rechtswissenschaft als eine „angewandte Wissenschaft zur sozialen Kontrolle mit dem Mittel des positiven Rechts".[498] Die empirische Methode bezieht sich damit auf rechtliche Phänomene wie die Gesetzesauslegung, den judiziellen Prozess und die soziale Funktion des Rechts. Mit Hilfe der *neuen Sprachtheorie* und des *logischen Positivismus* sollte die Evidenz von Rechtsbegriffen verfolgt und der Exaktheitsgrad der Gesetzesauslegung letztlich erhöht werden. So sollte beispielsweise die *Hypostasierung*[499] des Begriffes *subjektives Recht* durch Reflektion seiner einzelnen Funktionen in den verschiedenen Phasen eines Rechtsproblems ausgeschlossen werden. Es kam zur Verschiebung des Schwerpunktes der Rechtsdogmatik auf das Richterrecht, wobei das *Problemdenken* zum Nachteil des *Systemdenkens* in den Vordergrund trat. Statt also den Schluss aus dem Gesetz logisch abzuleiten, wurde zunächst das Problem ins Auge gefasst, um auf Grund umfangreicher Interessenabwägung zunächst eine Vielzahl von Lösungsmöglichkeiten zu entwickeln und schließlich die Zweckmäßigste hiervon auszuwählen. Erst hinterher wurde diese Entscheidung durch den vom Gesetz vorgegebenen Rechtssatz gerechtfertigt. Auf diese Weise sollten insbesondere neue Rechtsprobleme, die mit Hilfe des Gesetzestextes nicht befriedigend zu lösen waren, einer raschen und zuverlässigen Rechtsfindung zugeführt werden, wobei die Praktikabilität der Lösung und eben nicht ihre dogmatische Vereinbarkeit im Vordergrund stand. Dass diese Methode jedoch aus der Sicht eines mit dem japanischen Recht nicht vertrauten und an die deutsche Rechtsdogmatik gewöhnten Betrachters zu *uneinheitlichen*

---

497 An dieser Stelle ist auf die diesbezüglich ausführliche Darstellung bei Rahn zu verweisen: Rahn, a.a.O.

498 Hammitzsch, a.a.O., S. 1462.

499 Hypostasierung, von griech. hypo / unter und stasis / Stand, Stellung, Lage. Bedeutet wörtlich: Unterlegung. Nach Plato wird durch die Hypostasierung einem Begriff, der eigentlich nur das Produkt eines gedanklichen Abstraktionsprozesses ist, ein eigenständiges Sein "unterlegt" oder „unterstellt".

Ergebnissen führt, liegt auf der Hand.[500] Gleichwohl gibt es auch in Japan ein Instrument zur Gewährleistung von Rechtseinheitlichkeit. Um Willkürlichkeit zu vermeiden, wird der „dem Problem zugrunde liegende Typus des Tatsachen- und Normenkomplexes herausgebildet, was die Ausrichtung und Einrichtung der Tragweite des korrespondierenden Rechtssatzes ermöglichen soll".[501] Die damit gemeinte Auslegungsmethode umfasst dabei zwar ganz allgemein Merkmale auch im deutschen Recht anerkannter Auslegungsmethoden, ist aber hinsichtlich der Kriterien, anders als hier, nicht festgelegt. Dennoch lässt eine Analyse japanischer Rechtsprechung natürlich Tendenzen erkennen, denn auch in Japan vollzieht sich die Entwicklung des Rechts über die reine Kodifikation hinaus nicht allein über die wissenschaftliche Literatur, sondern ganz pragmatisch, auch über die Judikative. Die Tendenzwirkung von Rechtsprechung und Literatur, als Ausdruck einer Angleichung des Rechts an gesellschaftliche Veränderungen und Bedürfnisse wiederum, beeinflusst sowohl Exekutive als auch Legislative. Entsprechend lassen sich auf der Ebene der Exekutive in Japan heute deutliche Veränderungen feststellen, die auf eine zunehmend zusprechende Rechtsprechung in Karôshi-Fällen zurückzuführen sind.[502]

3. Kriterien betreffend der Anerkennung von Karôshi als arbeitsbedingter Gesundheitsschaden in unfallversicherungsrechtlicher und zivilrechtlicher Hinsicht

Die Rechtsentwicklung in Japan hinsichtlich der kompensationsrechtlichen Aspekte der Karôshi-Problematik erfolgte zunächst in Form von internen Anweisungen *(naiburenraku)*[503] und später in erster Linie durch Erlasse und Richtlinien des Arbeitsministeriums *(Tsutatsu)*,[504] die für die Gerichte eine wichtige Orientierungsfunktion darstellen. Bedingt durch den Umstand, dass es in Japan in den unteren Instanzen keine Arbeitsgerichte gibt, sondern sowohl unfallversicherungsrechtliche als auch zivilrechtliche Ansprüche vor den allgemeinen Gerichten verhandelt werden, entfalten die Erlasse des Arbeitsministeriums hinsichtlich beider Institute Rechtswirkung. Im Folgenden soll

---

500 Vgl. auch im Folgenden: Hammitzsch, a.a.O., S. 1462.

501 Hammitzsch, a.a.O., S. 1462.

502 Kawahito, a.a.O., S. 12.

503 Ueyanagi verwendet hier den gänzlich unjuristischen Begriff *meyasu*, der allgemein lediglich die Festlegung von Bewertungsmaßstäben beschreibt. Ueyanagi, a.a.O., S. 84.

504 Die rechtliche Qualität einer Richtlinie erfordert im Einzelfall auch eine spezielle Bezeichnung. So unterscheidet man in Japan im juristischen Sinne bspw. zwischen *tsutatsu* und *guideline*.

daher die Rechtsentwicklung anhand der Entwicklung der Erlasse in zeitlich chronologischer Abfolge erörtert werden.

3.1. Die Entwicklung durch die Erlasse in den Jahren 1961 bis 1995

Bei der ersten Reaktion des japanischen Arbeitsministeriums auf die Anerkennungsproblematik in Fällen von Karôshi handelt es sich um einen Erlass vom 13.2.1961, in dem der Begutachtungszeitraum bezüglich der den Tod auslösenden Stressbelastung auf den Tag vor der letzten Arbeitsschicht ausgedehnt wurde.[505] Hiermit ging die Regierung bereits im Jahre 1961 einen Schritt über die in Japan zuvor und in Deutschland heute aktuell bestehende Rechtslage hinaus.[506] Zudem wurde anerkannt, dass auch die Verschlechterung einer bereits bestehenden Vor-Schadenslage eine rechtlich relevante Ursache für einen danach grundsätzlich als Karôshi anerkennensfähigen Einzelfall sein kann.[507] Letzteres wurde durch eine Entscheidung des *Tokio High Court* im Jahre 1976 bestätigt.[508]

Am 26.10.1987 wurde durch einen zweiten Erlass[509] der Begutachtungszeitraum auf sieben Tage ausgedehnt, was jedoch im Januar 1988 durch eine interne Anweisung des Arbeitsministeriums nahezu völlig entkräftet wurde, die nach ihrem Bekannt werden im Jahre 1990 von den mit der Thematik befassten Medizinern, Rechtsanwälten und der breiten Öffentlichkeit als skandalös empfunden wurde.[510/511]

Die interne Anweisung beschrieb 14 hypothetische Beispielfälle. So war ein Fall von Karôshi beispielsweise nur dann anerkennungsfähig, wenn ein Arbeitnehmer an jedem Tag der seinem Tod vorausgehenden Woche, im Vergleich zu

505 Erlass des japanischen Arbeitsministeriums vom 13.2.1961, Rousaijihou (dt.: Die Arbeitsunfälle-Nachricht), vol. 5, No. 2, S. 44-49.

506 Um einen Arbeitsunfall handelt es sich nach deutschem Recht, auch bei mehreren sich akkumulierenden Erkrankungen nur dann, wenn ein Ereignis akzidentieller Natur festgestellt werden kann. Der Zeitraum, in dem diese Einzelereignisse Berücksichtigung finden, darf im Höchstmaß eine Arbeitsschicht nicht überschreiten. Vgl.: Ziegler in LPK-SGB VII, § 8, Rn. 23; Petri, Gesetzliche Unfallversicherung, § 1, Rn. 7.

507 Erlass des japanischen Arbeitsministeriums vom 13.2.1961, Rousaijihou (dt.: Die Arbeitsunfälle-Nachricht), vol. 5, No. 2, S. 44-49.

508 Sugeno, a.a.O., S. 327 mit Verweis auf Mita Rôkishôchô, Tokio High Court, 30.9.1976, 843, Judgement 39.

509 Erlass des japanischen Arbeitsministeriums vom 26.10.1987, Rousaijihou (dt.: Die Arbeitsunfälle-Nachricht), vol. 8, No. 10, 11, 12, S. 28-32.

510 Masaru Mizno im persönlichen Gespräch mit dem Verfasser, a.a.O.

511 Kawahito, a.a.O., S. 12.

und der Begriff des psychischen Ereignisses von nun an entweder aus einer Dauerbelastung oder einem länger zurückliegenden Ereignis bestehen konnte, fand 1995 die *mentale Dauerbelastung*, die über viele Jahre das kardiovaskuläre Risiko verstärkt, noch immer keine Beachtung. Zwar wurde der zu berücksichtigende Zeitraum nicht ausdrücklich begrenzt, jedoch umfasst er hinsichtlich der fortdauernden Beanspruchung die vor dem Schadensfall liegenden Wochen und im Höchstmaß nur wenige Monate, sofern es sich um ein einzelnes psychisch gravierendes Ereignis handelte, das durch andere arbeitsbedingte Stressfaktoren *verstärkt* wurde.[526] Dennoch bedeutet diese an den aktuellen wissenschaftlichen Erkenntnisstand angepasste Einstellung eine deutliche Liberalisierung der Anerkennungspraxis in Fällen von Karôshi und damit eine im sozialwissenschaftlichen Sinne feinmaschigere Auslegung des sozialen Netzes.

Innerhalb des Begutachtungszeitraums werden zunächst die dem Todesereignis unmittelbar vorangehenden 24 Stunden untersucht. Sofern sich in dieser Zeitspanne keine psychische Einwirkung feststellen lässt, auf welche das tödliche Ereignis zurückgeführt werden kann, wird die dem Tod vorangehende Woche in die Betrachtung mit einbezogen. Sofern auch in dieser Zeitspanne kein den Tod zumindest mitauslösendes psychisches Ereignis ausreichender Stärke festgestellt werden kann, wird der Begutachtungszeitraum über diese eine Woche hin ausgedehnt. Im Falle, dass sich in diesem erweiterten Begutachtungszeitraum ein Ereignis feststellen lässt, wird entweder gefordert, dass es von ausreichender Stärke ist, was beispielsweise bei Vorliegen eines *Post-Traumatischen Stress Syndroms*[527] der Fall sein wird oder aber, dass sich in dem erweiterten Zeitraum eine Vielzahl psychischer Belastungsfaktoren zu einer ausreichenden Gesamtbelastung addiert hat.

Der Antrag auf Kompensationsleistung aus der gesetzlichen Unfallversicherung wird seitens des Arbeitsministeriums daher in folgender Reihenfolge untersucht:[528]

---

[526] Im Gespräch mit Tomonori Kawai, a.a.O.

[527] Post-Traumatisches Stress Syndrom oder auch Post-Traumatic Stress Disorder (PTSD) bezeichnet die natürliche Reaktion des menschlichen Organismus auf eine traumatisierende Situation oder ein Ereignis tief schockierender Art, welches plötzlich, unerwartet, gewalttätig und lebensbedrohend, physisch oder psychisch einem selbst oder jemanden Nahestehenden betrifft. Roche, a.a.O. Vgl. auch Mehrtens, u.a. , Arbeitsunfall und Berufskrankheit, a.a.O., S. 251, m.w.N.

[528] Im Gespräch mit Tomonori Kawai, a.a.O.

1. Liegt ein äußeres psychisches Ereignis vor, das auf den Verstorbenen eingewirkt hat?
2. Hat sich das äußere Ereignis[529] im *Herrschaftsbereich* des Arbeitgebers ereignet? *(innerer Zusammenhang)*

Bezüglich des psychischen Ereignisses wird die Vorgeschichte des verstorbenen Arbeitnehmers wie folgt begutachtet:

1. Extreme Stressfaktoren als Spitzenereignisse
2. Qualität der Arbeit, d.h. Begutachtung der konkret geforderten Arbeitsleistung / Produktivität
3. Bewertung der Arbeitsumstände bezüglich des Vorliegens extremer Dauerstressmomente
4. Arbeitsbelastung durch Überstunden

In zeitlicher Hinsicht wird ausgehend vom Todeszeitpunkt folgendermaßen untersucht.

1. Liegt das Ereignis innerhalb von 24 Stunden vor dem Todeseintritt?
2. Liegt es innerhalb einer Woche vor dem Todeseintritt?
3. Lässt sich innerhalb des erweiterten Zeitraumes von zunächst 10 Tagen eine ausreichende *Akkumulation* von psychischen Einflüssen feststellen?
4. Lassen sich außerhalb dieses Zeitraumes erhebliche psychische Einflussgrößen, sei es als Spitzenereignisse oder Dauerbeanspruchungen, feststellen?

Hinsichtlich der Fallkonstellation des nicht am Arbeitsplatz, sondern zu Hause, möglicherweise nach Stunden oder Tagen in Ruhe erlittenen Infarktes oder des später erfolgenden depressionsbedingten Selbstmordes, ergeben sich aus der japanischen Rechtspraxis heute keine Probleme. Diesbezügliche wissenschaftliche Erkenntnisse bei der Anerkennungspraxis fanden bereits früh Berücksichtigung. Hauptargument ist, dass das Versicherungssystem nicht ortsorientiert angelegt ist und daher lediglich darauf abzustellen ist, ob die das tödliche Ereignis auslösende Stressbelastung *selbst* in einem inneren Zusammenhang mit der Arbeit zu sehen ist oder nicht. *(Abb. 30, S. 173)*

---

[529] Bezüglich der Unterscheidung der Begrifflichkeiten *Arbeitsunfall* und *Berufskrankheit*, vgl. unten: *Kapitel 3, Koronare Todesfälle und depressionsbedingte Selbstmorde im System der sozialen Sicherung der Bundesrepublik Deutschland.*

Auf der Grundlage der so gewonnenen Erkenntnisse ergeht schließlich die Entscheidung darüber, ob die gesundheitliche Vorschädigung des Arbeitnehmers, um mit den deutschen Begriffen zu arbeiten, *rechtlich allein wesentliche Ursache* für den eingetretenen Gesundheitsschaden war und ob damit eine Kompensation nach der *UAUV* erfolgt oder nicht.

Hinsichtlich der Praktikabilität dieses Modells stellt sich weniger die Frage der hinreichenden Evidenz einer retrospektiv einzuschätzenden Belastbarkeit des Verstorbenen, da dies heute medizinisch durchaus im Bereich des Möglichen liegt und im Übrigen auch weitgehend den Grundsätzen des deutschen Unfallversicherungsrechts entspricht.[533] Ungenauigkeiten scheinen vielmehr unvermeidbar auf der Vergleichsebene zu liegen, wo es darum geht, das Verhältnis zwischen der feststellbaren Belastbarkeit des Verstorbenen zum Unfallzeitpunkt und der hypothetischen Belastbarkeit eines ebenso hypothetischen Arbeitnehmers zu konstruieren. Das japanische Modell stützt sich in diesem Gesichtspunkt auf die Erkenntnisse der medizinischen Wissenschaft im Allgemeinen und die Konsultation einer Vielzahl von medizinischen und psychologischen Gutachtern im konkreten Fall. Wie jedoch ein solcher Vergleich detailliert zu vollziehen ist, war zwischen 1995 und September 1999 nicht Gegenstand von Richt- oder Leitlinien seitens der Regierung und allein der Einschätzung von Gutachtern überlassen.

Wie zu erwarten war, ergaben sich damit in Japan in den folgenden Jahren in einschlägigen Antragsfällen eine Vielzahl neuer Probleme, die durch die bisherige, restriktive Handhabung vermieden werden konnten und sollten. So fehlte neben einem sicheren *Vergleichsmodell* auch noch immer ein schlüssiges Konzept, das die Bewertung der im Einzelfall vorliegenden Stressoren hinsichtlich ihrer *Intensität* ermöglichte. Unklarheit herrschte diesbezüglich sowohl in der Frage der *zu fordernden* Intensität als auch hinsichtlich der *Bestimmung* der Intensität von im konkreten Fall vorliegenden psychischen Einwirkungen. Die Bestimmung der Intensität psychischer Einflüsse ist jedoch für eine Anwendung des dargestellten Vergleichsmodells von elementarer Bedeutung und unabdingbare Voraussetzung für das Anerkennungsverfahren vor dem *Labour Standards Office* und den mit Karôshi befassten Gerichten. Für die Antragsteller ergab sich daher durch die geschilderten Regierungserlasse und die damit im Zusammenhang stehenden Modelle letztlich nicht das gewünschte Maß an Rechtssicherheit.

---

[533] Vgl.: Kater/Leube, SGB VII, a.a.O., § 8, Rn. 13 sowie: Mehrtens, u.a. , Arbeitsunfall und Berufs-krankheit, a.a.O., S. 812, 913.

3.3. Die Richtlinie vom 14. September 1999[534] zur Beurteilung der Arbeitsbedingtheit psychischer Befindlichkeitsstörungen

Durch den am 14. September 1999 fertig gestellten Abschlussbericht einer vom Arbeitsministerium im Februar 1988 eingesetzten Expertenkommission, der in seinen Grundzügen auch heute Gültigkeit hat, erscheint eine hinreichende Klärung dieser Fragen jetzt möglich.[535] Diese Kommission, bestehend aus Arbeitsmedizinern, Arbeitspsychologen und Rechtswissenschaftlern, sollte ein Bewertungsmodell[536] entwickeln, nach dessen verbindlichen Kriterien das Labour Standards Office zukünftig Anträge von Arbeitnehmern auf Kompensationsleistung aus der gesetzlichen Unfallversicherung - auf Grund *mentaler Befindlichkeitsstörungen* - beurteilen sollte; Befindlichkeitsstörungen, die in *Uehata*s Definition bedeutsam genug waren, auch eine Kausalbeziehung zwischen psychischer Störung und Selbstmord herzustellen. Die japanische Regierung begegnete damit einer neuen Entwicklung in der Karôshi-Problematik: Auf die deutliche Zunahme von mit der Arbeit im Zusammenhang stehenden Selbstmorden; Teil des bereits im Jahre 1982 von *Uehata* aufgestellten Karôshi-Modells. Immer deutlicher wurde, dass es japanischen Gerichten und Arbeitsaufsichtsämtern an einem allgemein gültigen Bewertungsmodell psychischer Belastung am Arbeitsplatz mangelte. Die auf der Basis des Abschlussberichtes ergangene Richtlinie betraf zunächst nur depressionsbedingte Selbstmorde.[537] Wie noch zu zeigen sein wird, geht sie in ihrer Wirkung jedoch weit darüber hinaus und kann auch generell für die Erfassung und Bewertung extremer arbeitsbedingter psychosozialer Be- und Überlastung zur Anwendung kommen.

---

534 Erlass des japanischen Arbeitsministeriums vom 14.9.1999, Guideline of Assessment for Mental Disorders Caused by Occupational Psychological Overloads, Rousaijihou (dt.: Die Arbeitsunfälle-Nachricht), Arbeitsministerium 1999, vol. 43, No. 4 , 5, 6, 7, 8, 9, S. 26-39.

535 Tomonori Kawai (als Beteiligter dieser Kommission) im Gespräch mit dem Verfasser, a.a.O.

536 Schematische Kurz-Übersicht bei: The Japan Institute of Labour (JIL). Public Policy, New Standards for Workers'Accident Compensation Insurance for Mental Disorders and Work-related Suicides, in: Japan Labor Bulletin, vol. 38, No. 11, November 1, 1999, http://www.jil.go.jp/bulletin/index.htm, Unterordner: http://www.jil.go.jp/bulletin/year/1999/vol38-11/03.htm, S. 2. Außerdem Tomonori Kawai, Ken-Ichi Kumagai und Toshiro Ueyanagi in ausführlichen Gesprächen mit dem Verfasser im Februar und März 1999 in Tokio, a.a.O. sowie umfangreiche Übersetzungen aus den Originalen zweier unveröffentlichter interner Anweisungen des japanischen Arbeitsministeriums durch Kenji Takahashi in Zusammenarbeit mit dem Verfasser von April- September 2000.

537 Guideline of Assessment for Mental Disorders Caused by Occupational Psychological Overloads, Rousaijihou (dt.: Die Arbeitsunfälle-Nachricht), Arbeitsministerium 1999, vol. 43, No. 4 , 5, 6, 7, 8, 9, S. 26-39.

3.3.1. Vorgeschichte

Besonderer Druck wurde auf die Regierung durch zwei einschlägige gerichtliche Verfahren ausgeübt, die beide Anfang der 90er Jahre ihren Ursprung hatten und deren Ausgang bereits 1998 absehbar war. In beiden Fällen handelt es sich um Zivilprozesse, die Angehörige von Selbstmordopfern nach Art. 709 JBGB angestrengt hatten. Es ging in diesen Fällen daher nicht um Klagen auf Kompensationsleistung aus der gesetzlichen Unfallversicherung,[538] sondern auf *Fürsorgepflichtverletzung* gegen die Arbeitgeber der Karôshi-Opfer.

a) *Dentsû*

In dem bereits im Jahre 1996 in erster Instanz entschiedenen *Dentsû*-Fall, der im März 2000 in letzter Instanz bestätigt wurde, anerkannte ein japanisches Gericht zum ersten Mal die *deliktsrechtliche Verantwortlichkeit* des Arbeitgebers für den Tod eines Angestellten.[539] Am 28.3.1996 verurteilte das Bezirksgericht Tokio die Werbeagentur *Dentsû* in erster Instanz zur Zahlung von 126 Millionen Yen (entsprechend ca. 1.1 Mio. Euro)[540] Schadensersatz an die Angehörigen von *Ichiro Ôshima*.[541] Diese hatten ihren Anspruch sowohl mit der Haftung des Unternehmens aus unerlaubter Handlung nach dem JBGB als auch mit der Verletzung einer arbeitsvertraglichen Pflicht begründet und einen Schadensersatz von insgesamt 220 Mio. Yen[542] gefordert. Der Selbstmord des 24-jährigen *Dentsû*-Angestellten, so die Überzeugung des Gerichts, sei auf ein exzessives Arbeitspensum von 4000 Stunden pro Jahr und demzufolge auf arbeitsbedingte Umstände zurückzuführen - der notwendige Kausalzusammenhang zwischen Überarbeitung und Selbstmord in diesem Fall erwiesen. Der Klage ging ein entsprechender Antrag der Witwe des Arbeit-

538 Solche Schadensersatzprozesse, in denen die Karôshi-spezifischen Kausalitäten von japanischen Gerichten sowohl für Selbstmorde als auch für Herz- oder Hirninfarkte bestätigt wurden, gab es fortlaufend bereits seit den 80er Jahren. Vgl. hierzu, Table III-9-1, Numbers of Claims Filed and Cases of Compensation Awarded for the Death From Overwork, in: Karôshi - When the Corporate Warrior Dies, The National Defense Counsel for The Victims of Karôshi, a.a.O., Anhang, S. XV. Sie zeichnen sich jedoch, wie bereits erwähnt, durchweg durch uneinheitliche Rechtsprechung mit Einzelfallcharakter aus.

539 Urteil des Distriktgerichts Tokio, v. 28.3.1996, 692 Rôdô Hanrei 13; siehe auch AuR, 1996, S. 312 sowie Kommentar von Nakata: Verletzung der Fürsorgepflicht des Arbeitgebers bei Selbstmord eines Angestellten wegen Überarbeitung, ZJapanR 2/1996, S. 142ff; vgl. auch Obata, a.a.O.

540 € 1.089.306 (Stand 1.5.2002).

541 Suicide Stemmed from Overwork - Court Orders Employer to Pay Yen 120 Million, Japan Labor Bulletin, June 1, 1996.

542 Entsprechend € 1.901.962 (Stand 1.5.2002).

nehmers auf Kompensation aus der gesetzlichen Unfallversicherung voraus, der jedoch 1995 von den zuständigen innerministerialen Behörden zurückgewiesen wurde.[543]

Im Rechtsstreit mit dem Arbeitgeber hatte das Gericht über folgende Rechtsfragen zu entscheiden:

- den Umfang der Arbeitszeit
- die Frage, ob die Arbeitszeit im Vergleich zu anderen Unternehmen ungewöhnlich hoch war
- den Kausalzusammenhang zwischen Tod und Arbeitsüberlastung
- die Verletzung der Fürsorgepflicht der Beklagten

Es kam zu dem Schluss, dass *Ôshima* in den 17 Monaten vor seinem Tod, nachweislich nach morgendlichem Dienstantritt, in 105 Fällen bis nach 2 Uhr nachts und in 49 Fällen bis nach 4 Uhr nachts gearbeitet hatte. Grundlage der Arbeitszeitberechnung, deren Beweis durch die Klägerseite in Fällen dieser Art durch mangelnde Kooperationsbereitschaft der verklagten Unternehmen notorisch schwer zu führen ist, waren die, von einem durch *Dentsû* beauftragten Sicherheitsunternehmen festgehaltenen Anwesenheitszeiten aller in den Büroräumen anwesenden Personen. Die so festgestellten Arbeitszeiten seien, so das Gericht, in hohem Maße abweichend von der in Unternehmen dieser Art üblichen Arbeitszeit.

Nach Erkenntnis medizinischer und psychologischer Gutachter verschlechterte sich *Ôshimas* Gesundheitszustand mit zunehmender Arbeitsleistung konstant. Er litt an Konzentrationsschwierigkeiten, Selbstzweifel, Schlafmangel und, was für das Gericht am bedeutendsten war, an einer *psychogenen Depression.*[544] Das Gericht sah es als erwiesen an, dass sich *Ôshima* angesichts einer auch zukünftig unvermeidbaren Arbeitsüberlastung aus Resignation das Leben nahm und daher die Arbeitsüberlastung adäquat-kausal für die Krankheit und diese ebenfalls adäquat-kausal für den Tod *Ôshimas* durch Selbstmord war.

Die Beklagte habe auf Grund der ihr als Arbeitgeberin obliegenden Fürsorgepflicht die verbindliche Aufgabe gehabt, dafür zu sorgen, dass ihre Angestellten nicht einer ständigen Arbeitsüberlastung ausgesetzt sind und sich durch die

---

543 CNN - online, Japanese Judge Orders Payout After Death of Man Who Worked 80-Hour Weeks, http://www.cnn.com/WORLD/asiapcf/9903/13/japan.suicide.01/

544 Gruppe der psychogenen Depressionen. Umfasst nach heutiger Definition die Erschöpfungsdepression und die reaktive Depression. Roche a.a.O.; im Kontext der Karôshi-Problematik: Tieste i.V.

Arbeit keine schädlichen Auswirkungen auf deren Gesundheit ergeben.[545] Entgegen dem Einwand der Beklagten, *Ôshimas* Abteilungsleiter habe von den Überstunden gewusst und diesen angehalten, möglichst keine Überstunden mehr zu machen, stellte das Gericht pauschal auf die mangelnde Effektivität der Maßnahmen der Arbeitgeberin ab, die auch für mangelhafte Gegenmaßnahmen ihrer Angestellten zu haften habe. Auch den Hinweis und Beweisantritt der Beklagten, sie habe durch zahlreiche Aktionen ihrer Fürsorgepflicht Genüge getan, wies das Gericht zurück. Die von der Beklagten behaupteten, dem Gesundheitsschutz ihrer Angestellten dienenden Maßnahmen sind in der Tat bemerkenswert:

- Die Errichtung eines Gesundheitszentrums
- Übernachtungsmöglichkeiten innerhalb des Unternehmens
- Die Erstattung von Hotel- und Taxikosten
- Das Angebot, für geleistete Überstunden Urlaub zu nehmen
- Regelmäßige Verhandlungen mit der Gewerkschaft über die Arbeitsbedingungen
- Gesundheitsuntersuchungen der Angestellten bei Überschreiten zuvor festgelegter Überstundenzahlen
- Die Errichtung eines Systems, nach dem die Überstunden der Angestellten durch selbstständigen Eintrag in entsprechende Formulare erfasst wurden

Durch die Betriebsüblichkeit einer hohen Zahl von Überstunden im Allgemeinen und im konkret zu betrachtenden Fall im Besonderen, so das Gericht, seien die genannten Maßnahmen offensichtlich in hohem Maße ineffektiv, sodass bereits hierdurch die Fürsorgepflicht nicht erfüllt sein könne. Insbesondere habe, nach Ansicht des Gerichts, die Beklagte Kenntnis über die hohe Zahl und die Betriebsüblichkeit so genannter service-overtime-Stunden *(service zangyo* = unbezahlte, unregistrierte Arbeitszeit) und damit auch über die Ineffektivität des Überwachungssystems gehabt. Dies schloss das Gericht aus dem Vergleich der registrierten Anwesenheitszeiten der Angestellten in den Büroräumen des Unternehmens und den von der Firmenleitung angegebenen Arbeitszeiten. Die Maßnahmen der Firmenleitung wären folglich nicht ausreichend gewesen, um ihrer arbeitgeberseitigen Fürsorgepflicht zu genügen.[546]

---

545 Entscheidung zur so genannten *Mittelpflicht*, d.h. zum Umfang der Fürsorgepflicht des Arbeitgebers in Japan: Supreme Court, 25/2/75, 29, 29 Minshû, 5, S. 143.

546 Vgl. auch Obata, a.a.O.

Am 12.3.1999 wurde dieses Urteil in zweiter Instanz vom *Tokio High Court* bestätigt,[547] jedoch auf ein Mitverschulden der Familie *Ôshimas* erkannt und die Schadensersatzsumme auf 89 Mio. Yen[548] reduziert. So sei der Tod *Ôshimas* teilweise auf seinen geistigen und körperlichen Zustand zurückzuführen, wozu auch eine „Neigung zu Depressionen" gehöre. Zudem trügen auch seine Eltern, bei denen er lebte, eine gewisse Verantwortung für seine Überarbeitung, da eine Gesundheitsbeeinträchtigung von diesen hätte erkannt werden können und ihnen ein Einwirken auf ihren Sohn zumutbar gewesen wäre.[549] Diese Entscheidung, über die auf Grund eines Revisionsantrags beider Parteien der *Supreme Court* zu entscheiden hatte, wurde von diesem im März 2000 aufgehoben, und der Fall mit dem Hinweis an den *High Court* zurückverwiesen, dass dem Unternehmen ein sogar noch erheblicherer Vorwurf zu machen sei, als dies das Urteil des *High Courts*, in seiner Begründung sachlich richtig, vorsah.[550] Am 22.6.2000 wurde schließlich vor dem *Tokio High Court* der Fall durch einen *Vergleich* über 168 Mio. Yen (entsprechend ca. 1,5 Mio. Euro)[551] offiziell abgeschlossen.[552]

Die beachtlichen Schadensersatzsummen sind darauf zurückzuführen, dass, wie geschildert, die Anspruchsposten der Hinterbliebenen nicht allein auf vermögensrechtliche Ansprüche beschränkt sind, sondern auch *eigene* Schmerzensgeldansprüche Angehöriger beinhalten, die wiederum, wie dargestellt, wegen der besonderen Charakteristik des *isharyô* eine beträchtliche Höhe haben können.[553] Im wirtschaftlichen Sinne erinnert damit das *isharyô* an die aus den Vereinigten Staaten bekannten *Punitive Damages*, wenngleich in

547 Dentsû, Tokyo High Ct., 26.9.1997, Rodo Hanrei 13.

548 Entsprechend € 769.430 (Stand: 1.05.02).

549 Obata, a.a.O.; Japan Labor Bulletin, vol. 39, (2000), Heft 6, S. 4.

550 Dentsû, Supr. Ct., 2nd Petty Bench, 24.3.2000; 724 Rodo Hanrei, 13.3.

551 € 1.452.408 (Stand: 1.5.02).

552 Dentsû Admits Fault in Worker Suicide, The Japan Times, June 24, 2000, http://www.jca.ax.apc.org/web-news/corpwatch-jp/42.html (Corporate Watch in Japanese).

553 Nakata hingegen sieht den Grund für die hohen Schadensersatzsummen in Japan im japanischen Berechnungssystem, das sich seiner Ansicht nach vom deutschen grundlegend unterscheidet. So berechne das Gericht mit Hilfe der Rechtskonstruktion der logischen Sekunde den Schadensersatzanspruch zuerst beim Verstorbenen, sodass dieser zunächst selbst Inhaber der Schadensersatzansprüche würde, bevor diese auf die Erben übergehen. Hierdurch käme es zur Kumulation von Schadensersatzansprüchen, die sich entsprechend erhöhen, da der zunächst beim Opfer entstandene Anspruch, der aus einem vermögensrechtlichen Anspruch und einem Schmerzensgeldanspruch besteht, infolge der erbrechtlichen Universalsukzession auf die Erben übergehe. Hinzu käme dann noch ein eigener Ersatzanspruch der Erben in materieller und immaterieller Hinsicht. Nakata, a.a.O., S. 144. Mit dieser Auffassung geht Nakata jedoch fehl, da sich lediglich im letzten Punkt, wie dargelegt, die japanische Rechtslage von der deutschen unterscheidet.

Japan, wie erläutert, diesem Anspruch eine andere rechtsdogmatische und sozio-kulturelle Konstruktion zugrunde liegt.[554] Zudem ist zu bedenken, dass die Ansprüche naturgemäß zum Todeszeitpunkt des Verstorbenen entstehen und mit 5 % verzinst werden, was bei einer Verfahrensdauer, von im *Dentsû*-Fall knapp 10 Jahren, die Anspruchssummen nochmals erheblich erhöht.[555]

Zusammenfassend kann daher festgestellt werden, dass in der *Dentsû*-Entscheidung zum ersten Mal in der japanischen Rechtsgeschichte durch höchstrichterliche Rechtsprechung

- der Inhalt der arbeitgeberseitigen Fürsorgepflicht im Hinblick auf eine arbeitsassoziierte Erkrankung konkretisiert wurde,
- der Kausalzusammenhang zwischen Überarbeitung, Selbstmord und Fürsorgepflichtverletzung anerkannt wurde, und
- die Grenzen, nach denen im Einzelfall der Schadensersatzanspruch gemindert werden kann, mithin, nach welchen Kriterien ein Mitverschulden angenommen werden kann, bestimmt wurden.

So haben, nach Auffassung des Gerichts, Unternehmen die Pflicht, die Arbeit ihrer Angestellten so zu organisieren, dass es nicht zu übermäßigen Belastungen kommt, aus denen psychische oder physische Krankheiten folgen können. Diese Verpflichtung trifft dabei nicht nur den Arbeitgeber, sondern auch diejenigen Arbeitnehmer, die als Vorgesetzte in Verwaltung und Management für ihre Mitarbeiter Verantwortung tragen. Insbesondere beziehe sich dies auf die Grenzen der nach dem ASG zwingend vorausgesetzten Arbeitszeit.[556] Bezüglich der Kausalbeziehungen hob das Gericht hervor, dass heute in medizinischer Hinsicht kein Zweifel mehr an den äthiologischen Zusammenhängen besteht und verwies mit Hinweis auf eine früher ergangene Entscheidung[557] darauf, dass insbesondere bezüglich des Verhältnisses zwischen Depression und Selbstmord der Kausalzusammenhang heute mit hinreichender Wahrscheinlichkeit *vermutet* werden könne.

---

554 Der hierbei vielleicht erwünschte Nebeneffekt im Sinne der in den Vereinigten Staaten verbreiteten Praxis der *Punitive Damages* (Strafeffekt für die Unternehmen), ist nach Aussage des mit zahlreichen Karôshi-Fällen befassten Rechtsanwaltes Toshiro Ueyanagi (The National Defense Counsel for The Victims of Karôshi) nicht der Grund für die hohen Entschädigungssummen. Ueyanagi, Attorney at Law, Tokyo am 22.1.1999 im persönlichen Gespräch mit dem Verfasser in den Tokyo Surugadai Law Offices, Tokio, (autorisiert mitgeschnitten).

555 Nakata, a.a.O., S. 142.

556 Und damit auf den gesetzlich bestimmten 8- bzw. 10-Stunden-Tag.

557 Siehe unten: Kawasaki Seitetsujo/Mizushima (Seitetsujo-Fall).

Hinsichtlich des Verschuldens stellte das Gericht fest, dass *Dentsû* sich sowohl der chronischen Überarbeitung *Ôshimas* als auch der Verschlechterung seines Gesundheitszustandes bewusst war, wobei Letzteres bereits für die Feststellung einer Verantwortlichkeit des Unternehmens ausgereicht hätte. Zu den Voraussetzungen, nach denen ein Anspruch gemindert werden kann, stellte das Gericht fest, dass entgegen der Ansicht des Distrikt-Gerichts der Geisteszustand des Suizidenten nur dann in Anrechnung gestellt werden darf, wenn es sich um einen Vorschaden pathologischer Natur handelt. Ein solcher *Vor*schaden würde hier jedoch nicht vorliegen, da sich aus der ärztlichen Dokumentation der Krankengeschichte Oshimas ergeben habe, dass dessen psychogene Depression sich mit hoher Wahrscheinlichkeit gerade durch die Arbeitsüberlastung im fraglichen Zeitraum entwickelt habe. Ebenso wenig dürfe den Familienmitgliedern des Opfers ein Mitverschulden mit dem Vorwurf angelastet werden, diese hätten den Selbstmord nicht verhindert, was selbst dann gelte, wenn der Betroffene, wie hier, mit diesen in häuslicher Gemeinschaft gelebt hat, denn Eltern oder Angehörige hätten grundsätzlich keinen Einfluss auf die allein maßgeblichen Arbeitsbedingungen.[558]

b) *Kawasaki Steel*

Im Februar 1998 verurteilte das Bezirksgericht von *Okayama (Okayama District Court)* das Unternehmen *Kawasaki Steel* zu Schadensersatz in Höhe von 52 Millionen Yen (entsprechend ca. 450.000 Euro)[559] für den Selbstmord des 41-jährigen „Managers in mittlerer Position", *Junichi Watanabe*, im Jahre 1991.[560] Auch hier ging es um die deliktsrechtliche Verantwortlichkeit des Arbeitgebers nach Art. 709 JBGB und auch hier sah es das Gericht als erwiesen an, dass die aus Überarbeitung resultierenden Depressionen den Arbeitnehmer zum Selbstmord veranlasst hatten und damit der Tod auf arbeitsbedingte Gründe zurückzuführen sei. *Watanabe* hatte in den Monaten vor seinem Tod an Wochentagen durchschnittlich täglich 5 Überstunden und an Wochenenden durchschnittlich 11 Stunden gearbeitet. Seine Gesamtarbeitszeit lag somit bei dem 2-3fachen der in dem Unternehmen üblichen Arbeitszeit.

Am 2.10.2000 endete auch dieses Verfahren vor dem *Hiroshima High Court* durch einen Vergleich der Parteien, indem sich *Kawasaki Steel* zur Zahlung von

558 Vgl. auch die Darstellung bei Obata, a.a.O.

559 € 449.555 (Stand: 1.5.02).

560 Kawasaki Seitetsujo/Mizushima (Seitetsujo-Fall), Kurashiki Branch of Okayama Dist. Ct., 23.2.1998, 733 Rodo Hanrei 13; ananova interactive, Company Pays Damages after Overworked Employee's Suicide, http://ananova.co.uk/news/story/sm_74441. html.

114 Millionen Yen, (entsprechend ca. 1.04 Mio. Euro)[561] an die Witwe des Arbeitnehmers verpflichtete. Die Vereinbarung orientierte sich auch hinsichtlich der Höhe der Entschädigungsleistung an der *Dentsû*-Entscheidung des *Supreme Court* vom März 2000, die als Leitentscheidung in Karôshi-Selbstmordfällen zu verstehen ist.

Auch wenn die Regierung als Partei in den Prozessen, das heißt, als Unfallversicherungsträger und Beklagte nicht unmittelbar betroffen war, wurde durch diese Verfahren der dramatische Mangel an verbindlichen Kriterien zur Bewertung und Erfassung der Arbeitsbedingtheit von psychischen Einflüssen deutlich und eine Reaktion seitens der Regierung in *legislativer* Hinsicht erforderlich. Dies zum einen, um der japanischen Wirtschaft weitere Rechtsunsicherheit zu ersparen und zum anderen zur Festlegung einer verbindlichen Vorgehensweise bei zukünftigen Klagen auf Kompensationsleistung aus der gesetzlichen Unfallversicherung. Befürchtet wurde eine Flut von Verfahren, in denen - gestützt auf die in beiden Prozessen auf höchstrichterlicher Ebene erkannten Grundsätze des kausalen Zusammenhangs zwischen arbeitsbedingter Überlastung und schwerwiegenden mentalen Befindlichkeitsstörungen - eine Anerkennung des Schadensfalls *wie eine Berufskrankheit* oder als *Arbeitsunfall* entsprechend der Regelung des Abs. 9 des *Attached Table 1-2* der *Enforcement Regulations* des ASG gefordert wird. In der Tat sind vor japanischen Gerichten gegenwärtig bereits zahlreiche Klagen anhängig, (20, mit Stand vom Juni 2000),[562] deren Ansprüche alle hier angesprochenen Ebenen betreffen:

- Die Geltendmachung der Arbeitsbedingtheit mentaler Befindlichkeitsstörungen zur Durchsetzung eines Anspruchs aus der gesetzlichen Unfallversicherung,
- den Beweis des kausalen Zusammenhangs zwischen Arbeitsbelastung und kardiovaskulärem Todesfall auf Grund einer vermuteten arbeitsbedingten Überlastung, ebenfalls als Grundlage eines Anspruchs aus der gesetzlichen Unfallversicherung, und
- Schadensersatzansprüche der Hinterbliebenen gegen den Arbeitgeber nach Art. 709 JBGB im Falle der bewiesenen Arbeitsbedingtheit mentaler Gesundheitsstörungen und hieraus resultierender Selbsttötungen.

---

561 € 985.562 (Stand 01.05.02).

562 The Japan Institute of Labour (JIL), Public Policy, Supreme Court Rules that Company is Responsible for Suicide from Overwork, in: Japan Labor Bulletin, vol. 39, No. 4, Juni 1, 2000, http://www.jil.go.jp/bulletin/index.htm, Unterordner: http://www.jil.go.jp/bulletin /year/2000/vol39-06/03.htm, S. 2.

Es wird erwartet, dass die mit den zahlreichen schwebenden Verfahren in Karôshi-Fällen beauftragten Gerichte sich an der Rechtsauffassung der mit den Fällen *Ôshima* vs. *Dentsû* und *Watanabe* vs. *Kawasaki Steel* befassten Gerichte orientieren werden.[563] Bereits im Jahr zuvor sah das japanische Arbeitsministerium diese Entwicklungen voraus und erarbeitete durch die zu diesem Zweck 1998 eingesetzte Kommission verbindliche Kriterien zur Begutachtung künftiger Fälle von Karôshi.[564]

3.3.2. Kriterien zur Beurteilung der Arbeitsbedingtheit psychischer Befindlichkeitsstörungen

In der Richtlinie des japanischen Arbeitsministeriums vom 14.9.2000 werden folgende bewertungsorientierte Handlungsschwerpunkte erkannt:[565]

- die Feststellung einer mentalen Störung
- die Entscheidung über den Zeitpunkt des Auftretens von Symptomen
- die klinische Diagnose der Erkrankung
- die Bewertung der Intensität der mit der konkreten Erkrankung in Verbindung stehenden, arbeitsbedingten psychischen Überlastungen nach objektiven Kriterien (vergleichende Feststellung der Stresswirkung auf einen nicht erkrankten Arbeitnehmer)
- die Einschätzung der nicht mit dem Arbeitsleben in Verbindung stehenden Faktoren
- die Erfassung individuell prädisponierender Faktoren, wie bspw. mentale Vorbelastungen, Anpassungsstörungen, Alkohol- und Nikotinabhängigkeit etc.

Aus diesen Grundgedanken heraus formulierte die Kommission die Voraussetzungen für die Anerkennung der Arbeitsbedingtheit einer mentalen Gesundheitsstörung im Einzelnen wie folgt:

---

563 Ueyanagi a.a.O.; *Dentsû* admits fault in worker suicide, The Japan Times, June 24, 2000, http://www.jca.ax.apc.org/web-news/corpwatch-jp/42.html.

564 Erlass des japanischen Arbeitsministeriums vom 14.9.1999, Guideline of Assessment for Mental Disorders Caused by Occupational Psychological Overloads, Rousaijihou (dt.: Die Arbeitsunfälle-Nachricht), Arbeitsministerium 1999, vol. 43, No. 4 , 5, 6, 7, 8, 9, S. 26-39.

565 Erlass des japanischen Arbeitsministeriums vom 14.9.1999, Guideline of Assessment for Mental Disorders Caused by Occupational Psychological Overloads, Rousaijihou (dt.: Die Arbeitsunfälle-Nachricht), Arbeitsministerium 1999, vol. 43, No. 4 , 5, 6, 7, 8, 9, S. 26-39.

- Bei dem zu begutachtenden Arbeitnehmer ist eine so genannte *target-disease*, entsprechend den diagnostischen Leitlinien der ICD-10 (chapter 5) diagnostiziert.
- Innerhalb von 6 Monaten vor dem Ausbruch der Krankheit hat eine ernste psychische und arbeitsbedingte Überlastung vorgelegen, die durch die *Vergleichsmethode* objektiv ermittelt wurde.
- Die festgestellte mentale Störung ist auf arbeitsbedingte psychische Überlastung rückführbar und nicht individuell prädisponiert.

a) Erfasste Gesundheitsstörungen, so genannte *target-diseases*

Das Spektrum an erfassten Geistesstörungen orientiert sich streng an der Internationalen Klassifikation psychischer Störungen, ICD-10,[566] Kapitel V (F) und den damit zusammenhängenden, von der Weltgesundheitsorganisation systematisch und detailliert ausgearbeiteten klinisch-diagnostischen Leitlinien.

Während die Berücksichtigung des ICD-Klassifikationssystems für die Kodierung der nationalen Mortalitäts- und Morbiditätsstatistiken in Deutschland erst 1998 beschlossen wurde und 2000 abgeschlossen sein sollte, implementierte Japan die Grundsätze auf Regierungsbeschluss im Jahre 1995 bereits 1996.[567] Japan verknüpfte damit die Richtlinie rechtlich sinnvoll mit der spezifischen Komplexität der mittlerweile über den rein statistischen Rahmen zur Erfassung verschiedenster Todesursachen weit hinausgewachsenen *International Classification of Deseases* in ihrer 10. Revision,[568] die heute weltweit Medizinern und Gutachtern, insbesondere Gerichten und Krankenkassen,[569] eine Beurteilung und Bewertung von Gesundheitsstörungen ermöglicht.[570]

Die Richtlinie des Arbeitsministeriums umfasst ausdrücklich die Klassifizierungen F00 bis F48 der ICD-10 (chapter 5) als so genannte *target*

---

[566] International Classification of Deseases in ihrer 10ten Revision.

[567] Implementation of ICD-10 by WHO Member States, http://www.who. int/whosis/icd10/, Unterordner: http://www.who.int/whosis/icd10/ implemen.htm.

[568] Auf diesen *qualitativen* Faktor sollte durch die Bezeichnung ICD-10, im Gegensatz zur bisherigen reinen Bezeichnung ICD, hingewiesen werden.

[569] Auch in Deutschland ist die ICD-10 für Krankenkassen in Fragen der Leistungspflicht bspw. unverzichtbares Erfordernis zur Feststellung darüber, ob eine Arbeitsunfähigkeit eine bestehende Erkrankung fortsetzt oder auf einer neuen, davon unabhängigen Erkrankung beruht.

[570] Implementation of ICD-10 by WHO Member States, a.a.O.

diseases.[571] Die Tragweite dieser wörtlichen Bezugnahme der Richtlinie wird deutlich, betrachtet man die ICD-10 Klassifizierung in ihrer Gesamtheit. *(Abb. 34, S. 188)*

[Abb. 34]: The ICD-10 Classification of „Mental and Behavioral Disorders“ (chapter 5)[572]

F 00 - F 09	**Organic, including symptomatic, mental disorders (Organische Störungen, einschließlich symptomatisch- mentale Störungen)**
F 10 - F 19	**Mental and behavioral disorders due to psychoactive substance use (Mentale Störungen und Verhaltensstörungen durch psychotrope Substanzen)**
F 20 - F 29	**Schizophrenia, schizotypal and delusional disorders (Schizophrenie, schizotype und wahnhafte Störungen)**
F 30 - F 39	**Mood (affective) disorders (Affektive Störungen)**
F 40 - F 48	**Neurotic, stress-related and somatoform disorders (Neurotische Störungen, stressverwandte körperliche Störungen)**
F 50 - F 59	Behavioral syndromes associated with physiological disturbances and physical factors (Verhaltensauffälligkeiten begleitet von physiologischer Unruhe psychischer Ursache)
F 60 - F 69	Disorders of adult personality and behavior (Persönlichkeitsstörungen und Verhaltensstörungen)
F 70 - F 79	Intellectual impairment (mental retardation) (Intelligenzminderung)
F 80 - F 89	Disorders of psychological development (Körperliche Entwicklungsstörungen)
F 90 - F 98	Behavioral and emotional disorders with onset usually occurring in childhood and adolescence and unspecified mental disorder (Verhaltensstörungen und emotionale Störungen, Beginn in der Kindheit und Jugend)

Bei den Gruppen F00 bis F48 der ICD-10 werden nach der Richtlinie somit grundsätzlich arbeitsbedingte Ursachen in Betracht gezogen, was hingegen nach der Richtlinie bei den Klassen F50 - F98 ausgeschlossen sein soll, da hier die Ursachen eindeutig und ausschließlich in der individuellen, also nichtarbeitsbedingten Sphäre liegen würden. Nach dem Wortlaut der Richtlinie bleiben die „so genannten psychosomatischen Erkrankungen“ vom Anwendungsbereich ausgenommen.[573] Der Begriff *psychosomatische Erkrankung* ist daher näher zu bestimmen. Die psychosomatische Medizin umfasst einen Komplex

[571] Erlass des japanischen Arbeitsministeriums vom 14.9.1999, Guideline of Assessment for Mental Disorders Caused by Occupational Psychological Overloads, Rousaijihou (dt.: Die Arbeitsunfälle-Nachricht), Arbeitsministerium 1999, vol. 43, No. 4 , 5, 6, 7, 8, 9, S. 26-39.

[572] ICD-10, chapter V (F), http://www.informatik.fh-luebeck.de/icd/welcome.html, Unterordner: List of Categories: http://www.informatik.fh-luebeck.de/icd/List.html.

[573] Erlass des japanischen Arbeitsministeriums vom 14.9.1999, Guideline of Assessment for Mental Disorders Caused by Occupational Psychological Overloads, Rousaijihou (dt.: Die Arbeitsunfälle-Nachricht), Arbeitsministerium 1999, vol. 43, No. 4 , 5, 6, 7, 8, 9, S. 26-39.

- Belastungen (1), die auf Grund allgemeiner Erfahrungswerte und entsprechender Übertragung auf den Einzelfall sowie durch in Spalte (2) zu berücksichtigende Gesichtspunkte eine Gesamtbelastung des Grades III rechtfertigen, und folglich die nach dem Ereignis auftretende Arbeitsbelastung (3) im Vergleich zu anderen Arbeitnehmern als *höher* oder *schwerer* einzuordnen ist.

- Die durch Spalte (1) und (2) bewertete Belastungsstärke, die mit dem Grad II bemessen wird und aus der sich dem Ereignis nachfolgend (3) eine extreme qualitative und/oder quantitative Arbeitsüberlastung im Vergleich zu anderen Arbeitnehmern ergibt. Diesbezüglich stellen konstant hohe Überstunden und Schwierigkeiten, die aus zu hoher Arbeitsverantwortung und einem Mangel an Unterstützung und Kooperation resultieren, schwerwiegende Faktoren dar.

- Im Falle, dass bei einem Arbeitnehmer, dem Begutachtungszeitraum von 6 Monaten vorausgehend, eine arbeitsbedingte Erkrankung oder ein Arbeitsunfall mit schweren mentalen Befindlichkeitsstörungen vorliegt und die gesundheitliche Entwicklung innerhalb dieses Zeitraums eine ernste Wendung zum Schlechten genommen hat.

- Ohne das Hinzutreten anderer Faktoren bereits dann, wenn von dem Betroffenen eine dermaßen hohe Zahl von Arbeitsstunden geleistet wurde, dass dieser für mehrere Wochen nicht in der Lage war, das physiologisch-medizinisch indizierte Minimum an Schlaf zu erhalten und nach medizinisch-wissenschaftlichen Erkenntnissen diese Tatsache allein bereits geeignet ist, schwere depressionsauslösende mentale und physische Ermüdung *(fatigue)* hervorzurufen.

3.3.3. Abgrenzung zu nicht mit dem Arbeitsleben in Verbindung stehenden Einflussgrößen

Die entsprechend ICD-10 F00 – F48 festgestellte mentale Störung darf nach der Richtlinie auf *nichtarbeitsbedingte* psychische Überlastung nicht zurückzuführen und *nicht individuell prädisponiert* sein. Zur Feststellung und Bewertung von nicht mit dem Arbeitsleben in Verbindung stehenden psychischen Einflüssen, wurde von der Kommission ebenfalls ein Bewertungsmodell entwickelt.[589] *(Abb. 36, S. 197)*

Erfasst werden innerhalb eines Begutachtungszeitraums von 6 Monaten vor der Erkrankung spezifische Ereignisse aus dem täglichen Leben, die nach allgemeiner medizinischer Erfahrung geeignet sind, selbst Auslöser mentaler Überlastungen zu sein (1). Auch hier ist es möglich, nicht aufgelistete Ereignisse in analoger Form anzuerkennen bzw. das vergleichbarste gelistete Ereignis zur Bewertung heranzuziehen. Ebenfalls sind die gefundenen Ergebnisse nach einer vorläufigen Bewertung in ihrer Intensität zu modifizieren. Zu diesem Zweck sind Gespräche mit Angehörigen und Verwandten zu führen, die Aufschluss über die tatsächliche psychische Belastung des Arbeitnehmers durch das eingetretene Ereignis geben sollen. Erst hiernach ist in der Gradierung I, II, III, das Ereignis abschließend zu bewerten.

Zur Bewertung individuell prädisponierender Faktoren sind folgende Gesichtspunkte zu berücksichtigen:

- Die Krankengeschichte des Betroffenen bezüglich einer Veranlagung zu mentalen Störungen, wobei jedoch Nebenwirkungen von Medikamenten als prädisponierender Faktor auszuschließen sind.
- Die Lebensgeschichte bezüglich sozialer Anpassungsdefizite in Schulzeit, Arbeits- und Privatleben.
- Alkoholkonsum, auch wenn dieser nicht die Voraussetzung einer Abhängigkeit in medizinischer Hinsicht erlaubt, denn insbesondere infolge übermäßigen Alkoholkonsums kommt es zu Schlafstörungen, Magersucht, vegetativen Funktionsstörungen oder zu Angstsyndromen, die zu Selbstmordabsichten führen können. Andere Abhängigkeiten wie z.B. Spielsucht oder Sexsucht sind ebenfalls zu berücksichtigen.
- Abnormale Persönlichkeitsentwicklungen anderer Art, die mit mentaler Überforderung in Zusammenhang stehen.

---

[589] Erlass des japanischen Arbeitsministeriums vom 14.9.1999, Guideline of Assessment for Mental Disorders Caused by Occupational Psychological Overloads, Rousaijihou (dt.: Die Arbeitsunfälle-Nachricht), a.a.O.

[Abb. 36]: Bewertung psychischer Überlastung durch nicht mit der Arbeit in Verbindung stehende Faktoren

Ereignis	(1) Spezifisches Ereignis	(2) Intensität psych. Über-lastung		
		I	II	III
1. Persönlich	Geschieden oder von Ehemann/Ehefrau getrennt lebend			■
	Litt an einer ernsten Krankheit / Verletzung / hatte eine Abtreibung			■
	Litt an einer Krankheit / Verletzung		■	
	Zwietracht / Dissonanz in der Ehe	■		
	Schwangerschaft	■		
	Pensionierung im Pensionsalter	■		
2. In Familie und Verwandtschaft	Tod: Ehepartner, Kind, Elternteil, Bruder oder Schwester			■
	Verwandter beging Straftat			■
	Ehepartner / Kind litten an schwerer Krankheit oder Verletzung			■
	Ärger oder psychisch schwerwiegendes Erlebnis in Verwandtschaft		■	
	Heirat bzw. bevorstehende Heirat eines Familienmitglieds	■		
	Prüfungssituationen Sohn / Tochter: Eignungsprüfung / Prüfungsvorbereitung / Veränderungen im Ausbildungsgang	■		
	Erziehungsschwierigkeiten: Auseinandersetzungen / Problematisches Verhalten Heranwachsender / Delinquenz Heranwachsender	■		
	Veränderungen innerhalb der Familie (Geburt eines Kindes. Sohn / Tochter wurde unabhängig, verließ die Familie)	■		
	Der/die Ehepartner/in begann oder beendete ein Arbeitsverhältnis	■		
3. Finanzielle Probleme - persönlich -	Vermögensverlust bzw. große Geldausgaben			■
	Einkommensverluste		■	
	Hohe Raten bei der Rückzahlung von Krediten bzw. Zahlungsschwierigkeiten allgemein		■	
	Hypothek bzw. Kreditaufnahme	■		
4. Unfall / Katastrophe - persönlich -	Entging einer Katastrophe (z.B. Feuer). Beging ein Verbrechen			■
	Einbruch in das Zuhause		■	
	Verursachte Verkehrsunfall		■	
	Beging minder schweren Rechtsbruch	■		
5. Lebensumfeld	Verstärkter Lärm, Veränderungen im persönlichen Umfeld / Lebensumfeld		■	
	Umzug		■	
	Kauf / Verkauf eines Hauses bzw. Planung eines solchen Vorhabens	■		
	Ein- bzw. Auszug eines Bekannten oder Untermieters	■		
6. Beziehungen zwischen-menschlicher Natur	Vertrauensverluste (Freunde / Betrug d. Ältere)		■	
	Tod eines engen Freundes / älteren Freundes		■	
	Partnerschaftliche oder geschlechtsspezifische Schwierigkeiten		■	
	Nachbarschaftlicher Ärger		■	

3.3.4. Konzeptioneller Ansatz zur abschließenden Bewertung arbeitsbedingter Überlastung

Zuordnungsschwierigkeiten ergeben sich dann, wenn arbeitsbedingte Einflussfaktoren mit nichtarbeitsbedingten Einflüssen und prädisponierenden Umständen kumulieren. Hier ist durch gutachterliche Gespräche im sozialen Umfeld des Betroffenen, entsprechend der klinisch-diagnostischen Leitlinien der in Frage kommenden Gesundheitsstörung zu ermitteln, in welcher Sphäre der ursächliche Schwerpunkt liegt. Maßgeblich sind zum einen die Anzahl der im jeweiligen Bereich festgestellten Einflussgrößen sowie deren Bewertung hinsichtlich ihrer Intensität. Berücksichtigung findet zudem der Umstand, dass sich einzelne Faktoren auch gegenseitig bedingen können und in einem solchen Fall der zuerst ursächliche Einflussfaktor stärkere Bewertung findet, als der später hierdurch bewirkte. Für die individuell prädisponierenden Faktoren, ist ebenfalls nach medizinischen Grundsätzen deren ursächlicher Anteil an der mentalen Störung zu beurteilen.[590]

3.3.5. Besonderheiten bei der Betrachtung von Selbsttötungen

Die Richtlinie erkennt den medizinischen Zusammenhang zwischen den in der ICD-10 (chapter 5) F00 - F48 genannten psycho-mentalen Erkrankungen und dem inneren Drang zum Suizid an, wobei von einem in der Sache geklärten wissenschaftlichen Meinungsstand ausgegangen wird. Sofern also die Prüfung des Einzelfalles durch Verwendung der dargestellten Bewertungsschemata und Leitlinien den Befund einer schweren, arbeitsbedingten, psychischen Überlastung diagnostiziert, und beim Betroffenen ein versuchter oder vollzogener Selbstmord vorliegt, wird die Arbeitsbedingtheit der Selbsttötung vermutet und diese als arbeitsbedingter Suizid anerkannt. Dieser ist damit entsprechend den Vorschriften des ASG und des Unfallversicherungsgesetzes als arbeitsbedingtes Ereignis zu kompensieren.

Dem Vorliegen eines letzten Willens in Form eines Abschiedsbriefes des Verstorbenen, kommt bei der Beurteilung der Arbeitsbedingtheit lediglich eine verminderte Beweiswirkung zu. Die Bedeutung eines solchen Schriftstückes liegt darin, dass eine Selbsttötung, um eine Schadensersatzpflicht auszulösen, grundsätzlich nicht von einem freien Willen getragen sein darf. Die der Selbsttötung vorangehende mentale Störung muss daher eine dem Willenszugriff des Betroffenen entzogene Handlung hervorgerufen haben; ein Zustand der

---

[590] Erlass des japanischen Arbeitsministeriums vom 14.9.1999, Guideline of Assessment for Mental Disorders Caused by Occupational Psychological Overloads, a.a.O.

eigentlich der rationalen Betrachtung eigener Befindlichkeiten und Ursachenzusammenhänge in Form eines verfassten, beweiswürdigen Dokumentes widerspricht. Dennoch ist nach der Richtlinie ein letzter Wille oder ein Abschiedsbrief, im Rahmen der Gesamtwürdigung eines Falles, als ein die festgestellten Belastungs- und Ursachenzusammenhänge stützendes Indiz zu werten, wobei die Beweiskraft der schriftlichen Ausführungen durch Ermittlung der Umstände ihres Entstehens, d.h. durch Gespräche und Interviews mit den Angehörigen des Betroffenen, möglichst exakt zu erfassen sind.[591]

3.4. Zusammenfassung und Bewertung - Status quo

Durch die Richtlinie vom 14.9.1999 wurden in Japan bestehende Beurteilungsgrundsätze zur Bewertung der Arbeitsbedingtheit mentaler Gesundheitsstörungen in ein schematisches System überführt, das als verbindliche Vorlage für Arbeitsaufsichtsämter und Gerichte sowie für die von diesen beauftragte Gutachter gilt. Die hierdurch manifestierten Bewertungskriterien ermöglichen es, psychische Einflüsse

- in ihrer Intensität zu bestimmen,
- sie nach ihrem Ursprung in arbeitsbedingte und nichtarbeitsbedingte psychische Einflüsse zu unterteilen sowie von
- individuell prädisponierenden Faktoren abzugrenzen.

Damit ist es möglich geworden, in einem Einzelfall durch Gutachter und Sachverständige eine Kausalverbindung zwischen arbeitsbedingten psychischen Ereignissen und mentalen Gesundheitsstörungen entsprechend ICD - 10 (chapter 5) F 00 – F 48 herzustellen sowie diese Kausalbeziehung - bis hin zur Selbsttötung - zu erweitern.

Die Grenzen dieses Bewertungsschemas liegen indes in seinem Geltungsbereich, der lediglich die in der ICD - 10 F 00 – F 48 genannten Erkrankungen und Gesundheitsstörungen erfasst. Das Bewertungsschema ist damit nicht unmittelbar anwendbar zur Einschätzung der Kausalbeziehungen zwischen arbeitsbedingten psychosozialen Belastungen und *kardio-vaskulärem Risiko*. In diesem Punkt verweist die Richtlinie, insbesondere für zerebral-vaskuläre Gesundheitsschäden, deutlich auf die hierfür entwickelten und anerkannten

[591] Erlass des japanischen Arbeitsministeriums vom 14.9.1999, Guideline of Assessment for Mental Disorders Caused by Occupational Psychological Overloads, a.a.O.

Kompensationsmechanismen nach dem allgemeinem japanischen Unfallversicherungsrecht.[592]

Über ihren designierten Zweck hinaus entfaltet die Richtlinie jedoch ganz allgemein für eine Vielzahl von Kausalitätsbetrachtungen eine nicht zu unterschätzende Wirkung. So ist sie in ihren Begrifflichkeiten und Definitionen und damit in ihrem rechtlichen Wirkungsbereich nicht auf ein Teilgebiet des Unfallversicherungsrechts fixiert. Beispielsweise können nach den dargestellten Untersuchungs- und Ermittlungsgrundsätzen auch Ereignisse in ihrer Intensität bewertet und abgegrenzt werden, die sich nicht durch einen Dauercharakter auszeichnen, wie er für Berufskrankheiten typisch ist. Insbesondere durch die *Vorabbewertung* der Intensität von psychischen Einflussgrößen *(Spalte (1) Abb. 34, S. 188)* können durch das Bewertungsschema i.V.m. den diagnostischen Leitlinien der ICD-10 auch intensive, unfallartige, mithin *plötzliche* Ereignisse einer Kausalitätsbetrachtung unterzogen werden. Dies umso mehr, da, wie gezeigt, der Begutachtungszeitraum für Arbeitsunfälle in Einzelfällen in Japan extrem ausgedehnt werden kann. So werden, nach dem heutigen wissenschaftlich-medizinischen Erkenntnisstand über die Wirkungsweisen schädlicher psychosozialer Einflüsse,[593] auch länger zurückliegende Ereignisse und auch Dauerbelastungen als *Unfallereignis* in die mögliche Ausgleichsverpflichtung durch die Unfallversicherungsträger mit einbezogen. Eine Übertragung der der Richtlinie zugrunde liegenden Bewertungsschemata und Leitlinien auf die rechtliche Zuordnung von psychischen Belastungen bei *Herz-Kreislauf-Erkrankungen* und auch auf nicht mit dem Tod endende Erkrankungen erscheint also für Japan lediglich als eine Frage der Zeit.

Heute konzentriert sich die Betrachtung von Anträgen Angehöriger von Karôshi-Opfern durch *Labour Standards Offices* und durch japanische Gerichte damit entweder

- auf die Anerkennung der Arbeitsbedingtheit des Todesfalls, sei es als kardiovaskulärer Gesundheitsschaden oder als Selbsttötung auf Grund mentaler Störungen; als Arbeitsunfall oder Berufskrankheit, entsprechend den Kriterien der gesetzlichen Unfallversicherung oder
- auf die Anerkennung der Arbeitsbedingtheit der Selbsttötung auf Grund einer Fürsorgepflichtverletzung des Arbeitgebers im Verfahren nach § 709 JBGB.

---

[592] Erlass des japanischen Arbeitsministeriums vom 14.9.1999, Guideline of Assessment for Mental Disorders Caused by Occupational Psychological Overloads, a.a.O.

[593] Eine Untersuchung dieser Materie ist zz. Gegenstand einer weiter führenden Untersuchung des Verfassers, Tieste i.V.

Im Vordergrund steht *die Bewertung der Arbeitsbedingtheit* des verwirklichten gesundheitlichen Risikos und nicht, wie in der Vergangenheit, die Frage nach der *Art* der in Betracht kommenden Gesundheitsstörungen und dem *Begutachtungszeitraum*. Diese Verschiebung der Betrachtungsschwerpunkte resultiert aus der in Japan konsequenten Implementierung neuester Erkenntnisse der medizinischen Wissenschaft in das bestehende Kompensationssystem für arbeitsbedingte Erkrankungen. Dies mag den Anschein einer liberalen Anerkennungspraxis haben, jedoch ist zu bedenken, dass das Bewertungsschema in seinen Begriffen der Auslegung bedarf und damit eine Betrachtung in jedem Falle im Ergebnis eine *Wertungsfrage* darstellt. Keinesfalls führt es künftig zu einer starren Anerkennung jeglicher stressrelevanter Krankheitsformen als ausgleichspflichtige Schadensereignisse. Bei den in ICD-10 F00 - F48 genannten Erkrankungen handelt es sich um ernsthafte Gesundheitsstörungen, die bis zur Willenstrübung und zur Unzurechnungsfähigkeit führen können, was im Falle des Selbstmordes, auf Grund des Ausschlusses des *Freitodes*, auch zu fordern ist. Zudem ist infolge der ebenfalls berücksichtigten Abgrenzungsproblematik zu nicht mit dem Arbeitsleben in Verbindung stehenden Faktoren, bei der zu erwartenden, eher restriktiven Gesamtbewertung, auch zukünftig mit einer begrenzten Anerkennungspraxis zu rechnen. So geht man im japanischen Arbeitsministerium davon aus, dass bei verheirateten Karôshi-Opfern in den meisten Fällen private psychisch belastende Einflüsse vorherrschend sein werden, wonach eine Ausgleichsverpflichtung primär bei Unverheirateten und jungen Menschen bestehen wird.[594/595] Bei atherosklerotischen Schädigungen kommt für eine Ausgleichsverpflichtung in Japan zudem auch lediglich der Todesfall, sei es als Herz- oder Hirninfarkt in Betracht, nicht jedoch die Schädigung des atherosklerotischen Systems selbst. Inwieweit dieser logische Schluss, nämlich dass die atherosklerotische Schädigung in der Kausalkette dem Todesereignis vorgeschaltet ist und daher auch einem Kompensationstatbestand entspricht, in Zukunft in Japan gezogen wird, muss sich zeigen. Offen ist auch die Frage, ob die von *Uehata* als Infarktfolge in sein Karôshi-Modell aufgenommene *Arbeitsunfähigkeit* - sei es nun auf Grund der Schädigung des atherosklerotischen Systems oder auf Grund mentaler Befindlichkeitsstörungen - in konsequenter Anwendung der jetzt eingeschlagenen Anerkennungspraxis ebenfalls Eingang

---

594 Tomonori Kawai, Senior Legal Officer for Workmens Compensation, Ministry Of Labour, Japan im Gespräch mit dem Verfasser am 14.2.1999.

595 Worauf diese Annahme beruht, bleibt offen. Nach medizinischer Erkenntnis über die Wirkungsweise psychomentaler Belastung und unter Zugrundelegung der anerkannten Stressmodelle in Wissenschaft und Literatur, kann der in langer Ehe entwickelte psychische Ausgleich und der soziale Rückhalt im Gegenteil stressreduzierend wirken. Hierzu, im Kontext der Karôshi-Problematik, Tieste i.V.

in die Rechtsprechung finden wird. Sicher ist, dass den Karôshi-Opfer vertretenden Rechtsanwälten in Zukunft eine im Vergleich zur Vergangenheit unschätzbare Argumentationsgrundlage zur Verfügung steht. Dies zwingt die Beklagten, sei es die Regierung oder die Unternehmer, sich den Argumenten der Kläger bezüglich der einzelnen Kriterien der Ursachenkataloge zu stellen.

Zu bedenken wäre, ob nicht infolge der in der Richtlinie erarbeiteten, auf international wissenschaftlichen Erkenntnissen basierenden Grundsätze in Zukunft auch - entsprechend Abs. 9 des *Attached Table 1-2* der *Enforcement Regulations* des ASG - eine Anerkennung *wie eine Berufskrankheit* für Fälle von mentalen Gesundheitsstörungen auf Grund arbeitsbedingter Umstände möglich ist. Die Tatsachen sprechen dafür. Eine Entwicklung ist abzuwarten.

Die Auswirkung der Richtlinie über die in ihr behandelten Gegenstände hinaus auch auf das versicherungsrechtliche Verfahren und Nichttodesfälle, wird durch eine Betrachtung der statistischen Erfassung des japanischen Arbeitsministeriums vom April 2000 deutlich. So hat sich hiernach die Zahl der Anträge auf Anerkennung von *mentalen Gesundheitsstörungen auf Grund arbeitsbedingter Überlastung* zwischen September 1999 und Januar 2000 verdoppelt.[596] Weiter wurden zwischen September und November 1999 im monatlichen Durchschnitt 10 Anträge und im Dezember bereits 21 Anträge auf Kompensationsleistung (aus der gesetzlichen Unfallversicherung) gestellt. In den 9 Monaten zwischen April und Dezember 1999 wurden in Erwartung der Urteile *Dentsû* und *Kawasaki-Steel* 96 Anträge eingereicht, mehr als doppelt so viele wie im Geschäftsjahr 1998. Davon bezogen sich 60 Fälle auf Selbstmorde, doppelt so viele wie im Jahr zuvor (29). Während zwischen 1983 und 1998 lediglich 15 (!) Selbstmordfälle von japanischen Gerichten anerkannt wurden, waren es zwischen September 1999 und April 2000 bereits 5 Anträge (4 Selbstmordfälle).

Dies wird darauf zurückgeführt, dass auf Grund der Richtlinie zum einen der Rahmen der anerkennungsfähigen psychomentalen Erkrankungen deutlich erweitert wurde und zum anderen für Selbstmordfälle nicht mehr erforderlich ist, dass beim Verletzten infolge der Depression „der Wille außer Kraft gesetzt ist", und nunmehr lediglich erforderlich ist, dass „die *normale* Urteilsfähigkeit und Kontrolle über den Willen durch die Arbeitsbedingungen beeinträchtigt

---

596 The Japan Institute of Labour (JIL), Public Policy, Psychological Disorders and Worker's Acident Compensation Insurance, in: Japan Labor Bulletin, vol. 39, No. 4, April 1, 2000. Siehe auch: http://www.jil.go.jp/bulletin/index.htm, Unterordner: http:// www .jil.go.jp/ bulletin/year/2000/vol39-04/04.htm, S. 1.

Voraussetzungen erfüllt sind, grundsätzlich Schadensersatzansprüche für Personenschäden des Arbeitnehmers gegen den Arbeitgeber in Betracht kommen. *(Abb. 37, S. 205)*

[Abb. 37]: Haftungsansprüche für Personenschäden im Arbeitsverhältnis

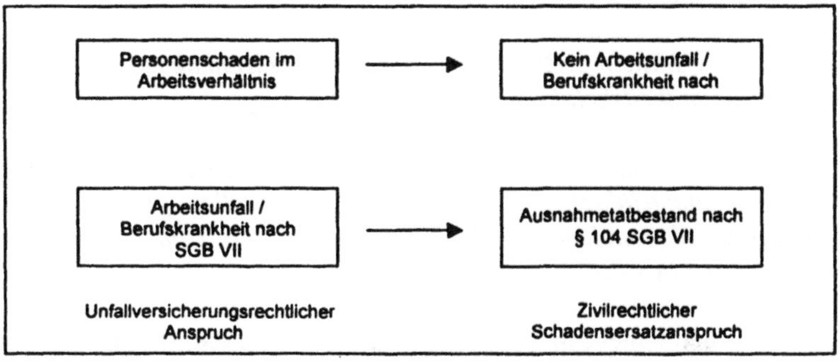

Im deutschen Recht gibt es damit, anders als im japanischen, im Falle von Personenschäden des Arbeitnehmers, grundsätzlich *kein* Nebeneinander von sozialversicherungsrechtlichen und zivilrechtlichen Ansprüchen gegen den Arbeitgeber. Sofern durch den Tatbestand die Begriffe Arbeitsunfall oder Berufskrankheit erfüllt sind, kommen zivilrechtliche Ansprüche lediglich bei Vorliegen der Ausnahmetatbestände des § 104 SGB VII in Betracht. Liegen deren Voraussetzungen vor, dann sind umgekehrt unfallversicherungsrechtliche Ansprüche ausgeschlossen. Es ist daher zunächst auf die unfallversicherungsrechtlichen Rahmenbedingungen einzugehen.

1.2. Haftungsansprüche im Rahmen der Unfallversicherung

1.2.1. Allgemeine Grundsätze

Für Fälle, in denen ein Arbeitnehmer im Zusammenhang mit seiner Arbeit einen Unfall erleidet oder durch Einflüsse, denen er während seiner Tätigkeit ausgesetzt war erkrankt, regelt das Sozialversicherungsrecht den finanziellen Ausgleich bzw. die finanzielle Grundsicherung des Arbeitnehmers, beispielsweise in Form von Lohnfortzahlung, der Erstattung von Heilbehandlungskosten und Verletztenrenten. Wichtigste Zweige des Sozialsystems sind in Deutschland die Krankenversicherung, die Arbeitslosenversicherung, die Renten- und Pflegeversicherung, die Unfallversicherung und das Sozialhilferecht, wobei für die Karôshi-Problematik zunächst das Unfallversicherungsrecht zu betrachten ist.

Vereinfacht gesagt greift, wenn bei einer arbeitsbedingten Erkrankung auch die arbeitsbedingten Ursachen im Vordergrund stehen, das Recht der gesetzlichen Unfallversicherung[603] aus SGB VII[604] ein, nach dessen Schutzzweck die Unfallversicherung für alle Gefahren, denen der Versicherte infolge seiner beruflichen Tätigkeit ausgesetzt ist, einzustehen hat. So ist es nach § 1 SGB VII Aufgabe der Unfallversicherung,

(...) mit allen Mitteln Arbeitsunfälle und Berufskrankheiten sowie arbeitsbedingte Gesundheitsgefahren zu verhüten, und

(...) nach Eintritt von Arbeitsunfällen oder Berufskrankheiten die Gesundheit und die Leistungsfähigkeit der Versicherten mit allen geeigneten Mitteln wiederherzustellen und sie (die Versicherten) oder ihre Hinterbliebenen durch Geldleistungen zu entschädigen.

Die hier zu betrachtenden arbeitsbedingten Erkrankungen markieren einen Grenzbereich. Der Begriff der arbeitsbedingten Erkrankung umfasst ohne tieferen rechtlichen Charakter allgemein alle gesundheitlichen Beeinträchtigungen, die durch betriebliche Einflüsse und damit durch Belastungs- und Gefährdungspotenziale des Arbeitsplatzes hervorgerufen, mitbeeinflusst oder verschlimmert werden. Für das Vorliegen eines Versicherungsfalles im Recht der gesetzlichen Unfallversicherung hingegen, sind bestimmte Voraussetzungen zu erfüllen, bei deren Vorliegen die Versorgung von Unfallopfern oder Erkrankten durch die Berufsgenossenschaften als Träger der gesetzlichen Unfallversicherung gewährleistet wird.[605] Sofern im Einzelfalle die Voraussetzungen nicht vorliegen oder der Unfall bzw. die Erkrankung von vornherein auf privaten Ursachen beruht, erfolgt die Absicherung des Geschädigten durch die gesetzliche Kranken- und Rentenversicherung. Die Krankenversicherung ist nach § 11 (4) SGB VII[606] der Unfallversicherung nach-

---

603 Zu unterscheiden ist hier der Begriff der *unechten Unfallversicherung*, der nicht auf die betriebliche Ebene abzielt. Vgl. hierzu ausführlich: Schwede, Arbeitsunfall, Wegeunfall, Berufskrankheit, 2. Auflage 1999, S. 117f.

604 Durch das Gesetz zur Einordnung des Rechts der gesetzlichen Unfallversicherung (Unfallversicherungseinordnungsgesetz vom 7. August 1996 - UEVEG) wurde das bisher im dritten, fünften und sechsten Buch der Reichsversicherungsordnung (RVO) enthaltene Unfallversicherungsrecht (nach in der Literatur überwiegender Ansicht, *ohne grundlegende inhaltliche Reform*) in ein siebtes Buch des Sozialgesetzbuchs überführt. SGB VII in der Fassung vom 29.04.1997 (BGBl. I S. 968).

605 Dies sind zz. insgesamt 35 gewerbliche Berufsgenossenschaften, in denen die Unternehmer, durch deren Pflichtbeiträge die Versicherung finanziert wird, auf genossenschaftlicher Basis zusammengeschlossen sind. Vgl. hierzu ausführlich: Schwede, a.a.O., S. 113ff.

606 SGB VII, a.a.O.

geordnet, was dazu führt, dass im Einzelfall Leistungen aus der gesetzlichen Krankenversicherung ausgeschlossen sind, sofern ein Anspruch auf Leistungen aus der gesetzlichen Unfallversicherung besteht. Es ist daher im konkreten Fall immer zunächst zu prüfen, ob ein Gesundheitsschaden als Folge eines Arbeitsunfalls oder einer Berufskrankheit im Sinne der gesetzlichen Unfallversicherung einen Ausgleich erfährt.

Während Unfallopfer, die nach der gesetzlichen Unfallversicherung entschädigt werden, in der Regel eine ausreichende materielle Sicherung ihrer Existenz erfahren, ist dies bei Arbeitnehmern, bei denen die rechtlichen Voraussetzungen nicht vorliegen, in vielen Fällen nicht der Fall. Insbesondere bei gesundheitlichen Dauerschäden und bezüglich der hier zu betrachtenden Absicherung von Angehörigen Verstorbener, sieht das Krankenversicherungsrecht eine ungleich geringere materielle Sicherung vor.[607] So ist das Leistungsvolumen der gesetzlichen Unfallversicherung, gegenüber dem einfachen Schutz der gesetzlichen Kranken- und Rentenversicherung, stark erweitert. Speziell die Barleistungen, wie Verletztengeld, Verletztenrente und Hinterbliebenenversorgung sind deutlich höher. Auch Selbstbeteiligungen entfallen bei der Unfallversicherung fast vollständig.[608] Die Unterscheidung zwischen beruflichen und privaten Ursachen eines Gesundheitsschadens und damit die Entscheidung über das Eingreifen entweder der gesetzlichen Unfallversicherung oder der Kranken- und Rentenversicherung, ist daher für die Betroffenen bzw. ihre Hinterbliebenen äußerst bedeutsam und nicht selten Gegenstand langjähriger Gerichtsverfahren.

Zu den hier interessierenden Leistungen der Unfallversicherung kann im Einzelnen Folgendes gesagt werden: In § 63 SGB VII ist für den Fall des Todes eines Arbeitnehmers durch Unfall oder Berufskrankheit ausdrücklich der Anspruch der Hinterbliebenen auf Sterbegeld, Erstattung der Kosten der Überführung an den Ort der Bestattung, Hinterbliebenenrente in Form von Witwen- und Witwerrenten sowie Beihilfen vorgesehen. In diesen Fällen beträgt die Rente zwei Drittel des Jahresarbeitsverdienstes bis zum Ablauf des dritten Kalendermonats nach Ablauf des Monats, in dem der Ehegatte verstorben ist, 30 % des Jahresarbeitsverdienstes nach Ablauf des dritten Kalendermonats bzw. 40 % des Jahresarbeitsverdienstes nach Ablauf des dritten Kalendermonats, sofern weitere Voraussetzungen erfüllt sind. Letzteres gilt auch für den Zeitraum, in denen Witwen oder Witwer ein waisenrentenberechtigtes Kind erziehen oder für ein Kind sorgen, das wegen körperlicher, geistiger oder

607 Däubler, Das Arbeitsrecht 2, S. 264; vgl. anschaulich: Jahnke, Haftpflichtereignis und gesetzlicher Unfallversicherungsschutz, in: NZV, 8/1992, S. 297ff, m.w.N.

608 Vgl. Jahnke, a.a.O., S. 298f, m.w.N.

seelischer Behinderung Anspruch auf Waisenrente hat oder nur deswegen nicht hat, weil das 27. Lebensjahr vollendet wurde, und wenn Witwen oder Witwer das 45. Lebensjahr vollendet haben oder solange Witwen oder Witwer im Sinne des SGB VI berufs- oder erwerbsunfähig sind.[609] Schmerzensgeldansprüche sind im Leistungskatalog der Unfallversicherung dagegen nicht enthalten.[610]

Voraussetzung für einen Anspruch auf Versicherungsleistung ist zunächst einmal das Vorliegen eines *Versicherungsfalles*, der nach § 7 (2) SGB VII begrifflich sowohl Arbeitsunfälle als auch Berufskrankheiten umfasst, und in rechtlicher Hinsicht lediglich ein bestimmtes Ereignis oder das Zusammentreffen mehrerer Ereignisse im Leben des Versicherten voraussetzt, gegen deren Nachteile die Versicherung Schutz gewähren soll *(Versicherungswagnis)*.

1.2.2. Arbeitsunfall

Nach § 8 SGB VII sind Arbeitsunfälle zeitlich begrenzte, von außen auf den Körper einwirkende Ereignisse, die zu einem Gesundheitsschaden oder zum Tod führen.[611] Das Merkmal des von außen wirkenden Ereignisses grenzt dabei den Unfall von einem aus innerer Ursache resultierenden krankhaften Vorgang aus der Risikosphäre des Versicherten ab.[612] Im Ergebnis führt dies dazu, dass eine Krankheit, die *allein* auf einem vorbestehenden Grundleiden *(innere Ursache)*[613] beruht, mangels Einwirkung von außen nicht unter den Unfallbegriff subsumiert werden kann.[614] Nach der Rechtsprechung des Bundessozialgerichtes liegen äußere Ereignisse jedoch immer schon dann vor, wenn

---

609 Soweit hier im Überblick. Vgl. ausführlich: Kater/Leube, Gesetzliche Unfallversicherung SGB VII, Kommentar, a.a.O.; Petri u.a., Gesetzliche Unfallversicherung, SGB VII Kommentar, a.a.O.; Schmitt, SGB VII, Gesetzliche Unfallversicherung, Kommentar a.a.O.; Ziegler, in: Gesetzliche Unfallversicherung, Lehr- und Praxiskommentar (LPK - SGB VII), a.a.O.

610 Gamillscheg/Hanau, Die Haftung des Arbeitgebers, 2. Auflage 1974, S. 97ff; vgl. hierzu auch ausführlich: Otto, Die Haftung des Arbeitnehmers, 3. Aufl. 1998, S. 336ff, Rn. 533ff, der zu Recht die Kontroverse der Verfassungswidrigkeit bereits an dem Punkt scheitern lässt, als dass das Schmerzensgeld nicht zum verfassungsrechtlich abgesicherten Kern des Schadensbegriffs (Mindestschutz) gehört. Da dies auf Grund der Sonderstellung des Ersatzes immaterieller Schäden nicht der Fall sei, wäre der Gesetzgeber berechtigt, zwar nicht nach Belieben, jedoch aus sachlichen Gründen zugunsten anderer Interessen des Geschädigten oder auch zugunsten einer übermäßigen Belastung des Schädigers, vom Schutz immaterieller Interessen des Geschädigten abzusehen. Ausführlich hierzu auch: Tieste i.V.

611 Schmitt, SGB VII, Gesetzliche Unfallversicherung, Kommentar, 1998, § 8, Rn. 6, m.w.N.

612 Schmitt, a.a.O., § 8, Rn. 7.

613 Kater/Leube, SGB VII, a.a.O., § 8, Rn. 134.

614 Zum Begriff der inneren Ursache, vgl.: Schmitt, a.a.O., § 8, Rn 108ff.

eine noch so geringe Einwirkung von außen gegeben ist, wozu ausdrücklich auch Einwirkungen auf die Psyche, beispielsweise in Form von Beleidigungen zählen.[615]

Das Tatbestandsmerkmal der zeitlichen Begrenzung dient in erster Linie der Abgrenzung des Versicherungsfalles *Arbeitsunfall* von dem der *Berufskrankheit* und dem Begriff der Krankheit, wie er in der Krankenversicherung vorausgesetzt wird. Der Zeitraum, in dem eine schädigende Einwirkung berücksichtigt wird, umfasst eine Arbeitsschicht an einem bestimmten, wenn auch nicht kalendermäßig bestimmten Tag.[616] Wenn sich mehrere Einwirkungen kumulieren, ist zu fordern, dass sich hiervon eine aus der Gesamtheit in der Form heraushebt, dass diese nicht nur als letzte von mehreren gleichwertigen Einwirkungen erscheint.[617] Maßgeblich ist jedoch auch hier der Zeitrahmen *einer Arbeitsschicht*.[618]

Die hier zu untersuchenden Konstellationen psychischer Arbeitsüberlastung, die, wie beschrieben, zumeist über Jahre das kardiovaskuläre Risiko eines Betroffenen bzw. das Depressionsrisiko erhöhen, um schließlich zum Tode zu führen, sind damit vom Unfallbegriff des SGB VII, auf Grund des Fehlens des Tatbestandsmerkmals der zeitlichen Begrenzung, in seiner Auslegung und Anwendung durch die Rechtsprechung ausdrücklich nicht umfasst.

Kompensationsfähig ist jedoch die Fallkonstellation, in der durch übermäßige psychische Belastung das kardiovaskuläre Risiko bzw. das Depressionsrisiko sich über Jahre graduell erhöht und es durch eine herausragende, *einmalige* psychische Überbelastung *innerhalb einer Arbeitsschicht* zu einer fatalen Überlastung kommt. In diesen Fällen wären die weiteren Voraussetzungen des Unfallbegriffes zu überprüfen. Insbesondere kommt es im Rahmen der Überprüfung der haftungsausfüllenden Kausalität darauf an, ob dem Ereignis wesentliche Bedeutung zukommt.[619]

Dieses könnte sich auch nach dem von *Uehata* vorausgesetzten Geschehensablauf im Rahmen einer Mitursächlichkeit sozusagen *zufällig* ergeben. Zwar fände die Dauerexposition psychischer Belastungen dann keine Berücksichtigung, jedoch ist zu bedenken, dass der Grenzbereich der wesentlichen

---

615 Schmitt, SGB VII, a.a.O.

616 Ziegler in LPK-SGB VII, § 8, Rn. 23; Petri, Gesetzliche Unfallversicherung, § 1, Rn. 7.

617 Mehrtens, u.a. , Arbeitsunfall und Berufskrankheit, a.a.O., S. 83; zum Sprung eines Schülers in Selbsttötungsabsicht aus dem Fenster: BSG v. 30.5.1985, SozR 2200, § 548, Nr. 71.

618 Schmitt, a.a.O., § 8, Rn 110f.

619 Tieste i.V.

Bedingung bereits bei einem Wert von *einem Drittel* im Vergleich mit allen sonst einzubeziehenden Umständen, hier der kardiovaskulären Vorbelastung, erfüllt ist.[620] Durch diesen Grundsatz wird bei der Bewertung der Wesentlichkeit eines äußeren Ereignisses quasi auch eine, die Gesundheitsschäden auslösende, jahrelange psychische Überlastung als *wesentliche Mitursache* akzeptiert, der hiernach zwei Drittel des wesentlichen Beitrags zum Schadenseintritt zugeordnet werden können, ohne dass das Vorliegen eines Unfallereignisses im Einzelfall verneint werden müsste.

Die Rechtsprechung hat daher die Theorie der *rechtlich wesentlichen Ursache* entwickelt. Im Recht der gesetzlichen Unfallversicherung sind nur die Bedingungen Ursachen, die wegen ihrer besonderen Beziehung zum Erfolg, zu dessen Eintritt *wesentlich* beigetragen haben. Bedingungen, die diese Anforderung nicht erfüllen, stellen in rechtlicher Hinsicht keine erhebliche Ursachen dar. Sofern mehrere Bedingungen nebeneinander stehen, ist jede von ihnen (Teil-)Ursache im Rechtssinn.[621] Im Einzelfall ergeben sich folgende Möglichkeiten:

- Mehrere Ursachen sind wesentlich,
- das äußere Ereignis bzw. die äußere Einwirkung ist allein wesentlich,
- die von einer äußeren Einwirkung unabhängigen Faktoren sind allein wesentlich.

Sofern sich nach einer Gesamtbetrachtung mehrere Ursachen als wesentlich herausstellen, handelt es sich bei diesen (Teil-)Ursachen rechtstechnisch um *wesentliche Mitursachen.*[622] Sofern eine dieser *wesentlichen Mitursachen* dem Unfallbegriff entspricht, ist diese Voraussetzung für den Leistungsfall erfüllt. Es handelt sich hierbei jedoch *nicht* um ein Verhältnis von 50:50.[623] So kann auch eine rechtlich weniger wesentliche Ursache, gerade durch ihr Hinzutreten, den Gesundheitsschaden hervorrufen. Zur Vorbereitung eines Werturteils werden folgende Grundsätze herangezogen:

- Rechtlich nicht wesentlich ist eine Bedingung, die neben anderen Bedingungen an dem Gesundheitsschaden mit 10 % beteiligt ist.
- Rechtlich wesentlich ist eine Bedingung, die mindestens den Wert von einem Drittel aller sonst zu berücksichtigenden Umstände erreicht hat.

---

620 Zur Theorie der wesentlichen Bedingung, vgl.: Schmitt, a.a.O., § 8, Rn. 11.
621 Schmitt, a.a.O., § 8, Rn. 11ff, m.w.N.
622 Kater/Leube, SGB VII, a.a.O., § 8, Rn. 134.
623 Mehrtens, u.a. , Arbeitsunfall und Berufskrankheit, a.a.O., S. 82.

- Im Grenzbereich zwischen 10 % und einem Drittel muss sorgsam geprüft werden, ob die dem versicherten Bereich zuzurechnende Bedingung noch als wesentlich anzusehen ist.[624]

Die Anwendung dieser Grundsätze sorgt dafür, dass nicht alle Ereignisse, die sich während der betrieblichen Tätigkeit zutragen, in die Unfallversicherung einbezogen sind, sondern nur diejenigen, bei denen sich auch die Gefahr realisiert, der der Beschäftigte bei seiner Tätigkeit ausgesetzt war.

Bezüglich der hier zu betrachtenden Gegenstände kommt es deshalb darauf an, zu entscheiden, ob der rechtlich wesentliche Ursachenanteil in der psychischen Belastung oder aber in der koronaren (kardiovaskulären) bzw. psychischen Vorschädigung zu sehen ist. Jedoch nicht allein unter diesem Gesichtspunkt sind für ein Werturteil zahlreiche Fakten und Gegebenheiten des Einzelfalls zu berücksichtigen. Bedenkt man die beträchtliche Zahl an *privaten* und *beruflichen* Stressoren, die sich zur psychosozialen Gesamtbelastung eines Arbeitnehmers akkumulieren können,[625] so wird deutlich, dass sich auch bei dieser Frage fast zwangsläufig gravierende Abgrenzungsprobleme angesichts der im Einzellfall rechtlich wesentlichen Ursachen zu den rechtlich unwesentlichen ergeben. Fest steht, dass nach den derzeitigen arbeitswissenschaftlichen Konzepten weder die Abgrenzungsfragen zwischen beruflichen und privaten Einflüssen zu beantworten sind, noch multifaktorielle Einflüsse, wie sie sich hinsichtlich der psychischen Belastung eines Menschen ergeben, berücksichtigt werden können.

Der Selbstmord als *Freitod*, das heißt, die auf einer freien Willensbestimmung beruhende Entscheidung des Betroffenen, ist ohnehin kein Arbeitsunfall, da der Begriff des Unfalls qua Definition Unfreiwilligkeit voraussetzt.[626] Zwar wurde der Wortlaut des § 553 RVO, wonach der Versicherungsschutz entfällt, wenn der Unfall *absichtlich* erfolgt, nicht in das SGB VII übernommen, jedoch geschah dies, weil der Gesetzgeber dieses für selbstverständlich und daher für entbehrlich hielt.[627] Eine Selbsttötung darf damit nicht auf planvollem und

---

624 Mehrtens, u.a. , Arbeitsunfall und Berufskrankheit, a.a.O., S. 82.

625 Vgl. hierzu: Levi, Psychosomatic Disease as a Consequence of Occupational Stress, in: Kalimo u.a., Psychosocial Factors at Work and their Relation to Health, a.a.O., S. 78ff, Oppolzer, Ökologie der Arbeit - Mensch und Arbeitsumwelt - Belastungen und Gestaltungserfordernisse, a.a.O., S. 131ff sowie insgesamt: BAuA (Hrsg.), Streß am Arbeitsplatz und Herz-Kreislauf-Krankheiten, a.a.O., S. 103f.

626 Mehrtens, u.a. , Arbeitsunfall und Berufskrankheit, a.a.O., S. 289; Schmitt, a.a.O., § 8, Rn 113.

627 BT-Dr 13/2204, S. 99.

willentlichen Handeln beruhen.[628] Dies ist unter medizinisch-psychologischen Gesichtspunkten nur dann ausgeschlossen, wenn *schwere* traumatische Zustände, Erwartungsspannungen und depressiv getönte Unruhezustände die individuellen Handlungsperspektiven einem Willenszugriff immer mehr entziehen.[629] Diesbezüglich wird speziell der Zusammenhang mit einer reaktiven Depression anerkannt, in deren Folge es zu Befindlichkeitsstörungen kommen kann, die durch die Einschränkung der freien Willensbestimmbarkeit, durch Identitätseinbußen, Sinnentleerung des Daseins und der Furcht vor unvermeidlichem und schmerzhaftem sozialen Abstieg gekennzeichnet sind.[630] Zwar wird dies bei den beschriebenen psychischen Störungen als grundsätzlich möglich erachtet, jedoch sind die Anforderungen an die Schwere des Ereignisses enorm. So wird für die unfallrechtliche Relevanz einer Suizidgefährdung in der Regel ein post-traumatisches, chronisch-organisches Psychosyndrom gefordert, das eine Hirn*verletzung* zur Folge hat, die mit einer Wesensveränderung und Demenz einhergeht,[631] was vornehmlich bei Verletzungen mit Extremitätenverlust oder Genitalschäden zu beobachten ist.[632] Entsprechend anerkannte die Rechtsprechung daher bisher lediglich den Ursachenzusammenhang bei qualvollen Schmerzen nach Amputationen, nach unerträglich gewordenen quälenden Leiden, erheblichen Dauerschmerzen und Befürchtungen, die Arbeitsfähigkeit nicht wieder zu erlangen, bei berufsbedingter Silikose oder bei Aussichtslosigkeit auf Heilung der Unfallfolgen.[633] Einen Hinweis, dass es zu solchen Reaktionen auch auf Grund von *psychosozialen Dauerbelastungen* kommen kann, gibt es in der unfallrechtlichen Literatur zurzeit noch nicht.[634] Deutlich verwiesen wird in der sozialrechtlichen Literatur diesbezüglich wieder systemlogisch auf das Erfordernis des innerhalb einer Arbeitsschicht auftretenden Ereignisses als wesentliche Ursache der Gesundheitsbeeinträchtigung.[635]

1.2.3. Berufskrankheit

Spezifische Voraussetzungen des Begriffs der Berufskrankheit ergeben sich aus der Legaldefinition des § 9 SGB VII. Hiernach sind Berufskrankheiten solche

---

628 Vgl. auch Plagemann, Die Einordnung der gesetzlichen Unfallversicherung in das SGB VII, NJW 1996, S. 313, 314.
629 Vgl. hierzu auch: Schmitt, a.a.O., § 8, Rn. 105f.
630 Mehrtens, u.a. , Arbeitsunfall und Berufskrankheit, a.a.O., S. 289.
631 Mehrtens, u.a. , Arbeitsunfall und Berufskrankheit, a.a.O., S. 290f.
632 Mehrtens, u.a. , Arbeitsunfall und Berufskrankheit, a.a.O., S. 289.
633 Mehrtens, u.a. , Arbeitsunfall und Berufskrankheit, a.a.O., S. 292, m.w.N.
634 Siehe auch Schmitt, a.a.O., § 8, Rn 126.
635 Zur Theorie der wesentlichen Bedingung, vgl.: Schmitt, a.a.O., § 8, Rn. 11.

Krankheiten, die die Bundesregierung durch Rechtsverordnung mit Zustimmung des Bundesrates als Berufskrankheiten bezeichnet hat und die ein Versicherter infolge einer den Versicherungsschutz nach § 2, 3 oder 6 SGB VII begründenden Tätigkeit erleidet. Es handelt sich hierbei um Krankheiten, die nach den Erkenntnissen der medizinischen Wissenschaft durch besondere Einwirkungen verursacht sind, denen bestimmte Personengruppen durch ihre versicherte Tätigkeit in erheblich höherem Grade als die übrige Bevölkerung ausgesetzt sind.[636]

a) Die Berufskrankheitenliste

Sofern ein Versicherter an einer der in der Berufskrankheitenverordnung (BKV) auf Grund des *Enumerations-* oder *Listenprinzips* erschöpfend aufgezählten Berufskrankheiten erkrankt, hat er nach ständiger Rechtsprechung der Sozialgerichte ein berechtigtes Feststellungsinteresse an der Anerkennung seiner Gesundheitsstörung als Berufskrankheit.[637] Bezüglich der Ursache-Wirkungszusammenhänge herrscht hier, sofern der Beschäftigte einer entsprechenden Tätigkeit nachgegangen ist, der Grundsatz der *Kausalitätsvermutung* vor. Die in der BKV aufgezählten Berufskrankheiten betreffen jedoch hauptsächlich physikalische, chemische und biologische Einzelfaktoren als Ursachen von berufsbedingten Erkrankungen, nicht jedoch die hier zu betrachtenden psychischen Belastungen. Sofern Herz-Kreislauf-Krankheiten und Depressionen im Rahmen der Ausdifferenzierung von Listenkrankheiten eine Rolle spielen, stehen sie nicht in Wechselbeziehung mit psychischen Dauerbelastungen. So wird beispielsweise bei Berufskrankheiten der Gruppe 1201, den Erkrankungen durch Kohlenmonoxyd, der medizinische Zusammenhang zwischen einer jahrzehntelangen Dauerexposition und der Verschlimmerung einer Arterio-

636 Sofern Ärzte (auch Zahnärzte) den begründeten Verdacht des Vorliegens einer Berufskrankheit haben, ist dieser Umstand anzuzeigen. Für Unternehmer besteht nach § 193 (2) SGB VII eine solche Anzeigepflicht, wenn ihnen im Einzelfall Anhaltspunkte vorliegen, dass es sich bei Beschwerden von Arbeitnehmern um eine Berufskrankheit handeln könnte. Es können jedoch auch Versicherte, Krankenkassen oder andere Stellen den Verdacht auf das Vorliegen einer Berufskrankheit anzeigen. Als anerkannt gilt eine Berufskrankheit, wenn sich der durch die Krankheitsanzeige geäußerte Verdacht auf das Vorliegen einer Berufskrankheit im Feststellungsverfahren bestätigt hat, d.h. eine Berufskrankheit gem. § 9 (1) SGB VII vorliegt, die in der BKV-Liste enthalten ist, bzw. eine Erkrankung, die nach § 9 (2) SGB VII *wie* eine Berufskrankheit entschädigt werden kann. Nach: Arbeitssicherheit '99, Unfallverhütungsbericht Arbeit, Bundesministerium für Arbeit und Sozialordnung, S. 4, Stand: Dezember 1999.

637 Mehrtens, u.a. , Arbeitsunfall und Berufskrankheit, a.a.O., S. 98, m.w.N.

sklerose mit nachfolgendem Herzinfarkt durchaus - als beruflich verursacht - anerkannt.[638]

b) Die *Öffnungsklausel*

Nach dem SGB VII sind die Unfallversicherungsträger verpflichtet, eine Krankheit in Einzelfällen *wie eine Berufskrankheit* als Versicherungsfall anzuerkennen, wenn diese nicht in der Liste aufgeführt ist bzw. bei der die Voraussetzungen einer Listenkrankheit nicht erfüllt sind, sofern zum Zeitpunkt der Entscheidung nach neuen Erkenntnissen der medizinischen Wissenschaft die Voraussetzungen für eine Bezeichnung nach Absatz 1 Satz 2 des § 9 SGB VII erfüllt sind. Das Berufskrankheitenrecht erhält durch diese Ergänzung des sonst *starren Listensystems* den Charakter eines *Mischsystems*, das dem Verordnungsgeber ermöglicht, seiner Verpflichtung entsprechend dem Gleichheitssatz aus Art. 3 GG zur Herstellung von Rechtsgleichheit nachzukommen.[639] Die Vorschrift soll Härten für den Einzelnen beseitigen helfen, die dadurch entstehen, dass die Voraussetzungen der Anerkennung einer Krankheit als Berufskrankheit vorliegen, die Krankheit jedoch vom Verordnungsgeber in Anbetracht des mehrjährigen Abstandes, in dem die Berufskrankheitenverordnung angepasst wird, noch nicht erfolgt ist.

Nach einhelliger Ansicht im deutschen Schrifttum und besonders in der deutschen arbeitsrechtlichen Literatur liegen zurzeit für *berufliche Stressschäden*, wie sie in dieser Arbeit betrachtet werden, jedoch noch immer keine ausreichend gesicherten wissenschaftlichen Erkenntnisse über Zusammenhänge solcher Krankheiten mit der versicherten Tätigkeit vor.[640] Insbesondere die für Karôshi in Japan als ursächlich anerkannten *seelischen Dauerbelastungen*, die sich durch chronischen psychischen Stress *(Dystress)* ausdrücken, können bisher nicht *wie* eine Berufskrankheit anerkannt werden.[641] Gleiches gilt damit auch für die durch psychische Dauerbeanspruchung ausgelösten Depressionen[642] und den darauf folgenden Selbstmord. Zwar wird die psychische Dauerbelastung arbeitswissenschaftlich erkannt, jedoch als *nichtwesentliche Teilursache* eingestuft und ist lediglich dem unfallversicherungsrechtlich nicht

---

638 Mehrtens, u.a. , Arbeitsunfall und Berufskrankheit, a.a.O., S. 817.

639 Blome, Leistungen bei Berufskrankheiten, Entschädigungspflichtige Berufskrankheiten, Leistungen und Erstattungsansprüche, 3. Auflage 1994, S. 14.

640 Mehrtens, u.a. , Arbeitsunfall und Berufskrankheit, a.a.O., S. 818, m.w.N.; siehe auch Blome, a.a.O., S. 15, m.w.N., der interessanterweise die Ansicht vertritt, dass es sich bei beruflichen Stressschäden um *noch* nicht in die Liste aufgenommene Krankheiten handele, da dem Verordnungsgeber die medizinischen Erkenntnisse (bis 1994) *noch* nicht ausgereicht hätten.

641 Mehrtens, u.a. , Arbeitsunfall und Berufskrankheit, a.a.O., S. 818, m.w.N.

642 Mehrtens, u.a. , Arbeitsunfall und Berufskrankheit, a.a.O., S. 258, 813, 818, m.w.N.

bedeutsamen Bereich der arbeitsbedingten (arbeitsassoziierten) Erkrankungen zuzuordnen. Da immer dann, wenn bestimmte wissenschaftliche Erkenntnisse vom Verordnungsgeber, zwar wie hier erkannt, aber letztlich, da sie als nicht ausreichend angesehen wurden, bewusst unberücksichtigt geblieben sind und keine Anerkennung im Sinne des § 9 SGB (2) SGB VII vertretbar ist, kommt dies auch bezüglich der hier zu untersuchenden Gesundheitsschäden nicht in Betracht. Zu Recht stellt *Däubler* zu der damit äußerst restriktiven Handhabung des Berufskrankheitenrechts die Frage, wie die vom Bundesverfassungsgericht zur *Öffnungsklausel* postulierte „Lückenlosigkeit des Schutzes für alle Versicherten" gewährleistet werden soll, wenn das Bundessozialgericht in einer anderen Entscheidung darauf verweist, dass durch die Öffnungsklausel nicht erreicht werden solle, dass „jede berufsbedingte Krankheit wie eine Berufskrankheit entschädigt werde", weil andernfalls § 551 (1) RVO „über eine derartige Generalklausel aus den Angeln gehoben werde".[643] Betrachtet man die Statistiken im Unfallverhütungsbericht der Bundesregierung von 1999, wird doch eine gewisse Relevanz der Öffnungsklausel deutlich. So wurden nach Maßgabe des § 9 SGB (2) SGB VII *wie eine Berufskrankheit* im Jahre 1996 immerhin 871 Fälle anerkannt. 1997 stieg diese Zahl auf 1263 Fälle, wohingegen 1998 nur 42 der angezeigten Fälle wie eine Berufskrankheit entschädigt wurden.[644] Es lässt sich damit im Vergleich zu den Jahren 1978 und 1983 (1978: 10, 1980: 7, 1981: 9, 1982: 3 und 1983: 9 anerkannte Fälle),[645] durchaus ein erweitertes Verständnis der Vorschrift feststellen. Für das Problem Karôshi ist interessant, dass 1996: 32, 1997: 52 und 1998: 19 Fälle nach § 9 SGB (2) SGB VII anerkannt wurden. Der Rückgang beider Statistiken zwischen 1997 und 1998 ist dabei auf die Neufassung der Berufskrankheitenverordnung (BKVO) zum 1.12.1997 zurückzuführen. Auch wenn der Anteil dieser Fälle offensichtlich zugenommen hat, für die hier zu betrachtenden Gesundheitsschäden hatte dies bislang keine Auswirkungen. Auffällig hoch ist auch der Anteil der Erkrankungen, die zwar die Hürde der Überprüfung der beruflichen Verursachung genommen haben, deren Anerkennung jedoch an den besonderen versicherungsrechtlichen Voraussetzungen, insbesondere der Wesentlichkeitsbetrachtung, *gescheitert* ist. Hier ergab sich durch die Zunahme dieser Fälle von

---

643 Däubler, Haftung im Arbeitsverhältnis, der geschädigte Arbeitnehmer, a.a.O., S. 425, 430 mit Verweisen auf die Urteile: BVerfG, SozR 2200, § 551 RVO, Nr. 19 (S. 31) und BSG, SozR 2200, § 551 RVO, Nr. 18 (S. 27).

644 Arbeitssicherheit '99, Unfallverhütungsbericht Arbeit, Bundesministerium für Arbeit und Sozialordnung, S. 47f, Stand: Dezember 1999.

645 Däubler, Haftung im Arbeitsverhältnis, der geschädigte Arbeitnehmer, a.a.O., S. 425, 430, m.w.N.

1997: 6631 auf 1998: 7886 sogar ein Zuwachs von 18,93 %,[646] was eher auf eine verstärkt restriktive Handhabung schließen lässt.

1.2.4. Zusammenfassung

Damit sind im Ergebnis die in der heutigen Wissenschaft erkannten medizinisch-pathologischen Zusammenhänge zwischen psychosozialen Dauerbelastungen und kardiovaskulären bzw. depressiven Erkrankungen und deren spezifischen Todesfolgen[647] dem versicherungsrechtlich relevanten Bereich vollständig entkoppelt. Beim Arbeitsunfall führt die Begrenzung der äußeren Einwirkung auf ein plötzliches, innerhalb einer Arbeitsschicht auftretendes Ereignis bereits zum weitgehenden Ausschluss von psychischen Dauerbelastungen. Bei psychischen Erkrankungen hingegen, bleibt auf Grund der zu fordernden *Schwere* und *Plötzlichkeit* der äußeren Einwirkung, die Dauerbelastung vollständig unberücksichtigt. In der Fallkonstellation, in der einer psychischen Störung ein Unfallereignis vorweg geht, ist durch eben dieses Erfordernis die Berücksichtigung einer Dauerbelastung wiederum ausgeschlossen, und da der Selbstmord nur über eine kausale Verknüpfung mit der für ihn ursächlichen psychischen Störung unfallrechtlich Anerkennung finden kann, bleibt für den Suizid, bedingt durch eine psychische Dauerexposition, im Unfallversicherungsrecht ebenfalls kein Raum.

Auch im Berufskrankheitenrecht finden psychosoziale Dauerbelastungen heute auf Grund *angeblich* ungesicherter medizinisch-wissenschaftlicher Erkenntnisse hinsichtlich der Ursache-Wirkungszusammenhänge und auf Grund der Multikausalität des Todes durch Überarbeitung keinen Anknüpfungspunkt. In der Konsequenz sind Karôshi-spezifische Erkrankungen damit weder von der Berufskrankheitenliste erfasst, noch nach herrschender Meinung für die Aufnahme in die Berufskrankheitenliste geeignet, und auch im Rahmen der Öffnungsklausel kommen sie für eine Anerkennung, *wie eine Berufskrankheit* nicht in Betracht.

1.3. Haftungsansprüche nach allgemeinen zivilrechtlichen Kriterien

Da nach der hier festgestellten Rechtslage die unter Karôshi zu subsumierenden Gesundheitsstörungen und Todesfälle bis dato in unfallversicherungsrechtlicher

---

[646] BG-Statistiken für die Praxis 1998, HVBG, S. 39.

[647] Vgl. hierzu insgesamt BauA (Hrsg.), Streß am Arbeitsplatz und Herz-Kreislauferkrankungen, a.a.O, m.w.N.

Hinsicht keine kompensationsrechtlichen Tatbestände darstellen, stehen dem betroffenen Arbeitnehmer bzw. seinen Angehörigen grundsätzlich allein die diversen zivilrechtlichen Anspruchsgrundlagen zur Verfügung.[648] Genau genommen wird einer Klage direkt gegen den Arbeitgeber durch das Nichteingreifen der Unfallversicherung erst der Weg eröffnet, da der Ausschlusscharakter der Unfallversicherung in diesen Fällen nicht greift. Dies ist zudem nicht unbedingt als Nachteil zu verstehen, da der dem Unfallversicherungsrecht unbekannte Schmerzensgeldanspruch nach allgemein zivilrechtlichen Grundsätzen gegenüber dem Arbeitgeber durchaus geltend gemacht werden kann.[649]

In Betracht kommen insbesondere Ansprüche aus positiver Verletzung des Arbeitsvertrags i.V.m. § 618 (1), (2) BGB auf Grund einer Fürsorgepflichtverletzung des Arbeitgebers[650] und deliktsrechtliche Ansprüche nach den Vorschriften der §§ 823ff BGB.[651] Letztere ergeben sich aus der Rechtsfolgenverweisung des § 618 (3) BGB auf die Vorschriften des Deliktsrechts. Die Vorschrift stellt damit keine eigene vertragliche Anspruchsgrundlage dar, ermöglicht jedoch das Nebeneinander von vertraglichen und deliktischen Ansprüchen.[652]

Letztlich kann jedoch die in der Literatur viel diskutierte Frage nach Umfang und Grenzen der arbeitgeberseitigen Fürsorgepflicht hier zurückstehen.[653] Sofern nämlich der Nachweis der Kausalität zwischen bestimmten Arbeitsbedingungen und den Karôshi-spezifischen Gesundheitsschäden nicht gelingt, ist einem Arbeitgeber ein solcher auch nicht zurechenbar. Dieser Nachweis ist nach dem bisherigen Erkenntnisstand nur äußerst schwer zu führen. Im Kern mangelt es heute noch an verlässlichen Modellen, die eine Berücksichtigung auch multikausaler Ursache-Wirkungs-Beziehungen ermöglichen. Bei Karôshispezifischen Erkrankungen und deren tödlichen Folgen wird daher auch ein zivilrechtlicher Haftungsanspruch gegen den Arbeitgeber regelmäßig scheitern, sofern nicht von einem vorsätzlichen, absichtsvollen Handeln des Arbeitgebers

---

648 Der Fall, nachdem die Freistellungsklausel des SGB VII dann entfallen würde, wenn dem Arbeitgeber hinsichtlich der Gesundheitsverletzung des Arbeitnehmers Vorsatz zur Last fallen würde, kann damit an dieser Stelle - da verhältnismäßig selten - konsequenterweise vernachlässigt werden. Hierzu: Tieste i.V.

649 Tieste i.V.

650 Staudinger/Oetker (1997), a.a.O., § 618 Rn. 286.

651 Ansprüche aus Gefährdungshaftung, so bspw. aus §§ 7, 17 StVG oder § 3 HPflG, kommen bezüglich der hier zu untersuchenden Fallkonstellationen weniger in Betracht.

652 Staudinger/Oetker (1997), § 618, a.a.O., Rn. 286; vgl. auch: Erman/Belling, BGB, 10. Aufl., § 618, Rn. 30.

653 Vgl. hierzu insbesondere: Däubler, Die Haftung im Arbeitsverhältnis, a.a.O., S. 425, 426; Tieste i.V.

auszugehen ist. Es stellt sich die Frage, ob - und wenn ja, in welcher Form - aus den juristischen Fortschritten Japans Hinweise für eine Rechtsfortbildung, sei es *de lege lata* oder de *lege ferenda,* in Deutschland gewonnen werden können.

2. Resümee

Die Untersuchung der japanischen Rechtsentwicklung der vergangenen Jahre hat gezeigt, dass dem Karôshi-Phänomen sowohl in zivilrechtlicher als auch in sozialrechtlicher Hinsicht eine Kompensationsmöglichkeit eröffnet wird. Im Vergleich zur deutschen Rechtslage haben sich dabei deutliche Unterschiede hinsichtlich der Auslegung der Gesetze ergeben:

- Zum einen ist auffällig, dass in Japan Karôshi erstaunlicherweise nicht, wie eigentlich zu vermuten gewesen wäre, als Berufskrankheit in das Unfallversicherungsrecht Eingang gefunden hat, sondern als Arbeitsunfall, was durch die deutliche Ausweitung des - für das Erfordernis des äußeren Ereignisses - anzulegenden Begutachtungszeitraumes und die damit im Ergebnis einhergehende Verdichtung auch dauerhafter psychischer Expositionen zu einem unfallartigen Ereignis, ermöglicht wurde.

- Des Weiteren ist von besonderem Interesse auch die Tatsache, dass in Japan in Fällen des depressionsbedingten Selbstmordes die zivilrechtlichen Haftungsansprüche gegen den Arbeitgeber im Vordergrund stehen und bei sonstigen Karôshi-Fällen regelmäßig, zumindest den unfallversicherungsrechtlichen Ansprüchen nachgeschaltet, geltend gemacht werden, was zu einem prinzipiellen *Nebeneinander* der Geltendmachung von unfallversicherungsrechtlichen und zivilrechtlichen Ansprüchen führt.

- Letztlich liegt in Japan, durch die Richtlinie vom 14. September 1999 zur Beurteilung der Arbeitsbedingtheit psychischer Befindlichkeitsstörungen, zum ersten Mal ein von Wissenschaftlern verschiedener Disziplinen, auf der Grundlage des jeweils derzeitigen wissenschaftlichen Erkenntnisstandes ausgearbeitetes Bewertungsprofil vor, welches eine schematische Einzelfallbetrachtung ermöglicht.

Es wird daher in Zukunft näher zu untersuchen sein, ob das versicherungsrechtliche Merkmal der Plötzlichkeit des Arbeitsunfallbegriffs nicht auch in Deutschland weiter auszulegen ist, um den veränderten Arbeitsbedingungen, insbesondere dem veränderten Belastungsprofil von Arbeitnehmern, Rechnung zu tragen. Eine solche Ausweitung des Berufskrankheitenrechts ist jedoch sowohl in rechtsdogmatischer als auch in rechtspolitischer Hinsicht unwahrscheinlich.[654] Zu gesichert erscheint hier die Definition des Arbeitsunfallbegriffs letztlich auch im europäischen Kontext. Ebenso ist eine Ausweitung des Berufskrankheitenbegriffs auch auf arbeitsassoziierte Erkrankungen nicht zu erwarten. Eine solche Maßnahme würde in Anbetracht der völlig unabsehbaren Kostenlast, das ohnehin überlastete Gesundheitssystem schlicht zum kollabieren bringen. Zu Recht stellen Sozialrechtler die Frage, ob für eine Integration dieser Krankheiten in das Unfallversicherungssystem überhaupt eine *sozialrechtliche Notwendigkeit* besteht. Tatsache ist, dass, sofern ein unfallversicherungsrechtlicher Ausgleich nicht erfolgt, dieser Umstand durchaus nicht gleichbedeutend mit dem Bestehen einer *Schutzlücke* im System der sozialen Sicherung[655] ist, denn das Sozialrecht und insbesondere der hier in erster Linie zu betrachtende unfallversicherungsrechtliche Teil der sozialen Sicherung, ist von Natur aus nicht global zum Ausgleich jeder sozialen Ungerechtigkeit bestimmt, womit eine *Lücke*, wie sie hier de facto festgestellt wurde, durchaus programmgemäß sein kann.[656] In Zukunft ist daher vielleicht mit den Worten Nußbergers gesprochen, sozialer Fortschritt „nicht mehr allein quantitativ zu bestimmen. Vielmehr geht es um eine sinnvolle Allokation von Mitteln und ein differenziertes Verständnis dessen, was die Versicherung gegen Arbeitsunfälle und Berufskrankheiten als ein Teilelement umfassender Sozialsysteme leisten kann."[657] Im Ergebnis steht jedenfalls zu befürchten, dass mit einer zukünftigen Integration des Karôshi-Phänomens in das deutsche Unfallversicherungssystem in Form von Kompensationstatbeständen nicht zu rechnen ist.

Umso bedeutender ist die japanische Rechtsentwicklung hinsichtlich allgemein zivilrechtlicher Ansprüche. Es wird daher zu untersuchen sein, inwieweit sich nach deutscher Rechtslage in Karôshi-Fällen Ansprüche auch aus einer zivilrechtlichen Haftung des Arbeitgebers ergeben können.[658] Hier könnte die festgestellte „Lücke" geschlossen werden. Denn dass es bei den Betroffenen bzw. deren Angehörigen auf weitgehendes Unverständnis stößt, wenn ein, in ihren Augen *durch die Arbeit bedingter Gesundheitsschaden* vorliegt, der in Fällen von Karôshi sich sogar letal realisiert hat, in rechtlicher Hinsicht jedoch der betrieblichen Beschäftigung vollständig entzogen wird, und auch der Arbeit-

---

654 Tieste i.V.

655 Zum Begriff der sozialen Sicherheit, vgl.: v. Maydell, Sozialrechtshandbuch, S. 5, Rn. 8f.

656 So weist Weber in diesem Zusammenhang darauf hin, dass die Unfallversicherung nicht dem Prinzip des Schadensersatzes, sondern dem des sozialen Ausgleichs folgt und es sich dabei, im weitesten Sinne, um *soziale Fürsorge* handelt. Weber, Herzinfarkt und Unfallversicherung, NJW 1965, S. 1997, 1999.

657 Nußberger, Öffentliche und private Sicherung gegen soziale Risiken, 1. Auflage 2000, S. 212.

658 Tieste i.V.

geber, obgleich seiner Fürsorgepflichten und seiner Direktionsverantwortung hierfür nicht zur Verantwortung gezogen wird, ist evident.

Mit einer zivilrechtlichen Haftung eng verbunden ist die Frage, ob und in welcher Form die vom japanischen Arbeitsministerium entwickelten Zuordnungsmodelle und Bewertungsschemata auch im deutschen Recht zukünftig helfen können, den Kausalitätsbeweis zwischen Arbeitsbedingungen und Erkrankung, bzw. Tod zu führen. Dies erscheint in der Tat, auf Grund des Umstandes, dass die vom japanischen Arbeitsministerium eingesetzte Kommission sich nach eigenen Angaben an den neuesten, international anerkannten Erkenntnissen verschiedener Wissenschaftsbereiche orientierte, durchaus möglich, da dies den Schemata ein hohes Maß an Allgemeingültigkeit verleiht. Um jedoch eine verlässliche Aussage über die Übertragbarkeit der entscheidenden Gesichtspunkte der japanischen Richtlinie treffen zu können, wäre es nötig, dezidiert auf die medizinisch-pathologischen und äthiologischen Hintergründe Karôshi-spezifischer Krankheiten einzugehen.

Im Komplex der Herz-Kreislauf-Erkrankungen wären so genannte klassische Risikofaktoren und psychosoziale Risikofaktoren nach neuesten Erkenntnissen der medizinischen Wissenschaft, einander gegenüberzustellen. Nur so ließe sich eine verlässliche Aussage über den Verursachungsanteil etwaiger psychosozialer Faktoren im koronaren Gesamtrisiko eines Arbeitnehmers herbeiführen, wobei nachfolgend noch zwischen beruflich bedingten Einflüssen und individuell bedingten Faktoren zu unterscheiden wäre. Ähnlich stellt sich dies bei den depressionsbedingten Selbstmorden dar. Hier wären die Entstehungsbedingungen von Depressionskrankheiten und Suiziden daraufhin zu untersuchen, in welcher Form und welchem Maß Einflüsse aus der Arbeitswelt im Vergleich zu Einflüssen aus dem Privatleben zu einer Erkrankung bzw. zum Tod führen können.[659]

---

[659] Die Beantwortung dieser Fragestellungen würde den dieser Arbeit gesetzten Rahmen überschreiten. Die Frage der Übertragbarkeit der Richtlinie des japanischen Arbeitsministeriums vom 14.9.2000 auf das deutsche Recht ist zz. jedoch Gegenstand einer weiteren Untersuchung des Verfassers. Ziel der Arbeit ist es, Karôshi als Rechtsbegriff auch im deutschen Recht zu erfassen. Zu diesem Zweck werden die kausalen Beziehungen zwischen betrieblichen psychischen Überlastungen mit dem Karôshi-spezifischen Erkrankungen nach neuestem Kenntnisstand der beteiligten Disziplinen untersucht. Einzugehen ist in diesem Zusammenhang auf die Äthiologie dieser Erkrankungen unter Berücksichtigung ihrer umfassenden epidemiologischen und empirischen Aspekte. Zu untersuchen ist, inwieweit Karôshi bereits heute im System der sozialen Sicherung der Bundesrepublik Deutschland als arbeitsbedingtes Ereignis *erkannt* werden kann, bzw. wo die rechtlichen und dogmatischen Grenzen liegen. Auf Grund der *neuen Veränderungen in der Arbeitswelt*, die ebenfalls weiter auszuführen sind, und deren schwerwiegende gesund-

An der erschreckenden Programmatik des *neuen Personalmanagements*, das die Interessenvertretungsorgane relativ machtlos stellt und somit die Arbeitnehmerinteressen dem Arbeitsschutzrecht gezielt entkoppelt, zeigt sich die hohe Relevanz von Zusammenhängen, die in Japan seit den 80er Jahren das Phänomen des *Todes durch Überarbeitung* zu einem in aller Welt bekannten *nationalen* Phänomen stilisiert haben: *Karôshi.* Obwohl der Aufbruchstimmung einiger großer deutscher Gewerkschaften - allen voran die IG-Metall - die diese Thematik als eine ihrer größten Zukunftsaufgaben erkannt haben, beziehen sich Gegenstrategien gegen schleichende Tendenzen allein auf die Person des Arbeitnehmers. Er allein sei dazu fähig, sich *dem Arbeiten ohne Ende* entgegenzusetzen. Dass hier, nicht zuletzt auf Grund der zunehmenden Zwänge einer drohenden Arbeitslosigkeit, am schwächsten Glied angeknüpft wird, liegt auf der Hand. Auch außerhalb dieses Zusammenhangs jedoch stellt sich die Frage, wie ein Arbeitnehmer sich quasi *allein* gegen Strukturen zur Wehr setzen soll, gegen die originär die Interessenvertretung mit ihrem umfangreichen Instrumentarium zu schützen etabliert wurde.

Kommt es schließlich aus Anlass dieser spezifischen Belastungen zu gesundheitlichen Schäden, greift das Unfallversicherungsrecht des SGB VII nicht ein, da arbeitsassoziierte Erkrankungen, und um solche handelt es sich, vom Berufskrankheitenrecht auf Grund dessen monokausaler Grundstruktur nicht erfasst werden können. Ein Arbeitsunfall dagegen stellt ein Ereignis akzidentieller Natur dar - um ein solches handelt es sich bei Karôshi eben gerade nicht. Für eine Schadenskompensation nach allgemein zivilrechtlichen Grundsätzen hingegen, stellt sich die Beweissituation nach gängiger Praxis eher schlecht dar, obwohl hier theoretisch das Schmerzensgeld - als billige Entschädigung für erlittenes Leid - zur Verfügung steht. Derartige Prozesse sind heute noch *juristisches Neuland*, was jedoch nicht dazu führen darf, dass - ob dieser Neuartigkeit und möglicher Komplikationen bei der Beweiswürdigung - den Opfern bzw. deren Angehörigen der rechtliche Schutz versagt bleibt.

Vor diesem Hintergrund ist eine Untersuchung des arbeitsmedizinisch-wissenschaftlichen Zusammenhangs zwischen psychosozialen Belastungen auf der einen und kardiovaskulären Erkrankungen, Depressionen und Selbstmorden auf der anderen Seite, für die Zukunft dringend zu empfehlen. Überdacht werden muss sowohl die Vorstellung monokausaler Ursache-Wirkungsprozesse im Rahmen unfallversicherungsrechtlicher Haftungsstreitigkeiten als auch das Festhalten an überzogenen Beweisanforderungen zum Nachweis des Zusammenhangs zwischen Arbeit und Krankheit bei psychischen und psychosomatischen Erkrankungen.

In diesem Zusammenhang ist zu untersuchen, inwieweit die hier vorgestellten Schemata und Modelle, wie sie sich in der Richtlinie des japanischen Arbeitsministeriums vom 14.9.2000 darstellen, eine rasche und schematische Zuordnung arbeitsbedingter und nichtarbeitsbedingter Einflüsse in haftungsrechtlichen Verfahren in Deutschland bereits heute ermöglichen.

Zu überdenken ist in Anbetracht der Methoden und der Programmatik des neuen Personalmanagements letztlich auch die zivilrechtliche Haftungslage zwischen Arbeitgeber und Arbeitnehmer. So ist durchaus zu vermuten, dass es hier bereits heute zu eklatanten Fürsorgepflichtverletzungen hinsichtlich der Gesundheit der Arbeitnehmer kommt, die eine Haftung nach allgemein-zivilrechtlichen Instituten begründen. Auch in dieser Hinsicht könnte die Richtlinie des japanischen Arbeitsministeriums helfen, eine haftungsrechtliche Zuordnung psychosozialer Be- und Überlastungen zur Arbeitswelt zu erleichtern.

Literaturverzeichnis

Ananova interactive
Company pays damages after overworked employee's suicide, http://ananova.co.uk/news/story/sm_74441.html

ap
Freitod wegen Überarbeitung gesühnt, Rheinzeitung 12.06.1998, S. 12

ap
Für Bündnis gegen Überstunden - DGB will gemeinsam mit Arbeitgebern den Abbau anpacken, Frankfurter Rundschau 8.1.2001, S.7

Arfert, Klaus-Henning
Karôshi ZDF Auslandsjournal, 20.1.1992 Moderation: Rolf Pflücke

Arolt, Volker
Psychiatrische Erkrankungen, in: Schwartz (Hrsg.), Das Publik Health Buch, Gesundheit und Gesundheitswesen, S. 469, München 1997

BAuA (Hrsg.)
Streß am Arbeitsplatz und Herz-Kreislauf-Krankheiten, siehe Stark, H.; u.a.

Beermann B.; u.a.
Projektgruppe der Bundesanstalt für Arbeitsschutz und Arbeitsmedizin, Gesundheitsschutz 20, Stress im Betrieb? Handlungshilfen für die Praxis, Bundesanstalt für Arbeitsschutz und Arbeitsmedizin, Dortmund, Berlin, Dresden, 2000

Belling, Detlef W.
In: Erman, (Hrsg.) BGB, Handkommentar, 10. Auflage, Aschendorf 2000

Bielenski, Harald
Erwerbswünsche und Arbeitszeitpräferenzen in Deutschland und Europa, WSI Mitteilungen 2/2000, S. 228

Blome, Otto
Leistungen bei Berufskrankheiten, entschädigungspflichtige Berufskrankheiten - Leistungen und Erstattungsansprüche, 3. Auflage 1994

Bobke, Manfred H. / Lecher, Wolfgang
Arbeitsstaat Japan, Arbeitsbeziehungen, Arbeitszeit und Arbeitsrecht, Schriftenreihe der Otto Brenner Stiftung, Frankfurt a.M. 1990

Bowman, David, J.
Stress in the Workplace, http://ttg-consult.com/guestessay.html

Bundesministerium für Arbeit und Sozialordnung
Arbeitssicherheit '99, Unfallverhütungsbericht: Arbeit, S. 4, Stand: Dezember 1999, Dortmund, Berlin 2000

CNN - online
Japanese judge orders payout after death of man who worked 80-hour weeks http://www.cnn.com/WORLD/asiapcf/9903/13/japan.suicide.01/

Committee on Economic, Social and Cultural Rights
International Covenant on Economic, Social and Cultural Rights; Adopted and opened for signature, ratification and accession by General Assembly resolution 2200A (XXI) of 16 December 1966; entry into force 3 January 1976, in accordance with article 27; Office of the High Commissioner for Human Rights, http://www.unhchr.ch/html/menu3/b/a_cescr.htm

Demerouti, Evangelia
Burnout, Eine Folge konkreter Arbeitsbedingungen bei Dienstleistungs- und Produktionstätigkeiten, Frankfurt am Main 1999

Deutschmann, Christoph
Arbeitszeit in Japan, Frankfurt 1987

Däubler, Wolfgang / Kittner, Michael / Klebe, Thomas
Betriebsverfassungsgesetz mit Wahlordnung und Gesetz über den Sozialplan im Konkurs- und Vergleichsverfahren, 5. Auflage, Köln 1996

Däubler, Wolfgang
Das Arbeitsrecht 1, 15. Auflage, Hamburg 1998

Däubler, Wolfgang
Das Arbeitsrecht 2, 11. Auflage, Hamburg 1998

Däubler, Wolfgang
Haftung im Arbeitsverhältnis - der geschädigte Arbeitnehmer, JuS 1986, S. 425

Däubler, Wolfgang
Abbau der Arbeitslosigkeit durch Umverteilung des Arbeitsvolumens - Beiträge des Arbeitsrechts? AuR 1/2000, S. 7

Däubler, Wolfgang
Balanced Scorecard - ein Problem für den Wirtschaftsausschuss und Betriebsrat? DB 2000, S. 2270

Deiseroth, Dieter
Zivilcourage am Arbeitsplatz, Frankfurter Rundschau, 31.8.2000, S. 9

Director of the Labour Standards Bureau, Ministry of Labour, Japan
Guideline for assessing Mental disorders Caused by Occupational Psychological Overloads, (Tentative Translation), Betrifft Erlass des japanischen Arbeitsministeriums vom 14.9.1999, Rousaijihou (dt.: Die Arbeitsunfälle-Nachricht), Arbeitsministerium (Hrsg.), vol. 43, 1999, NO 4 , 5, 6, 7, 8, 9, S. 26

Director of the Labour Standards Bureau, Ministry of Labour, Japan
Erlass des japanischen Arbeitsministeriums vom 13.2.1961, Rousaijihou (dt.: Die Arbeitsunfälle-Nachricht), Arbeitsministerium (Hrsg.), vol. 5, 1961, NO 2, S. 44

Director of the Labour Standards Bureau, Ministry of Labour, Japan
Erlass des japanischen Arbeitsministeriums vom 26.10.1987, Rousaijihou (dt.: Die Arbeitsunfälle-Nachricht), Arbeitsministerium (Hrsg.), vol. 10,11,12, 1987, S. 28

Director of the Labour Standards Bureau, Ministry of Labour, Japan
Erlass des japanischen Arbeitsministeriums vom 1.2.1995, Rousaijihou (dt.: Die Arbeitsunfälle-Nachricht), vol. 39, 1995, NO 1,2,3, S. 70

Diverse Autoren
ARTE Themenabend vom 6.4.2001: Stress, das schleichende Gift?

Döhl, Volker / Kratzer, Nick / Sauer, Dieter
Krise der Normal Arbeit(s)Politik, Entgrenzung der Arbeit - Neue Anforderungen an Arbeitspolitik, WSI Mitteilungen 1/2000, S. 5

Dore, Ronald P.
British Factory, Japanese Factory - The Origins of National Diversity in Industrial Relations, London 1973

dpa, ap
Klassische Regelarbeitszeit wird immer mehr zur Ausnahme, Handelsblatt 9.11.1999, S. 4

Ehrke, Michael
Gewerkschaften in Japan: Betriebliche Rolle und politische Positionen, (Electronic.ed) Friedrich-Ebert-Stiftung, Bonn 1996 http://www.fes.de/fultext /stabsabteilung/00041002.htm

Esser, Axel / Wolmerath, Martin
Mobbing, Der Ratgeber für Betroffene und ihre Interessenvertretungen, 3. Auflage, Frankfurt am Main 1999

Fujita, Eishi
Veränderungen im Arbeitsprozeß und in den Einstellungen der Arbeiter in der japanischen Automobilindustrie, in: Japans Arbeitsbeziehungen und Arbeitsrecht in Geschichte und Gegenwart, S.59, Roderich Wahsner (Hrsg.), Baden Baden 1996

Freudenberger, Herbert, J.
Stress and Burnout and Their Implication in the Work Environment, in: Encyclopedia Of Occupational Health And Safety, Kap. 5, (5.15), International Labour Office (Hrsg.), 4th edition, Geneva 1998

Freudenstein, Thomas K.
Haftung für Arbeitsunfälle und deren Versicherung in Japan, ZJapanR 2/1996, S. 137

Geißler, Karlheinz A.
Am Ende des Zeitvorsprungs, Gewerkschaftliche Monatshefte 4/2000, S. 194

Gesterkamp, Thomas
Zeitsouveränität im Kleinbetrieb, Mitbestimmung 2/2000, S. 61

Glaubitz, Werner
In: Hess, Harald / Schlochauer, Ursula / Glaubitz, Werner
Kommentar zum Betriebsverfassungsgesetz, 5. Auflage, Neuwied 1997

Gruber, Angelika
Die Ergänzungsfunktion des *isharyô* (Schmerzensgeldes) im japanischen Zivilrecht, ZJapanR, Heft Nr. 9, 5/2000, S. 81

Grubitzsch, Siegfried / Rexilius Günter
Psychologische Grundbegriffe, Mensch und Gesellschaft in der Psychologie, ein Handbuch, Reinbek bei Hamburg 1990

Hagemeier, Christian / Kempen, Otto Ernst / Zachert, Ulrich / Zilius, Jan,
Tarifvertragsgesetz, Kommentar für die Praxis, 2. Auflage, Köln 1990

Haider, M. / Knauth, P. / Rutenfranz, J.
Arbeitsmedizinische Aspekte bei unregelmäßigen Arbeitszeiten, in: Industrieller Wandel - Arbeitsmedizin vor neuen Fragestellungen, 28. Jahrestagung der Deutschen Gesellschaft für Arbeitsmedizin e.V., Stuttgart 1988, S. 61

Hamm, Ingo
Arbeiten im Zeitgeist: Die Vertrauensarbeitszeit hält Einzug in die Unternehmen, AiB, 3/2000, S. 152

Hacker, Winfried
Psychische Anforderungen und Wohlbefinden am Beispiel von Humandienstleistungen, in: Richter (Hrsg.), Psychische Belastung und Beanspruchung unter dem Aspekt des Arbeits- und Gesundheitsschutzes, (Tagungsbericht, Tb 86), Schriftenreihe der Bundesanstalt für Arbeitsschutz und Arbeitsmedizin, S. 46, Dortmund/Berlin 1998

Halbwachs, Maurice
The Causes of Suicide, London 1978

Hammitzsch, Horst
(Hrsg.), Japan-Handbuch, 2. Auflage, Stuttgart 1984

Hanami, Tadashi
Japanization of Western Labor Law, in: Coing u.a. (Hrsg.): Die Japanisierung des westlichen Rechts, Tübingen 1990, S. 285-306

Harada, Kenichi / Tadano, Tasuku / Nakagawa, Kiyoshi
Stress and Workers Compensation, Ministry Of Labour, Japan (Hrsg.), Unveröffentlichtes Arbeitspapier

Haratani, Takashi
Karôshi, Death from Overwork, in: Encyclopedia of Occupational Health and Safety, Kap. 5, (5.18), International Labour Office (Hrsg.), 4th edition, Geneva 1998

Hautzinger, Martin
Depression und Umwelt, Hautzinger, Martin / Hoffmann, Nikolaus (Hrsg.), Salzburg 1979

Hayashi, Yoshihiko
Tragedy of Japanese Workers,
http://www.asahi-net.or.jp/~fy7y-hys/tragedy.htm

Heide, Holger
Arbeitssucht - individuelle sozialökonomische Dimensionen, Vortrag auf der Fachtagung SUCHT 2000 der Deutschen Hauptstelle gegen die Suchtgefahren, Karlsruhe am 13.-15. November 2000, unveröffentlichtes Manuskript, Bremen 2000

Heide, Holger
Arbeitssucht - Skizze der theoretischen Grundlagen für eine rechtsvergleichende empirische Untersuchung, Beiträge zur Sozialökonomischen Handlungsforschung Nr. 2, SEARI (Social Economic Action Research Institute) der Universität Bremen, Bremen 1999

Heilmann, Joachim / Hage, Marion
Psychische Belastungen am Arbeitsplatz, Ursachen, Folgen und Handlungsmöglichkeiten, in: Recht und Soziale Arbeitswelt, Festschrift für Wolfgang Däubler, Frankfurt am Main 1999, S. 666

Heinrichs, Helmut
In: Palandt, Kommentar zum Bürgerlichen Gesetzbuch, 59. Auflage, München, 2000

Hellbom, Kerstin
Japanerna jobbar ihjäl sig, Dagens Nyheter 8.12.1992, S.1

Henderson, Peter
The State We Are In - Overtime, America Ourtimes, CNN 27.2.1992

Hirsch-Kreinsen, Hartmut
Shareholder Value - Zum Wandel von Unternehmensstruktur und Kapitalmarktbedingungen, WSI-Mitteilungen, 5/1999, S. 322

Hiyashi, Yoshihiko
Tragedy of Japanese Workers, Japan aktuell 1998, S. 593

Höhn, Hilmar
Gewerkschaften erleiden Schlappe, Frankfurter Rundschau, 3.3.2001, S. 1

Hoff, Andreas / Weidinger, Michael
Vom Gleitzeitkonto zur Lebensarbeitszeit, in: Arbeitszeitmanagement, Rainer Marr, 2. Auflage, Bielefeld 1999

Hoff, Andreas / Weidinger, Michael
Arbeitszeitberatung, Online Datenbank, http://www.arbeitszeitberatung.de/, Unterordner: http://www.arbeitszeitberatung.de/homepage1/dateien/links/bma.htm

Hoff, Andreas
Der mündige Arbeitnehmer braucht keine Zeiterfassung, Motivation 5/99, S. 51

Hoffmann-LaRoche AG / Urban & Schwarzenberg (Hrsg.)
Roche Lexikon der Medizin, 4. Auflage, München 1999

Holch, Christine
Arbeiten ohne Ende, Deutsches Allgemeines Wochenblatt vom 16.7.1999, online Ausgabe, http://www.sonntagsblatt.de/ artikel/1999/29/29-s5.htm

Hunold, Wolf
Lean Production, Rechtsfragen bei der Einführung neuer Arbeitsformen und Techniken, München 1993

IG-Metall
Vertrauensarbeitszeit: Herausforderung an eine moderne Betriebspolitik, Auszug aus: *Fergen, Andrea / Schaumburg, Stefan / Pickshaus, Klaus,* Vertrauensarbeitszeit - Reich der Freiheit oder moderne Selbstausbeutung? Gesundheit - Arbeit und Ökologie online,
http://www.igmetall.de/gesundheit/arbeit_oekologie/20_03.html

IG Metall
Gesundheitsschutz: Freiberufliche Teleworker stehen unter großem Druck, Gesundheit - Arbeit und Ökologie, online, http://www.igmetall.de/gesundheit/arbeit_oekologie/12_teleworker.html, 12.6.2000

IG Metall
Stress im Betrieb - Ursachen und Erscheinungsformen,
Gesundheit - Arbeit und Ökologie, online,
http://www. igmetall.de/gesundheit/arbeit_oekologie/ 20_02.html, 4.10.2000

Ikeda, Hiroshi
Gesundheitspolitik am Arbeitsplatz und Gewerkschaftsbewegung in Japan, in: Japans Arbeitsbeziehungen und Arbeitsrecht in Geschichte und Gegenwart, Roderich Wahsner (Hrsg.), S. 65, Baden-Baden 1996

Ikeda, Hiroshi
Japans Arbeiterbewegung seit 1949 und die aktuelle Situation der Japanischen Gewerkschaften, S. 39, in: Japans Arbeitsbeziehungen und Arbeitsrecht in Geschichte und Gegenwart, Roderich Wahsner (Hrsg.), S. 65, Baden-Baden 1996

Infoquelle
Schicht- und Nachtarbeit,
http://www.infoquelle.de/Job_Karriere/Arbeitszeiten/Schichtarbeit.cfm
(verantwortliche Redakteurin: Sybille Klepiszewski)

Imai, Mazaaki
Kaizen (Ky'zen), Der Schlüssel zum Erfolg der Japaner im Wettbewerb, 3. Auflage, München 1992

Imai, Masaaki
Kaizen, Der Schlüssel zum Erfolg der Japaner im Wettbewerb, 4. Auflage, Berlin 2001

Jahnke, Jürgen
Haftpflichtereignis und gesetzlicher Unfallversicherungsschutz, in: Neue NZV, 8/1992, S. 297

Jakobsen, Heike / Hilf, Ellen
Wer will rund um die Uhr einkaufen?, Frankfurter Rundschau 12.9.2000, S. 9

Japan Institute of Labour (JIL)
Public Policy, Supreme Court Rules that Company is Responsible for Suicide from Overwork, in: Japan Labor Bulletin, vol. 39-No. Juni 1,2000, http://www.jil.go.jp/bulletin/index.htm, Unterordner:
http://www.jil.go.jp/bulletin//year/2000/vol39-06/03.htm

Japan Institute of Labour (JIL)
New Standards for Workers´Accident Compensation Insurance for Mental Disorders an Work-related Suicides, in: Japan Labor Bulletin, vol. 38-No.11 November 1,1999, http://www.jil.go.jp/bulletin/index.htm, Unterordner:
http://www.jil.go.jp/bulletin/ year/1999/vol38-11/03.htm

Japan Institute of Labour
Number of Employees, by Industry an Company Size, http://www.jil.go.jp/bulletin/year/2000/vol39-09/12.htm

Japan Labor Bulletin
Suicide Stemmed from Overwork - Court Orders Employer to Pay Yen 120 Million, June 1, 1996

The Japan Times
Dentsû admits fault in worker suicide, June 24, 2000, http://www.jca.ax.apc.org/web-news/corpwatch-jp/42.html (Corporate Watch in Japanese)

Jenkins, P.
Rich Japan, Poor Japanese, in: Twenty Twenty ABC TV, USA, 20.6.1990

Johansson, Anders L.
Work Organization in an ageing Europe, European Agency for Safety and Health, http://agency.osha.eu.int/publications/magazine/2/mag10.html

Jürgens, Frank
Auch eine Droge - Diagnose Arbeitssucht? ZDF 27. 2.1999

Kalimo, Raija
In: Psychological and Behavioural Responses to Stress at Work, in: Kalimo, Raija, El Batawi, Mostafa A., Cooper, Cary L., Psychosocial Factors at Work and Their Relation to Health, S. 23, Geneva 1987

Kater, Horst / Leube, Konrad
Gesetzliche Unfallversicherung SGB VII, Kommentar, Berlin/München 1997

Kato, Tetsuro
The Political Economy of Japanese Karôshi,
http://www.ff.iij4u.or.jp/~katote/Welcome.html,Unterordner:http://member.nifty.ne.jp/katote/Karoshi.html

Kato, Tetsunojo
The Political Economy of Japanese Karôshi, http://www.ff.iij4u.or.jp/~katote/Welcome.html,Unterordner:http://member.nif ty.ne.jp/katote/Karoshi.html

Kawato, H.
Karôshi, Society and Japan, Tokyo 1992

Kezuka, Katsutoshi
State of Flexible Working Hours Control in Germany, The Monthly Journal of the Japan Institute of Labour, 35(3) 1993

Kezuka, Katsutoshi
Stand und Entwicklung der Arbeitszeit in Japan, in: WSI Mitteilungen 1998, S. 646

Kezuka, Katsutoshi
Legal Problems Concerning Part-time Work in Japan, Japan Labor Law Bulletin, vol. 39-No.9 01.09. 2000

Kezuka, Katsutoshi
Beschäftigungssystem und Arbeitsrecht im Zeitalter der Globalisierung - zum Veränderungsprozeß in Japan, in: Recht und soziale Arbeitswelt, Festschrift für Wolfgang Däubler, Frankfurt am Main 1999, S. 730

Kawahito, Hiroshi
Karôshi and Its Background, in: Karôshi - When the Corporate Warrior Dies, The National Defense Counsel For The Victims Of Karôshi (Hrsg.), S. 4, Tokyo 1990

Kawahito, Hiroshi
Head of the National Defense Counsel for the Victims of Karôshi, Bunkyo-Sogo- Law Office, Tokio, Japan, am 1. Und 24. Februar 1999, (autorisiert mitgeschnitten)

Kawai, Tomonori
Senior Legal Officer for Workmens Compensation, Ministry Of Labour, Japan am 14.2.1999, Senshu University, Shiyoda-ku, Tokyo

Kittner, Michael (Hrsg.)
Arbeits- und Sozialordnung. Ausgewählte und eingeleitete Gesetzestexte, 24. Auflage, Frankfurt am Main 1999

Kläsgen, Michael
Eiserne Sparer, Die Zeit, 2. November 2000, S. 29

Köhler Angela
Premier Obuchi erlitt einen Schlaganfall, Frankfurter Rundschau 4. April, 2000, S. 1

Kubo, Keiji / Marutschke, Hans Peter
Die Regelungen des Arbeitsverhältnisses in der japanischen Rechtsordnung, in: Arbeitsordnungen und Tarifverträge in japanischen Unternehmen, Köln, Berlin, Bonn, München 1999

Kumagai, Ken- Ichi
Assistant Director Working Conditions Division, Department of Working Conditions am 5.2.1999 im RENGO-Headquarter, Shinjuku, Tokyo

Küppersbusch, Gerhard
Ersatzansprüche bei Personenschäden: Eine praxisbezogene Anleitung, 7. Auflage, München 2000

Lang, Klaus / Legrand, Jupp
Wie die IG-Metall vom Image des Gestrigen wegkommen will, Frankfurter Rundschau, 28.1.2001, S. 9

Lang, Klaus
Gewerkschaftspolitik als Zeitpolitik, Gewerkschaftliche Monatshefte, 4/2000, S. 208

Levi, Lennart
Psychosomatic Disease as a Consequence of Occupational Stress, in: : Kalimo, Raija / El Batawi, Mostafa A. / Cooper, Cary L, Psychosocial Factors at Work and Their Relation to Health, S. 78, Geneva 1987

Maaß, Werner
Der Dienstwagen ist Standard, Weser Kurier, 28.10.2000, S. 3

Mänhardt, Franz / Posch, Willibald
Internationales Privatrecht, Privatrechtsvergleichung, Einheitsprivatrecht, Eine Einführung in die internationalen Dimensionen des Privatrechts, 2. Auflage, Hamburg 1999

Märkle, Claudia / Petri, Ulrich
Probleme um Arbeitszeitkonten, AuR 2000, S. 443

Magota, Ryohei
Regierung, Gewerkschaften und Arbeitgeberverbände
(Grundlagen) in: Arbeitsrecht und Arbeitsbeziehungen in Japan, S. 59
Tomandl, Theodor (Hrsg.), 1. Aufl., Wien 1991

Marr, Rainer
Arbeitszeitmanagement, 2. Auflage, Bielefeld 1993

Marutschke, Peter
Einführung in das japanische Recht, 1. Auflage, München 1999

Marutschke, Hans Peter
Arbeitsordnungen und Tarifverträge japanischer Unternehmen, Köln, Berlin, Bonn, München 1999

Marx, Karl
Das Kapital, Kritik an der politischen Ökonomie, Band 10, MEGA 1890, Gesamtausgabe 3. Abschnitt, 8. Kapitel, 4. Auflage, Berlin 1975, S. 228

Marx, Karl
Marx / Engels Werke, Band 25, 1. Abschnitt, Kapitel 5, 5. Auflage, Berlin 1956, S. 103 ff

Maydell, Bernd, Baron von / Ruland, Franz
Sozialrechtshandbuch, 2. Auflage, Neuwied 1996

Maydell, Bernd, Baron von, (Hrsg.)
Lexikon des Rechts: Sozialrecht, 2. Auflage, Neuwied, 1994

Mehrtens, Gerhard / Valentin, Helmut / Schönberger, Valentin
Arbeitsunfall und Berufskrankheit: rechtliche und medizinische Grundlagen für Gutachter, Sozialverwaltung, Berater und Gerichte
6. neubearbeitete Auflage, Berlin 1998

Ministry of Labour, Japan (Hrsg.)
An Easiers Guide to Workmen's Accident Compensation Insurance Benefits, 1st Edition, Tokyo 1998

Ministry of Labour, Japan
Labour Laws Of Japan, Minatu-Ku, Tokyo 1995

Ministry of Labour, Japan
Characteristics of Japanese Labour Unions,
http://www.mol.go.jp/english/outline/10-1.htm;

Miyamoto, Masao
Die Zwangsjackengesellschaft, Düsseldorf 1996

Oppolzer, Alfred
IG Metall (Hrsg.) Stress im Betrieb, Ergebnisse der Fachtagung vom 4. April 2000: Psychische Belastungen in der Arbeitsumwelt - Handlungsmöglichkeiten im betrieblichen Arbeits- und Gesundheitsschutz, S. 1, Sonderausgabe von: Gesünder @rbeiten, Frankfurt am Main 2000

Oppolzer, Alfred
Ökologie der Arbeit - Mensch und Arbeitsumwelt: Belastungen und Gestaltungserfordernisse, Hamburg 1993

Oppolzer, Alfred
Psychische Belastungen in der Arbeitswelt als Herausforderung für den Arbeits- und Gesundheitsschutz, Erweiterte Fassung des Referates auf der Vertreterversammlung der Norddeutschen Metall-Berufsgenossenschaft am 29. Juni 1999 in Rostock-Warnemünde, Norddeutsche Metall-Berufsgenossenschaft (Hrsg.), 1. Auflage, Hannover 1999

Park, Jungsun / Cho, Young-Sook / Yi, Kwan-Hyung / Rhee, Kyung-Yong / Kim, Yangho / Moon, Young-Hahn
Unexpected Natural Death among Korean Workers, Journal of Occupational Health, Ausgabe 41, 1999, S. 238-243

Peters, Christine
Die glücklichen Malocher, Frankfurter Rundschau 3.3.2001, S. 3

Peters, Klaus
Die Abschaffung der Stempeluhr und die Interessen der Arbeitnehmer - Woher weiß ich was ich selber will?, in: IG Metall, Verwaltungsstelle Bremen (Hrsg.), Arbeiten ohne Ende? Meine Zeit ist mein Leben! Problemlagen und Handlungsansätze für Betriebsräte, Workshop am 12.10.2000 in Bremen, Tagungsdokumentation, S. 3, Bremen 2000

Peters, Klaus
Woher weiß ich was ich selber will? Die Abschaffung der Stempeluhr bei IBM und die Frage nach den Interessen der Arbeitnehmer, in: Denkanstösse, IG Metaller in der IBM, Meine Zeit ist mein Leben, Neue betriebspolitische Erfahrungen zur Arbeitszeit. Ausgabe 02/2000, S.3, Frankfurt am Main, 2000

Peters, Klaus
Die neue Autonomie in der Arbeit, DGB-Informationen zur Angestelltenpolitik 5/97, S. 5; (auch in: http://www.fiet.org/Ibits.nsf/5751d24322e6033080256 46c003b 28b8/9a393bf 5564769dbc125651c003e66d0?OpenDocument)

Petri, Bern / Voelzke, Thomas / Wagner Axel
Gesetzliche Unfallversicherung, SGB VII Kommentar, Köln 1998

Pickshaus, Klau / Peters,Klaus / Glißmann, Wilfried
Der Arbeit wieder ein Maß geben - Neue Managementkonzepte und Anforderungen an eine gewerkschaftliche Arbeitspolitik, Supplement der Zeitschrift Sozialismus 2/2000, Hamburg 2000

Pickshaus, Klaus
Arbeiten ohne Ende und ohne Maß, Computer Fachwissen 4/2000, S. 14

Plagemann, Hermann
Medizinische Begutachtung im Sozialrecht, 2. Auflage, Bonn 1993

Plagemann, Hermann
Die Einordnung der gesetzlichen Unfallversicherung in das SGB VII, NJW 1996, S. 313

Poeche, Sabine
Arbeitszeiten: Sind zwei Milliarden Überstunden zu wenig?, IG Metall, Gesundheit - Arbeit und Ökologie online, http://www.igmetall.de/gesundheit /arbeit_oekologie/17_02.html, 23.8.2000

Pulte, Peter
Beteiligungsrechte außerhalb der Betriebsverfassung, Köln 1997

Rahn, Guntram
Rechtsdenken und Rechtsauffassung in Japan, München 1990

Reisner, Stefan
Ein Tag im Leben eines Salariman, Stern 07.01.1993, S. 24

RENGO Japanese Trade Union Confederation (JTUC)
White Paper 1999, An Immediate Goal of 1.800 Hours a Year, S. 70, JTUC-*RENGO* http://www.jtuc-rengo.or.jp/english/index.html

RENGO, JTUC Japanese Trade Union Confederation
1998 Questionaire on the Real Estate of Life, in: RENGO White Paper 1999, http://www.jtuc- rengo.or.jp/english/index.html

Richter, Gabriele
Psychische Belastungen am Arbeitsplatz, AuR, 2/2001, S. 46

Richter, Gabriele
Psychische Belastung und Beanspruchung unter dem Aspekt des Arbeits- und Gesundheitsschutzes, (Tagungsbericht, Tb 86), Schriftenreihe der Bundesanstalt für Arbeitsschutz und Arbeitsmedizin, Dortmund/Berlin 1998

Richter, Gabriele
Psychische Belastung und Beanspruchung, Stress, psychische Ermüdung, Monotonie, psychische Sättigung, Arbeitswissenschaftliche Erkenntnisse - Forschungsergebnisse für die Praxis, (Forschungsanwendung) Fa 36, Schriftenreihe der Bundesanstalt für Arbeitsschutz und Arbeitsmedizin, Dortmund/Berlin 2000

Roggendorf, Peter
Arbeitszeitgesetz, München, Rehm 1994

Rutenfranz, Joseph
In: Rutenfranz, Joseph / Laurig, Wolfgang, Arbeitszeitprobleme und ergonomische Beanspruchungsermittlung, S. 15, Köln 1978

Rüschenschmid / Reidt / Rentel
Ergonomie im Arbeitsschutz, Bochum 2000

Schaub, Günter
Arbeitsrechtshandbuch, 10. Auflage, München 2001

Scheuch, Klaus
Stellung arbeitspsychologischer Erkenntnisse in der Arbeitsmedizin - Ergebnisse der interdisziplinären Zusammenarbeit, in: Richter (Hrsg.), Psychische Belastung und Beanspruchung unter dem Aspekt des Arbeits- und Gesundheitsschutzes, (Tagungsbericht, Tb 86), Schriftenreihe der Bundesanstalt für Arbeitsschutz und Arbeitsmedizin, S. 71, Dortmund/Berlin 1998

Schmidt, Angela
Mit Haut und Haaren - der Zugriff auf das ganze Individuum. In: Denkanstösse, IG Metaller in der IBM, Mit Haut und Haaren, Der Zugriff auf das ganze Individuum. Ausgabe 05/2000, S. 25, Frankfurt am Main, 2000

Schmitt, Jochen
SGB VII, Gesetzliche Unfallversicherung, Kommentar, München 1998

Schneider, Bernd
40-Stunden-Woche ist nach wie vor Alltag, Weser Kurier 29.7.1999, S. 16

Schön, Gerti
Die Revolution frisst ihre Sklaven, Weser Kurier, 6. Januar 2001, S. 3

Schönbauer, Roland
Gemeinsamer Erholungsrhytmus, Frankfurter Rundschau 15.9.2000, S. 7

Schonbrun, Lawrence W.
Gebührenpraxis japanischer Anwälte - ein internationaler Ausblick, ZJapanR 8/1999, S. 53

Schwede, Joachim
Arbeitsunfall, Wegeunfall, Berufskrankheit, 2. Auflage, Frankfurt am Main 1999

Sprang, Friedrich
Kausaler, innerer, sachlicher Zusammenhang - Was ist los mit der Rechtsprechung des BSG?, BG 3/1989, S. 144

Stark, Heide / Enderlein, Gottfried / Heuchert, Gert / Kersten, Norbert / Wetzel, Anne-Marianne
BAuA (Hrsg.), Streß am Arbeitsplatz und Herz-Kreislauf-Krankheiten, Abschlußbericht (Fb 802, Schriftenreihe der Bundesanstalt für Arbeitsschutz und Arbeitsmedizin. Dortmund/Berlin 1998

Stück, Heiner
Im Wandel der Zeit - Arbeitszeiten und Arbeitszeitwünsche von Angestellten, Hamburg 1999

Südbeck, Gisela
Zunehmende Angst am Arbeitsplatz, Weser Kurier 20.10.2000, S. 15

Sugeno, Kazuo
Japanese Labor Law, University Of Washington Press, Tokyo 1992

Sumida, Kunishige
Die Entwicklung des Persönlichkeitsschutzes des Arbeitnehmers im japanischen Arbeitsrecht, ArbuR 1997, S. 350

Tabata,, Hirokuni
From Collectivism to Individualism: A Paradigm Shift in Japanese Labor Law, Social Science Japan No. 3, April 1995, http://web.iss.u-tokyo.ac.jp/newslet/SSJ3/tabata.html

Takahashi, Yukichi
How are Wages Determined in Japan?, Bulletin No.3, Center for International Labor Studies, Shimomae, 1997

Takahashi, Yuki-ichi
Professor of Law, Senshu University, Tokyo im Gespräch am 15.2.99:

Tamura, Shiori
Vermögensrecht des japanischen BGB - Eine deutsche Übersetzung - mit Wiedergabe in der japanischen Gegenwartssprache, Fernstudienmaterial für den Kurs: „Einführung in das japanische Zivilrecht" an der FernUniversität, Gesamthochschule in Hagen, 1997, http://www.fernuni-hagen.de/JAPAN RECHT/JAPANRECHT-J/Gesetze/ jbgb/index.htm (HTML-Auflage: Version 1.0 a)

Tazaki, Makiko
Japanern geht die Lust am Arbeiten verloren, Frankfurter Rundschau 14.2.1998, S. 14

Totsuka, Etsuro
Prevention of Death from Overwork and Remedies for it's Victims, Genf Aug. 1991, http://www.bekkoame.or.jp/i/karoshi/ EnglishIndex/ konkuren.html

Tieste, Oliver
Karôshi, ein japanisches Phänomen? Ursachen und rechtliche Hintergründe für den Tod am Arbeitsplatz, Eine rechtsvergleichende Studie, Recht der Arbeit und der sozialen Sicherheit, Band 15, Frankfurt am Main 2000

Tieste, Oliver
Arbeitssucht als Berufskrankheit – *Casum sentit dominus*? Beitrag in: Heide, Holger (Hrsg.), Massenphänomen Arbeitssucht. Historische Hintergründe und aktuelle Bedeutung einer neuen Volkskrankheit, S. 220ff, Atlantik Verlags- und Mediengesellschaft, Bremen 2002.

Tonai, Kazuhiro
Die Abhängigkeit japanischer Arbeitnehmer von ihren Arbeitgebern, AiB 1992, S. 596

Tonai, Kazuhiro
Der Entschädigungsanspruch in Japan bei der Todesursache Überarbeitung, Okayama Law Journal vol. 47 No. 1, Aug. 1997, S. 96

Tonai, Kazuhiro
Strukturänderungen der japanischen Gewerkschaften in Großunternehmen, AiB 1992, S. 556

Tonai, Kazuhiro
Arbeitsbeziehungen und Gewerkschaften in Japan, Historische Entwicklung und aktuelle Situation, in: Japans Arbeitsbeziehungen und Arbeitsrecht in Geschichte und Gegenwart, S.17, Roderich Wahsner (Hrsg.), Baden Baden 1996

Trittin, Wolfgang / Nickel, Gerd
Arbeiten ohne Ende - Verlängerung der faktischen Arbeitszeit, indirekte Steuerung der Arbeitnehmer und gewerkschaftliche Betriebspolitik, S. 25, Hrsg.: IG Metall, Frankfurt am Main 2000

Trittin, Wolfgang
Gilt das Arbeitszeitgesetz noch?, Vortrag auf dem Workshop der Angestelltenkammer Bremen am 12.12.2000 (in Kooperation mit der IG-Metall und der Arbeiterkammer Bremen.), AiB, 11/1999, S.625

Trittin, Wolfgang
Gilt das Arbeitszeitgesetz noch? in: IG Metall, Verwaltungsstelle Bremen (Hrsg.), Arbeiten ohne Ende? Meine Zeit ist mein Leben! Problemlagen und Handlungsansätze für Betriebsräte. Workshop am 12.10.2000 in Bremen, Tagungsdokumentation, S. 3, Bremen 2000

Uehata, Tetsunojo
Karôshi - due to occupational stress related cardiovascular injuries among middle-aged workers in Japan, Journal of Science and Labour Nr. 67, Part 2, 1982, S. 20

Uehata, Tetsunojo
A Medical Study Of Karôshi, Karôshi - When the Corporate Warrior Dies, The National Defense Counsel of the Victims of Karôshi (Hrsg.), S. 98, Tokyo 1990

Ueyanagi, Toshiro
Attorney at Law, Tokyo Surugadai Law Offices, Chiyoda-ku, Tokio, Interview am 3.3.1999

Ueyanagi, Toshiro
Laws Concerning Karôshi, in: Karôshi - When the Corporate Worrior Dies, The National Defense Counsel For The Victims Of Karôshi (Hrsg.) Tokyo 1990, S. 84

Ullsperger, Peter
Beanspruchungsdiagnostik bei Dauer-Aufmerksamkeitsleistungen, (Abschlußbericht) Fb 815, Schriftenreihe der Bundesanstalt für Arbeitsschutz und Arbeitsmedizin, Dortmund/Berlin 1998

Unfallverhütungsdienst der Allgemeinen Unfallversicherungsanstalt (Österreich)
Gefahren ermitteln & beseitigen - Psychische Belastungen, 5/ 1999

Wahsner, Roderich
Der Tarifvertrag in Japan und Deutschland, Recht, gesellschaftliche Voraussetzungen und Tarifpraxis im Vergleich, in: Japans Arbeitsbeziehungen und Arbeitsrecht in Geschichte und Gegenwart, S. 121, Roderich Wahsner (Hrsg.), Baden Baden 1996

Wahsner, Roderich
Japans Gewerkschaften, politisch zersplittert, konservativ und unternehmensnah?, in: Recht und soziale Arbeitswelt, Festschrift für Wolfgang Däubler, Frankfurt am Main 1999, S.586

Wahsner, Roderich / Horstkötter, Inge / Bögenhold, Dieter
Arbeit und Recht in Klein und Mittelbetrieben, 1. Auflage, Frankfurt am Main 2000

Wahsner, Roderich
Arbeitsbeziehungen jenseits des großbetrieblichen Sektors der Wirtschaft in der Bundesrepublik, AuR, 6/2000, S. 209

Wahsner, Roderich
Karôshi – das bittere Ende der Arbeitssucht - und die Rolle der japanischen Gewerkschaften, in: Heide, Holger (Hrsg.), Massenphänomen Arbeitssucht. Historische Hintergründe und aktuelle Bedeutung einer neuen Volkskrankheit. Atlantik Verlags- und Mediengesellschaft, S. 161ff, Bremen 2002.

Weber, Hans
Herzinfarkt und Unfallversicherung, NJW 1965, S. 1997

WHO
Ocupational Health, Ethically Correct, Economically Sound, Fact Sheet No. 84, http://www.who.int/inf-fs/en/fact084.html, Juni 1999

WHO
Fact Sheet, Implementation of ICD-10 by WHO Member States, http://www.who.int/whosis/icd10/, Unterordner:
http://www.who.int/whosis/icd10/ implemen.htm

WHO
Press Release 8.6.1999: The Burden Of Occupational Illnesses, UN Agencies Sound Alarm, http://www.who.int/inf-pr-1999/en/pr99-31.html

Wolmerath, Martin
Mobbing im Betrieb: Rechtsansprüche und deren Durchsetzbarkeit, 1. Aufl. Baden-Baden 2001

Yasueda, Hidenobu
Die Gewerkschaften, ihr Schutz und ihr Verhältnis zu den Arbeitgebern auf Unternehmensebene, in: Arbeitsrecht und Arbeitsbeziehungen in Japan, S. 91, Tomandl, Theodor (Hrsg.), 1. Aufl., Wien 1991

ZENROREN AFFILIATES
ZENROREN (Hrsg.), http://www.iijnet.or.jp/c-pro/union/aa_e/aa_e_intro/aa_e_intro_03.html, Tokyo 2000

Ziegler, Eberhard
In: Gesetzliche Unfallversicherung, Lehr- und Praxiskommentar (LPK - SGB VII), 1. Auflage, Baden-Baden 2000

Zimbardo, Philip G.
Psychologie, 5. Auflage, Berlin, 1992

RECHT DER ARBEIT UND DER SOZIALEN SICHERHEIT

Band 1 Ulrike Wagner: Mitbestimmung bei Bildschirmtechnologien. 1985.

Band 2 Karin Dierks: Zwischen Arbeits- und Sozialrecht. Beschäftigungsverhältnisse in der Werkstatt für Behinderte. 1986.

Band 3 Inge Böttcher: Gemeinsame Ausübung eines Zurückbehaltungsrechts. 1986.

Band 4 Gabriele Peter: Frauendiskriminierung durch Teilzeitbeschäftigung. Insbesondere bei betrieblichen Sozialleistungen und der Vergütung von Überstunden. 1988.

Band 5 Uwe Schumacher: Rechtsfragen der Teleprogrammierung. Statusrechtliche Einordnung und urheberrechtlicher Schutz. 1989.

Band 6 Nashrine Ismail: Recht und Praxis bei der Bekämpfung illegaler Arbeitnehmerüberlassung. 1991.

Band 7 Karen Klöver: Der Sozialplan im Konkurs. Schutz der Sozialplangläubiger im Konkurs und alternative Regelungsmöglichkeiten in einem neuen Insolvenzrecht. 1993.

Band 8 Andrea Rudolph: Die Kooperation von Strafrecht und Sozialhilferecht bei der Disziplinierung von Armen mittels Arbeit. Vom Arbeitshaus bis zur gemeinnützigen Arbeit. 1995.

Band 9 Wolfgang Däubler: Rechtsexport. Die Einführung des bundesdeutschen Arbeitsrechts im Gebiet der früheren DDR. 1996.

Band 10 Ines Kalisch: Die Entwicklung des Verbots der mittelbaren Diskriminierung wegen des Geschlechts im Sozialrecht. Grundlagen, Analyse und exemplarische Anwendung auf Gesetze im Rentenrecht. 1999.

Band 11 Matthias Hirschfeld: Die Dienstgemeinschaft im Arbeitsrecht der evangelischen Kirche. Zur Legitimitätsproblematik eines Rechtsbegriffs. 1999.

Band 12 Véronique Demarne: Anwendung nationaler Tarifverträge bei grenzüberschreitenden Arbeitsverhältnissen. Ein deutsch-französischer Vergleich (Avec résumé et conclusions en français). 1999.

Band 13 Alexander Scharf: Das Arbeitsrecht der Russischen Föderation und der Republik Belarus. 1999.

Band 14 José João Abrantes: Contrat de travail et droits fondamentaux. Contribution à une dogmatique commune européenne, avec référence spéciale au droit allemand et au droit portugais. 2000.

Band 15 Oliver Tieste: Karôshi, ein japanisches Phänomen? Ursachen und rechtliche Hintergründe für den Tod am Arbeitsplatz. Eine rechtsvergleichende Studie. 2000.

Band 16 Detlev Reichelt: Die arbeitsrechtliche Stellung der Rote-Kreuz-Schwestern. Eine Untersuchung zur Arbeitnehmereigenschaft mitarbeitender Vereinsmitglieder und Gesellschafter am Beispiel der Krankenschwestern der Schwesternschaften vom Deutschen Roten Kreuz e.V. 2000.

Band 17 Herbert Böker: Tarifunterschreitung durch Betriebsvereinbarung und Arbeitsvertrag. 2001.

Band 18 Tatjana Aigner: Antworten auf Arbeitnehmerfehlverhalten. Reaktionen, Interventionen und Sanktionen in Österreich und Deutschland. 2002.

Band 19 Alexandra Nöth: Materieller und prozessualer Rechtsschutz gegen sexuelle Belästigung am Arbeitsplatz in den USA, Europa und Deutschland. 2003.

Band 20 Oliver Tieste: Der Tod durch Überarbeitung. Arbeits- und sozialversicherungsrechtliche Hintergründe. Materiellrechtliche, epidemiologische und betriebliche Rahmenbedingungen des Karôshi-Phänomens in Japan und Deutschland. 2003.

Peter Lang · Europäischer Verlag der Wissenschaften

Brigitte Jährling-Rahnefeld

Verfassungsmäßigkeit der Grundrente

Verfassungsprobleme eines Systemwechsels in der gesetzlichen Rentenversicherung

Frankfurt/M., Berlin, Bern, Bruxelles, New York, Oxford, Wien, 2002. 438 S.
Europäische Hochschulschriften: Reihe 2, Rechtswissenschaft. Bd. 3434
ISBN 3-631-38186-7 · br. € 60.30*

Aufbau und Verlauf der Bearbeitung werden durch die Leitfragen, in welchem Maße die Steuerungsinstrumente der Eigenverantwortung, Solidarität und Subsidiarität die Diskussion über die sog. Grundrente leiten, geprägt. Die verfassungsrechtlichen Steuerungsfunktionen der Eigenverantwortung und Solidarverantwortung im Rahmen des (auch europäischen) Verantwortungsparadigmas fordern dabei zur Gestaltung sozialer Sicherungssysteme nicht nur einen Leistungs- bzw. Teilhabeschutz der Grundrechte, sondern auch einen das *allgemeine Persönlichkeitsrecht sichernden Grundrechtsvoraussetzungsschutz*. Anhand von exemplarischen Fallgruppen wird der Übergang der Sozialversicherungsrente auf eine allgemeine steuer- oder beitragsfinanzierte Grundrente geprüft.
Die Untersuchung kommt zu dem Ergebnis, dass die Einführung einer steuerfinanzierten Grundrente mangels besonderer verfassungsrechtlicher Legitimation verfassungswidrig ist.

Aus dem Inhalt: Das Grundrentenmodell im Vergleich zu dem System der gesetzlichen Rentenversicherung · Das verfassungsrechtliche Strukturkonzept für die Lebenslagen Alter, Invalidität und den Versorgungsfall Tod · Das allgemeine Persönlichkeitsrecht als Basis für einen multifunktionalen Grundrechtsschutz von Rentenanwartschaften · Grundrechtsschutz vor übermäßiger Lastenverteilung und Lastenverursachung im Rahmen der Finanzierung der Grundrente · Legitimation der Grundrente im „Verfassungsstaat Europa"

www.ingramcontent.com/pod-product-compliance
Ingram Content Group UK Ltd.
Pitfield, Milton Keynes, MK11 3LW, UK
UKHW021909290926
8980IPUK00015B/1144

9 783631 508695